큰손의 전략

어떤 상황에서도 무너지지 않는 투자법 24

큰손의 전략

| **장진현** 지음 |

매일경제신문사

프롤로그

변동성이 이렇게 큰데 어떻게 투자해야 할까?

금융시장에서만 31년 일을 했다. 상품을 만들고 자금을 운용했다. 조사업무를 하면서 이론의 깊이를 배웠고, 리스크 관리를 하면서 위험을 경험했다. 경험은 돈으로 살 수 없지만, 간접경험은 많은 것을 배울 수 있게 해준다. 이 책의 원래 목적은 경험 전달에 있었다. 경험을 말하기 위해서는 지식도 함께 전달해야 했다. 투자에 관한 얘기를 가볍게 쓰고 싶은데 지식으로 무거워지지 않을까 염려했다. 흥미롭게 읽을 수 있는 책으로 만들기 위해 생생한 경험을 가벼운 지식과 함께 풀어냈다. 이런 방향이 독자를 위한 최고의 배려가 됐으면 좋겠다.

우리는 투자전문가에게 배워야 한다. 시장을 읽는 방법과 어떤 기술로 투자해야 하는지 알아야 한다. 이것이 투자를 성공으로 이끈다. 많은 것을 잃고, 얻는 것은 한 끗 차이다. 승자는 독식하고 낙오자는 국물도 없는 세상이다.

"냉혹한 투자 세계에서 성공하고 싶은가?"

기관투자자와 금융기관 및 투자은행들은 전문가다. 그들은 종일 투자만 생각하고 투자결정을 한다. 투자가 일상인 사람들은 보는 시각이 다르다. 모든 사물을 투자의 시각으로 바라본다. 종종 우리는 학생들에게 질문한다. "나중에 뭐가 되고 싶어? 꿈이 뭐야?" 이 질문 속에는 "너 나중에 뭐하면서 먹고 살래?"라는 의미가 담겨 있다. 모든 행동과 언어 속에는 이러한 비밀이 숨어 있다. 투자의 시각으로 보면 완전히 다른 세상이 펼쳐진다. 편의점 신상품에는 사회 추세가 담겨 있다. 점점 고령화되는 사회적 현상이 투자대상을 알려주기도 한다.

투자자의 관점으로 세상을 보아야 한다. 그래야 돈이 보인다. 지금 이 순간 금리가 올라가면 뭐가 돈이 되는지 알아야 한다. 금리가 내려갈 경우에는 어떻게 되는지 알고 있어야 한다. 돈은 시장이 벌어주는 것이다. 자금이 흐르는 곳에 미리 가서 길목을 지켜야 한다. 그러면 돈은 자동으로 따라 온다. 돈을 좇아가는 사람은 추종세력일 뿐, 진정한 돈의 지배자가 될 수 없다.

투자대상은 다양하다. 어쩌면 모두 투자대상이 될 수 있다. 주식, 부동산, 채권, 외환, 선물 등 모든 것이 투자대상이다. 투자대상만 다를 뿐 시장을 움직이는 원리는 동일하다. 수요가 증가하면 가격은 오르고, 공급이 증가하면 가격은 떨어진다. 이러한 원리에 시장은 과민 반응한다. 어떤 경우는 과소 반응한다. 수요에 버블이 있기도 하고 공급에 버블이 생기기도 한다. 버블은 생겼다가 사라지는 현상을 반복한다. 어떤 때는 매수세력이 어떤 경우에는 매도세력이 과잉 반응 혹은 과소 반응한다. 가끔은 과잉 반응에 시장이 얼어붙고 변동성은 더욱 확대된다.

그래도 추세는 있다. 일정한 주기를 그리며 시장은 움직인다. 주식 시장은 많은 변수를 단일주가로 응축하며 가격의 적정성을 시장 스스로 찾아간다. 부동산시장은 긴 주기로 꿈틀거리며 움직인다. 한번 주기에서 일탈하면 많은 것을 잃고 후퇴도 한다. 이럴 때일수록 침착하게 자신의 눈으로 시장을 봐야 한다. 채권 가격은 금리와 경기에 맞춰 춤을 춘다. 파생상품은 변동성이 너무 크다. 헤지를 목적으로 탄생된 상품이 투자 대상으로 변화돼 변동성을 확대시킨다. 환율도 마찬가지다. 외국인의 뭉칫돈이 쑥 들어 왔다가 썰물처럼 나간다. 외국인의 움직임에 각종 투자 지표는 큰 파동을 그리며 출렁거린다.

"이렇게 변동성이 큰데 어떻게 투자를 하지?"

이 책이 처음부터 던지는 큰 화두다. 이 질문에 근본적인 답을 제시하려고 시도했다. 많은 사례를 담아 중요한 내용을 쉽게 설명하고자 노력했다. 기관투자자의 투자기술을 통해 개인과 가계가 반드시 알아야 하는 투자원칙 및 원리를 제시했다. 현실적으로 불필요한 전문적 내용은 과감하게 생략했다. 반드시 알아야 하는 전문적인 내용은 최대한 쉽게 풀었다.

책에서 나오는 사례는 실제 경험을 위주로 작성했다. 어떤 경우에는 가명으로 처리하거나 간단한 대화로 구성했다. 어떤 사례는 가볍게 개요

만을 전달했고, 어떤 경우는 자세하게 다뤄 많은 것을 보여주려고 했다. 나의 주관적 경험이 보편적인 경험으로 승화될 수 있도록 고민하고 또 고민했다.

"투자의 핵심은 뭘까?"

투자 능력은 주관적 판단에 보편적 동의를 더하는 과정을 거쳐 향상된다. 사람마다 투자의 방향성과 시각은 다르다. 다름은 당연한 것이다. 중요한 것은 자기만의 시각을 갖고 있어야 한다. 견고한 근거를 바탕으로 한 자신만의 시각, 이것을 키워야 한다.

당연히 나의 생각과 대중의 방향이 모든 면에서 일치할 수는 없다. 일치할 필요도 없다. 이러한 대중 심리와의 차이에 실제 투자 방향을 수정하고 흔들릴 수도 있다. 그러나, 중요한 것은 자신의 시각으로 시장을 봐야 한다는 점이다. 실제로는 시장과 반대 방향이 답이 될 수도 있고, 수용이 답이 될 수 있다. 시장도 결국 궁극적인 답은 아니기 때문이다. 투자기간에 따라 성과도 다르고, 시장의 의미도 달라진다. 어떤 때는 인내가 답이 될 수도 있고, 어떤 때는 과감한 결단이 답인 이유다. 스스로 시장을 보는 능력을 향상시켜야 한다. 이 사실만은 분명하다.

나에게는 아들 둘이 있다. 큰 아들은 2017년 직장생활을 시작한 기계공학과 출신이다. 둘째 아들은 컴퓨터공학과 3학년을 마치고 현재 의경으로 군복무 중이다. 두 아들이 앞에 앉아 있다고 생각하고 재미있게 얘기하듯 책을 썼다. 공학을 전공한 아들들은 투자를 잘 모른다. 투자에 대해서 학교에서 제대로 배운 적도 없다. 두 아들이 이해하기 위해서는 가급적 전문적인 용어와 개념을 쉽게 설명해야 한다. 가끔 간단한 예시가 설명보다 더 유익한 방법일 때가 있다. 그런 때는 경험과 예시로 설명을 대신했다.

나의 많은 노력에도 불구하고, 이 책의 자리는 분명 가벼움과 무거움의 사이, 그 어디쯤일 것이다. 독자마다 수준이 다르니 느껴지는 무게는 아마 다를 것이다. '방대한 지식을 가볍지만 재미있는 이야기로 풀어내야지.' 오직 그 생각으로 원고를 썼다. 기관투자자와 투자은행이 사용하는 기법이라고 해서 결코 어려운 내용이 아니다. 많은 기법 중 하나만 올바르게 이해해도 큰 힘이 될 것이다. 원고를 쓰는 동안 내내 투자와 재테크의 기본부터 전문적 내용까지 포괄하려고 심혈을 기울였다. 다 읽고 나면, 손바닥으로 무릎을 치며 시장의 원리를 깨닫기를 간절히 바란다. 물론 세세한 내용보다는 큰틀을 중심으로 투자시장의 구성요소를 설명했다. 새로운 시각으로 많은 것들이 바뀌는 세상이다. 차별적 시각은 엄중한 투자시장도 가볍게 만든다. 예전과는 다르게 깃털 같은 가벼움으로 과녁을 보았으면 좋겠다.

성공투자의 길은 그리 멀리 있지 않다. 단지 사람들이 그 길을 모를 뿐이다. 아무쪼록, 이 책이 투자안목과 기회를 넓히는 데 크게 도움되기를 바란다. 투자전문가들이 사용하는 많은 방법 중에서 하나만 제대로 이해해도 그 성과는 대단히 크다. 지금 시작하라.

CONTENTS

PART Ⅳ
돈의 흐름을 읽는 기술

PART Ⅴ
성공투자를 완성하다

'그렇고 그런' 투자 기술은 더 이상 필요 없다. 어떠한 기술이 먹힐까? 과연 돈이 되는 차별적 투자방법은 무엇일까? 주식, 부동산시장에서 투자의 성공과 실패를 가르는 방법과 기술이 있다.

PART I

고수는 어떻게 다른가

CHAPTER 01

투자대상에 집중하라

비상사태가 발생했다. 매물이 한둘이 아니었다. 경매에 넘어간 물건도 있었다. 어떤 물건은 위치가 더할 나위 없이 좋은 A급이었다. 상장회사로 말하면 하한가였다. 그런데도 매물은 계속 쌓였다. 추풍낙엽처럼 내려가는 주가를 어떻게 할 수가 없었다.

왜 이런 현상이 발생한 걸까? 이유는 간단했다. 한꺼번에 쏟아지는 매물을 받쳐주는 매수세력이 없었다. 숙박업을 포기하려는 사업가가 증가했다. 숙박업 건물이 매물로 쏟아졌다. 가격이 떨어져도 매수자가 없었다. 이론을 통해 사례를 보자. 공급의 획기적 확대는 가격이 떨어지면서 수요가 상응한다. 그러나 현실은 이론과 달랐다.

수요와 공급의 균형문제가 아니었다. 수요가 완전히 없어졌다. 수요의 회복 기미도 아예 없었다. 이런 상황이 계속되면 큰일이었다. 특별법

제정으로 초래된 문제였다. 기업환경의 급격한 변화로 종업원 임금은 고사하고 대출이자 내기도 힘들어졌다. 들어오는 현금이 없으니 하루하루 사는 것이 고역이었다. 은행에 찾아가 상황을 설명했지만 돌아오는 답은 근본적 해결책이 아니었다. “안타까운 현상”이라고 혀를 찼다. 방법이 없었다. 연체하는 사업가가 하나둘 늘자 은행도 비상이었다. 숙박업소 비상등이 은행으로 옮겨붙었다. 대안을 마련해야 했다. 은행의 여신관리부는 대출금 회수 긴급대책 공문을 전국 지역본부장 및 전국지점장 앞으로 하달했다. 숙박업소 연체에 따른 금액을 산출하고 관련 부서 간 협의를 진행했다.

역발상, 돈이 된다

숙박업소 사업가들은 조금 기다려줄 것을 요청했다. 은행은 대안이 없다고 했다. 2004년 9월 23일, 성매매 특별법 시행이 숙박업 경영을 쑥대밭으로 만들었다. 단시간에 벌어진 결과였다. 은행들은 불가피하게 경매조치를 하겠다고 위협했다. 결국 경매에 들어갔지만 부동산 경매참가자 수가 너무 적었다. 입찰가액은 뚝뚝 떨어졌다. 낙찰된 것이 그래도 다행이라고 은행들은 안도의 한숨을 내쉬었다. 평소에 그렇게 잘 되던 A급 숙박업소도 급격한 변화에 대책이 없었다. 매물은 많은데 매수자가 없는 상황에서 새로운 매수자를 찾는 것도 쉽지 않았다. 여기에 의문을 던진 사람이 있었다. “정말 매수가 없을까?” 이 한마디에 상황은 달라졌다. 위기가 투자기회로 바뀐 것이다. 역발상을 한 사람이 과연 누구였을까?

《책은 도끼다》 저자 박웅현은 작자 미상의 중국 한문 시를 소개했다. 우리말로 옮기면 아래와 같다.

하루 종일 봄을 찾아 다녔으나 보지 못했네
짚신이 닳도록 먼 산 구름 덮인 곳까지 헤맸네
지쳐 돌아오니 창 앞 매화 향기 미소가 가득하네
봄은 이미 그 가지에 매달려 있었네

봄을 찾아 사방으로 돌아다녔다. 아무리 찾아도 없어 지쳐서 돌아왔더니 정작 봄은 집 마당에 있었다. 매화나무 가지에 조용히 달려 있었다. 인생이 이런 거다. 자, '봄'을 '투자자산'으로 바꿔 읽어보자. 모두 멀리 보고 투자자산을 찾고 있는데 투자자산은 지금 바로 눈앞에 있다. 우리는 투자를 거창한 것으로 생각한다. 우리가 집중하여 삶을 보면 마당 앞에 있는 것이 투자대상이 될 수 있다.

요양병원을 하고 싶어 하던 지인은 고민 중이었다. 기업인수를 통한 진출과 신규 설립 방안 중 효율성을 저울질하고 있었다. 신규 설립은 기업이 일정 규모까지 성장하는 데 많은 시간이 소요된다. 초기에는 사업성 검토가 가장 중요하다. 차별적 기술 보유 여부와 경쟁력 있는 상품 생산 가능 여부를 진단해야 한다. 진단에 따라 해당 상품의 제조와 판매에 부합하는 조직을 구축해야 한다. 이에 따른 인력도 새롭게 채용해야 한다. 어떤 경우에는 초기 인건비를 감안해 단계별 인력충원 방안이 더 효과적일 수 있다.

기존 기업을 인수하는 전략은 나름 수월해 보인다. 초기 현금흐름을 좋게 가져갈 수 있다. 신규 설립 후 초기에 겪는 과정을 일부 생략할 수 있기 때문이다. 기업인수 혹은 합병을 하는 이유는 새로운 사업을 시작하는 동기와 근본적으로 다르지 않다. 새로운 사업을 영위하기 위해 벤처기업을 설립하는 대신 인수나 합병을 선택하는 이유는 분명히 있다. 아파트 상가에 입주해 있는 슈퍼마켓 주인을 생각해보자. 처음에는 빈 점포를 물색해 가게를 차린다. 저가에 질 좋은 상품을 납품할 공급처를 확보하고 매출을 늘리기 위해 다양한 판촉활동을 수행한다. 가게가 일정궤도에 오르면 어떠한가? 그 가게를 인수하고 싶어 하는 사람이 등장한다. 얼마인지 묻고 매달린다. 초기 입지 분석과 설립에 자신 없는 사람은 기존의 슈퍼마켓을 인수하는 방안이 훌륭하다. 기업인수는 기업의 유형자산과 무형자산을 합법적으로 확보한다. 결국 매수자가 취득하는 것은 무엇일까? 지급금액에 해당하는 시간을 절약한다. 돈을 주고 시간과 기술을 사는 거래다.

물론 지금 잘 경영되는 기업의 인수가 동일한 미래를 보장하지는 않는다. 경영자의 변화는 경영형태나 의사결정 기준이 전반적으로 달라지기 때문이다. 이러한 변화는 기업성과에 그대로 영향을 미친다. 기업의 의사결정 방식의 변화로 기존고객이 이탈할 수도 있다. 회사방침의 변경에 일부 고객은 구매처를 바꾸기도 한다. 어떤 고객은 새로운 거래조건이 더 마음에 들어 회사와의 관계가 돈독해지기도 한다. 기업의 경영방식

변경은 거래관계에 대한 재검토를 초래한다. 거래 중단, 거래조건 수정, 거래 계속, 여러 결과로 나타난다. 이 결과를 통합하면 무엇일까? 기업의 성과로 연결된다. 궁극적으로는 새로운 경영자의 능력 평가다.

글로벌 회사가 M&A에 공을 들이는 근본적 이유

2009년 은행으로부터 기업매수 요청을 받았다. 자산운용회사 신설과 기업인수(M&A)를 통한 계열사 추가확보 중 어떤 방안이 효율적인지 분석해야 했다. 자산운용회사 설립을 통한 추정손익과 기업인수를 통한 손익을 비교하면 다음과 같다.

신설방안과 M&A방안 3년간 손익비교

신설하는 경우	추정손익이 26억 원 순손실로 나타남
인수하는 경우	150억 원 순이익이 추정됨

이런 경우 어떤 선택을 해야 할까? 외국 사례도 추가로 제공했다. 은행은 대단히 호의적이었다. 최종적 결정을 기다려야 했다. 자산운용회사의 대주주는 기다려야 한다고 말하자 불만을 토로했다. 나는 내심 대주주가 매각의사를 철회하는 것은 아닌지 조바심을 냈다. 매수의지가 아무리 강해도 기존 대주주가 매각의사를 철회하면 그만이기 때문이다. 기업인수는 매각의사를 기본 전제로 출발하는 거래다. “이제 그만 합시다!” 말 한마디에 진행되던 모든 상황이 그대로 중단된다. 은행은 아직도 응

외국의 자산운용회사 M&A 현황

프랭클린 및 블랙록	M&A로 성장한 대표적 회사
피델리티	내부적으로 성장한 회사

답이 없었다.

자산운용업의 특성 및 운용자산 누적의 수익구조를 감안할 때 M&A가 유리하다. 분명 지인의 말대로 요양병원을 인수하면 시간 절약이 가능하다. 설립 초기 어수선한 과정을 생략하고 병원 경영의 안정을 추구할 수 있다. 차별적 경영전략을 통해 병원의 도약을 도모할 수 있다. 인력은 핵심역할만 보강하면 된다. 요양병원을 하고 싶어 하던 지인은 나에게 긴장된 목소리로 전화했다. "숙박업 부동산을 취득하여 요양병원을 하는 것이 어떠냐? 부동산 용도변경이 될까?"

며칠 지나 그는 요양병원으로 용도변경이 가능하다는 내용을 전달했다. 사업계획서에는 300병상의 요양병원 두 개를 운영하는 것으로 적혀 있었다. 규모가 상당한 요양병원이었다. 경매로 취득하려고 하는 숙박업 건물의 위치도 좋았다. 두 곳의 위치가 가까웠다. 두 개의 경영으로 규모의 경제가 가능했다. 투자대상에 집중한 결과였다. 그는 앞마당에서 투자대상을 발견했다.

나는 은행에 해당 자산운용회사 지분 80%를 인수하는 방안을 제안했다. 소요금액은 176~180억 원 정도였다. 은행이 무슨 생각을 하는지 궁금했다. M&A를 해본 적이 없는 은행이라는 생각에 답답했다. 드디어 연락이 왔다.

글로벌 회사들은 요즘 기업인수에 혈안이다. 왜일까? 4차 산업혁명 시대에는 작은 기술이 엄청난 부를 창조한다. 핵심 기술 하나가 세상을 바꾼다. 사고의 '대전환'이 일어난다. 모든 기득권을 벗어 던져야 하지만 대기업의 경우 쉽지 않다. 조직의 가벼움이 창의적 사고를 키운다. '공유'와 '인공지능', '융합'과 '통합' 렌즈로 세상을 보라. 비즈니스가 완전히 달라진다. 글로벌 회사들이 신생기업을 눈독 들이는 이유는 단 한 가지. 작은 소리로 고백한다. "어느 기술이 황금알을 낳을지 모르겠어." 기업인수에 광분하는 궁극적인 이유다.

빅픽처　폭락을 폭등으로 읽어라

부동산 : 용도 변경, 계약형태 변경, 부동산을 바라보는 시각 전환
유가증권 : 시장 회복 장단기 진단, 회복가능성 판단, 변동성 방향에 입각한 투자자산의 획기적 전환

사회 변화에 민감해야 한다

자산가들은 공통적으로 약점을 가지고 있다. 말 한마디에 쉽게 넘어간다. 의사 친구에게 전화로 쓱 한마디 했다. "너 요양병원 관심 없어? 요새 요양병원이 대세인데." 그 한마디에 친구는 넘어갔다. 친구는 요양병원에 대한 자세한 정보를 추궁했다.

수도권의 한적한 곳에 위치한 10층짜리 신축 건물을 용도변경 했다. 다른 용도로 쓰일 수 있는 절호의 기회를 꽉 붙잡았다. 놓칠 수 있다는 생각에 의사결정을 신중하게 진행했다. 요양병원은 어떠한가? 무슨 전공이든 의사자격증만 있으면 모두 운영 가능하다. 한의사도 법적으로는 가능하다. 그렇지만 일반적으로 한의사보다는 의사들이 선호한다. 전문의만 운영할 수 있는 것도 아니다. 복잡한 진료를 거의 하지 않기 때문에 일반의도 가능하다. 요새는 의사가 개업하여 살아남는 것도 치열하다. 요양병원은 중풍, 뇌경색, 뇌출혈, 사지마비, 파킨슨병, 알츠하이머병, 뇌염과 같은 질병을 앓는 노인들이 주로 이용한다. 이들은 거동이 불편하기 때문에 보호자의 도움이 필요하다. 상황이 여의치 않은 경우, 주로 이용하는 데 보호자의 도움 대신 병원 의료서비스를 이용하기 때문에 편리하다. 치매 환자의 의료 보험서비스가 확대되면 요양병원의 수혜 폭은 더욱더 증가할 것이다.

투자자의 시각에서 요양병원 경영을 들여다보자. 한 요양병원의 사례를 보면, 자본금 25억 원, 300병동 규모, 직원 90명, 매출액 연간 80억 원, 4년간 18억 원의 당기 순이익을 올리고 있다고 한다. 요양병원은 연 20~30% 정도의 순이익이 가능하다. 1년간 순이익을 자본금으로 나누면 투하자본금 대비 순이익 비율을 계산할 수 있다. 물론 안다. 의료업은 돈을 벌려고 하는 사업이 아니다. 하지만 계속적인 영위가 힘들다면 그것도 문제다. 요즘 바이오 산업과 헬스케어 산업이 시장의 화두다. 그 이유가 뭘까?

많은 이유가 있지만, 세계적 인구 고령화 현상도 그 이유가 된다. 고령화로 돈을 버는 몇 가지 업종이 있다. 시니어 타운도 그중 하나다. 시니어 타운은 나이 든 어른들이 단체생활을 할 수 있도록 숙식을 제공한다. 식사와 월세 혹은 전세로 시니어 복지주택을 제공하기 때문에 생활하기에 제격이다.

옛날만 하더라도 요양병원이나 시니어 타운은 생각할 수 없었던 시설이었다. 부모가 연로하거나 아프면 자식이 당연히 모셨고 간병을 했다. 지금은 시대가 많이 변했다. 현대사회는 도시화를 야기시켰고, 도시화는 생활의 많은 것을 바꿔 놓았다. 이렇게 변화되는 추세를 앞서서 읽고 투자대상에 집중해야 한다. 기회는 누구에게나 오는 것이 아니다. 알아보는 사람에게만 온다. 앞에서 말한 지인은 업종 변경을 넘나드는 부동산 활용을 통해 투자금액을 줄일 수 있었다. 집중력을 통해서 마당에서 봄을 발견했다.

빅픽처　트렌드를 읽어라

사회 변화 키워드 : 인구 고령화
뜨는 업종 : 요양병원, 시니어 타운
뜨는 상장회사 : 바이오 산업, 헬스케어 산업

집중력만이 큰 수익을 만든다

"나의 앞머리가 무성한 이유는 사람들이 내가 누구인지 금방 알아차리지 못하게 하고, 나를 발견했을 때는 쉽게 붙잡을 수 있게 하기 위해서다. 나의 뒷머리가 대머리인 이유는 지나가고 나면 다시는 나를 붙잡지 못하게 하기 위해서다. 나의 발에 날개가 달린 이유는 최대한 빨리 사라지기 위해서다. 나의 이름은 기회다."

이탈리아 북부 토리노 박물관에 있는 기회의 신이자 제우스 아들인 카이로스 조각상 밑에는 위의 글이 적혀 있다.

기회의 뒷머리는 대머리다. 한번 놓치면 잡기 힘들다. 기회가 왔을 때 움켜쥐어야 하는 이유가 여기에 있다. "기회인가?" 망설이면 날아간다. 앞에서 알아보는 것은 쉽지 않다. 알아보기는 어렵지만 앞에서 잡아채기는 쉽다. 알아보지 못하는데 어떻게 잡아챌 수 있을까? 로마 신화 속 '행운의 여신'은 어떠한가? 행운의 여신은 한 손에 염소 뿔을 쥐고 있다. 다른 손에는 배의 방향타를 쥐고 있다. 만나는 사람에게 염소 뿔을 뒤집어 행운을 베풀고 방향타로 행운의 방향을 가리킨다. 더구나 행운의 여신은 앞을 볼 수 없다. 긴 띠로 눈을 가리고 있기 때문에 당신이 먼저 발견해야 한다. 기회는 준비되지 않은 사람에게 결코 오지 않는다. 설사 왔다고 하더라도 그 사실을 미처 깨닫지 못한다. 그런 식으로 하늘이 준 기회를 허공으로 날리는 일이 있어서는 안 되겠다.

많은 사람이 얘기한다. "누구나 인생에 세 번의 기회는 온다"고. 젊은 사람들은 대부분 이 말을 신뢰하지 않는다. 하지만 나이가 들어갈수록

"맞아, 그럴 수 있어"라고 수긍한다. 그만큼 똑같은 사건에 대한 반응이 사람마다 다르다. 동일한 사건에 어떤 사람은 행동으로 기회를 잡는다. 어떤 사람은 방설이다 기회를 놓친다. 알아보지 못하는 사람도 있다.

그렇다면, 지식과 투자성과는 비례할까? 숙박업소를 병원으로 바꾸는 생각의 전환을 아무나 할 수는 없다. 요양병원을 향한 간절함, 집중력, 창의력이 만든 결과다. 생각만큼 발상의 전환은 쉽지 않다. 이론적으로 많이 아는 것과 투자수익률은 비례하지 않는다. 투자방법을 가장 많이 아는 사람은 대학교수들이다. 그렇다고 교수들이 투자를 잘하냐고? 그건 아니다. 투자 시 각종 변수를 어떻게 다루느냐가 핵심이다. 지식의 깊이와 수익률은 비례하지 않는다. 투자대상에 대한 집중력만이 큰 수익을 만든다.

결국 은행은 그 자산운용회사를 인수하지 못하고 후회를 했다. 2009년 주식시장이 형편없을 때였다. 자산운용회사의 성장은 주식시장 변동에 좌우된다. 주식시장이 활황이면 용광로가 철을 녹이듯 모든 것을 녹인다. 이때가 기업인수 적기다. 특히 금융회사는 그렇다. 은행은 그 자산운용회사를 인수하지 못하고 결국 다른 회사에 인수당했다. 저축은행의 성패는 자산을 어떻게 운용하느냐에 운명이 달려 있다. 인수하지 못하면 인수를 당하는 세상이다.

CHAPTER 02

절대수익을 추구하라

"주식시장 등락에 관계없이 항상 투자수익을 창출하는 운용전략은 없을까?"

70년 전 이런 질문을 던진 주식 투자자가 있었다. 질문은 인간을 성장시킨다. 역사는 질문에 대한 답변으로 발전해왔다. 투자의 역사에서 획기적인 전기를 마련했다. 그는 개별종목의 내재가치 분석은 자신 있었다. 그러나 유동성에 따라 춤추는 시장은 도무지 읽을 수 없었다. 너무 변수가 많았다. 주식을 선별하는 능력이 필요했다. 주식시장 등락에 관계없이 항상 돈 버는 운용전략은 없을까? 그는 연구했다.

본인의 약점과 장점의 이해에서 대안은 출발한다. 약점을 보완하고 장점을 극대화하는 전략으로 초점이 좁혀졌다. 좋은 성과는 큰 틀에서 점차 만들어진다. 시장 위험은 회피하고 본인의 주식종목 선별능력을 극대화해야 한다고 생각했다. 시장 위험을 회피하려면 어떻게 해야 할까? 시장 변동에 따라 종합주가지수는 춤춘다. 종합주가지수에 중립적인 투자 종목을 골라야 한다.

예를 들어 보자. 투자종목이 두 개일 경우 하나가 오르면 다른 하나는 내려가는 전략을 사용해야 한다. 종목이 세 개일 경우 한 종목이 10% 상승하면 다른 두 종목이 합산하여 10% 하락하면 된다. 이러한 전략을 사용하면 종합주가지수가 변동돼도 투자자산의 변동성은 제로가 된다. 본인의 기업평가 능력을 극대화할 수 있다.

그는 오직 주식의 내재가치 분석능력으로 승부하고 싶었다. 이 능력으로만 승부하면 자신 있었다. 매수 혹은 매도 시점을 도저히 알 수 없었지만 이것을 극복하지 못하면 수익을 낼 수 없었다. 자료를 찾고 연구하기 시작했다. 투자전략을 다양한 방법으로 검토했다.

알프레드 존스(Alfred W. Jones)는 호주에서 태어나 네 살 때부터 미국에서 살았다. 투자와의 인연은 1949년 자산운용기법 실무연구가 계기가 됐다. 시장분석, 투자추세 및 시장예측의 기술적 방법론에 대해 획기적인 논문을 발표할 때부터였다. 그는 당시 운용업계에서 활용되었던 어떤 것들보다 개선된 투자모델을 실행할 수 있다고 확신했다. 본인 돈 4만 달러를 포함하여 10만 달러를 조성한 알프레드 존스는 'A.W. Jones & Co'라는 회사를 설립했다. 그는 차별적 투자방식을 고집했다. 그의 투자방식은 상승기와 하락기 모두 괄목할 만한 투자실적을 거두었다.

어떻게 이것이 가능했을까? 1950년부터 1960년 까지 11년 동안 미국 주식시장은 강세였다. 강세장에서 존스의 모델은 매우 훌륭한 실적을 구현했다. 수년간 시장수익률을 초과하는 성과를 보였다. 존스는 펀드의 운영방식을 공개하지 않았다. 단기적 약세장이었던 1966년, 그는 세간의 이목을 다시 집중시켰다. 그의 전략은 약세장에서도 정확히 먹혔다. 세상은 그의 운용전략에 집중했다. 그의 운용실적은 다른 성공적인 펀드들의 실적을 훨씬 능가했다. 믿을 수 없다는 분위기였다. 투자방식을 공개해달라는 요청이 쇄도했다. 그는 함구로 일관했다. 세간의 이목은 자연스럽게 더 집중됐다. 인터뷰 요청이 쇄도했지만 응하지 않았다. 그는 연구를 통해 확보한 전략을 대중에게 공개하고 싶지 않았다. 그의 투자방식에 대한 관심이 더욱 고조됐다. 존스는 침묵으로 일관했다.

그의 침묵을 무력화시킨 인물이 있었다. 미국 비즈니스 잡지 〈포춘〉의 캐롤 루미스(Carol J. Loomis)는 극비리에 취재를 했고 온 세상에 특집기사를 내보냈다. '아무도 따라할 수 없는 고도의 운용전략'이라는 기사제목에 투자전문가들은 "뭐 대단한 거라고" 비아냥거렸다. 내용을 읽어본 전문가들은 경악을 금치 못했다. 충격적이었다. 보도 이후 더 많은 사람들이 주목했다. 캐롤 루미스는 처음으로 헤지펀드(Hedge Fund)라는 단어를 특집기사에서 사용했다. 그때부터 사람들은 알프레드 존스의 운용펀드를 헤지펀드라고 불렀다. 존스의 투자구조와 방식을 많은 펀드회사들이 모방했다. 거기에는 워런 버핏의 투자회사도 포함돼 있었다. 투자역사의 새로운 전기였다.

주식시장 등락에 관계없이 항상 이기는 전략

일반적으로 우리는 A기업이 오를 거라고 판단하면 매수를 한다. 반대로 하락이 예상되면 공매도를 한다. 공매도는 주식이 없는 상태에서 주식을 매도하는 방식이다. 높은 금액에 매도하고 낮은 금액에 매수하면 동일하게 수익을 챙길 수 있다. 그렇다면 주식이 없는데 어떻게 매도를 할까? 주식이 없는 상황에서 매도가 가능한 이유는 기관투자자가 주식을 빌려서 매도를 시행하기 때문이다. 주식을 빌린 대가로 수수료를 지급하면 된다.

여기서 '공매도'라는 용어가 새로울 것이다. 앞의 내용에 덧붙이자면 공매도는 주식 혹은 투자대상 현물을 보유하지 않은 상황에서 빌려서 매도하는 것이다. 주식의 경우, 증권회사마다 개인의 공매도 상품에 대한 정책이 다르다. HTS를 사용할 때 어느 증권회사는 개인의 공매도가 별도의 상품으로 허용된다. 어떤 회사는 신용 혹은 대주거래를 통해 공매도 대상종목을 증권회사가 보유한 종목으로 한정한다. 나는 투자은행 혹은 기관투자자들이 사용하는 전략의 이해에 초점을 맞췄다.

다시 이야기로 돌아가, 존슨의 수익확보 전략을 살펴보자. 예를 하나 들어보겠다. A기업 주가는 6만 원이고 B기업 주가는 8만 원이다. 개별 종목 분석을 통해 A기업은 더 상승할 것이고, B 기업은 하락할 것이라고 예측한다면 어떤 투자방향을 취해야 하는가? 240만 원으로 A기업 주식 40주를 매수하고, 이에 대한 시장 노출 위험을 중립으로 유지하기 위해 B기업 주식 30주를 공매도 할 수 있다. 어떤 현상이 벌어질까? 시장이 변해도 포트폴리오는 중립적이다. 정말 그럴까? 따져보자.

놀라운 일이다. 시장상황에 따른 주가의 상승폭과 하락폭이 동일하다 하자. 시장이 5% 오르면 A기업은 3,000원 오르고, B기업은 4,000원 오른다. 그러면 투자자는 A기업 매수를 통해 3,000원×40주, 12만 원 이익, B기업 공매도를 통해 4,000 원×30주, 12만 원 손실 현상이 발생된다. 시장 변동에 따른 주가의 변동위험은 제거됐다. 시장이 아무리 변해도 두 기업의 주식을 통한 투자손익은 제로다. 주식 한 종목이 상승할 때 이익이 발생하고, 주식 한 종목이 하락할 때도 이익이 발생하는 구조로 만들어 놓았기 때문이다. 주식시장 노출은 제로다. 철저하게 개별종목의 가치변동에 따라 수익이 만들어진다.

우리나라 주식시장은 외국인이 시가총액의 대략 35% 정도를 보유하고 있다. 정확한 외국인 보유량은 상황에 따라 달라진다. 외국인이 사면 오르고, 팔면 내리는 천수답 시장이다. 외국인과 관계없이 수익을 확보할 수는 없을까? 상응하는 전략을 따르면 된다. 시장변동 위험은 완벽하게 없애고, 오직 개별 주식 투자로 이익을 얻고 싶을 때 이런 전략을 사용한다. 주식시장은 태생적으로 변동성이 너무 크다. 기업분석을 통해 저평가돼 있는 기업을 고르고, 거기에 상응하여 수익을 확보할 수 있는 좋은 방법이다.

주식시장 중립전략은 말 그대로 주식시장에서 시장 중립 포지션을 취하는 전략이다. 본래의 시장 중립은 페어 트레이딩(Pair Trading)을 뜻한다. 즉, 매수 포지션(Long Position)과 매도 포지션(Short Position)의 시장 노출(Exposure)을 동일하게 하여 합산 시장노출을 제로로 한다. 현재 시장 중립 개념은 반드시 쌍을 구성하거나 전체 포트폴리오를 시장 중립적으로 구성하는 것까지도 시장 중립전략으로 본다.

시장 중립전략의 기본은 특정 주식을 선택해서 시장상황과 상관없이 수익을 내고자 하는 전략이다. 그렇다고 매수와 공매도를 상호 변동시키는 형태는 아니다. 시장 노출을 제로로 하여 포트폴리오를 구성하거나, 상승 및 하락에 둔감한 시장 중립적 종목들로 포트폴리오를 구성하는 것이 중요하다. 보통 두 종목이 동일 업종이거나 향후 주식가격에 대한 전망이 다르거나 가격방향이 일치하지 않는 주식 한 쌍을 선택해서 전략을 구사한다. 이때 쌍이 반드시 1:1로 구성되는 것은 아니며 2:1 또는 1:2로 종목이 구성되기도 한다.

전체 시장에 대한 방향성 예측보다는 개별종목 판단이 중요하다. 이 때문에 종목 분석을 철저하게 해야 한다. 보통 시장상황을 고려하여 투자종목을 구성하는 것이 일반적 투자형태지만 시장 중립전략은 그렇지 않다. 개별종목 분석을 통해 종목의 방향성을 차등적으로 설정한다.

앞서 말한 존스의 투자모델은 다음 두 가지 가정에 근거했다. 당시 그의 전략을 이해하는 사람들은 거의 없었다. 첫째, 그는 시장수익률보다 더 오르거나 밑돌 주식을 선별하는 능력이 뛰어나다고 스스로 확신했다. 둘째, 그에게는 매매시점을 포착하는 능력이 없었다. 따라서 그는 낮게 평가된 주식을 매수하여 보유하고, 높게 평가된 주식을 공매도 하는 전략을 실행했다. 이러한 전략으로 시장 위험에 대한 노출을 최소화하면서 본인의 종목선택 능력에 집중했다. 본인의 능력을 극대화하고 단점을 최소화하는 전략이 성과를 갈랐다.

빅픽처　산업별 중립화 전략이 가능할까?

특정 산업의 고평가 : 해당 산업 ETF의 공매도
특정 산업의 저평가 : 해당 산업 ETF의 매수
시장 중립화 전략 : 산업별 ETF 종목 매수와 공매도로 차별적 전략

부정적인 시장 상황을 이용하는 투자전략

미국 9.11테러는 전 세계를 경악하게 만들었다. 테러 발생으로 미국은 충격에 휩싸였다. 또 다른 대형 사건이 터질 수 있다는 두려움에 여행객은 대폭 감소했다. 뉴욕 건물 및 공항 출입국 심문은 강화됐다. 사회적 사건은 투자시장에도 충격을 줬다.

항공산업 역시 치명적 영향을 받았다. 9.11 이후, 일부 항공회사들은 파산을 신청하고 회생절차에 들어가야 했다. 회생절차에 들어가자 Atlas Air 채권 가격도 급락했다. 채권에 담보물이 있었음에도 불구하고 예외는 없었다. 투자자들이 느끼는 심리는 가격에 그대로 반영됐다. 발행채권이 보유하고 있는 담보물 가치에는 별로 관심 없었다. 발행회사가 Atlas Air라는 사실만으로 가격은 폭락했다. 이때 Atlas Air 채권에 투자한 기업이 있었다.

부실채권 투자전략은 파산한 기업 또는 파산위기를 겪고 있는 기업에 투자한다. 이런 회사들이 발행한 채권 투자를 통해 수익을 챙긴다. 가능할까? 부실채권은 유동성이 매우 낮다. 정보를 얻기가 어려워 부실채권은 일반적인 경우 투자대상에서 제외된다. 이런 채권을 주로 투자하는 펀드가 있다. 이 펀드는 이런 상황을 선호한다. 부정적 상황에 압도되어 채권가격이 제대로 평가되지 않을 것이라는 심리를 이용한다. 시장이 가치를 제대로 반영하지 못할 경우 매수를 한다. 남들이 보기에는 일시적인 유동성 공급자로 보이지만 결국 큰 수익을 확보한다.

부실채권의 매력은 무엇일까? 매도 압력으로 인해 할인 폭이 크다는 점이다. 부실채권의 소유자는 발행회사의 부도 혹은 신용위험 때문에 충격에 휩싸인다. 충격과 공포로 시장은 지극히 감정적 대응을 한다. 그 결과는 가격에 그대로 반영된다. 채권 액면에 감추어진 할인 가격의 밝은 빛을 알아보기는 쉽지 않다. 가격 대폭락은 뒤집어 보면 감춰진 수익의 폭발적 증가다. 폭발적 하락은 폭발적 증가로 나타난다. 부실채권 투자로 챙기는 수익은 통상적인 경우의 몇 배에 이른다. 남들과는 차별화된 시각으로 큰돈을 버는 전략이다. 기억해야 한다. 폭락은 거꾸로 보면 수익의 폭발적 증가라는 점을.

Atlas Air가 발행한 채권은 1999년 제작된 747 기종이었다. 1998~2000년 제작된 747-400 기종은 인기가 좋았다. 담보물 가치는 1억 2,000만 달러 이상이었다. 채권 할인가는 4,000만 달러에 불과했다. 시장의 회복에 따라 채권가격은 상승했다. 투자자는 만약 회생절차에 문제가 생길 경우, 항공기를 직접 취득할 계획을 갖고 투자를 감행했다. 단기간 보유 후 시장에서 채권을 매도했다. 1순위 저당권을 담보로 발행된 '선순위 채권'은 42%의 수익률을 달성했다. 2순위 저당권을 담보로 발행된 '후순위 채권'은 더 많은 수익을 챙겼다. 82%의 수익률이었다.

> **빅픽처　새로운 시각은 그냥 만들어지지 않는다**
>
> 공포심에 따른 심리적 위축은 객관적 사실을 왜곡한다.
> 왜곡된 사실에 숨겨진 막대한 차익을 알아채야 한다.

부실채권에 관심을 가져야 하는 이유

부실채권 투자를 통해 돈을 번 사례는 많다. 그중 하나의 사례를 소개하겠다. 대우그룹의 붕괴로 자생력이 없는 계열사들은 파산해야 했다. 자산과 부채의 정리가 필요했다. 계열사 간 자금거래가 빈번했기에 채권채무 관계는 매우 복잡했다. 한국자산관리공사(KAMCO)는 금융회사 대우캐피털 채권 채무 관계를 정리하기 위해 2002년 특수목적회사(SPC, Special Purpose Company)를 설립했다. 특수목적회사에 건전자산을 이전하여 기존 채권 채무 관계를 완전 정리하겠다는 목적이었다. 대우증권은 이 특수목적회사에 투자했고 지분 23.97%를 확보했다. 대우증권의 판단이 적중했을까? 자산과 부채를 정리하는 과정에서 수익을 낼 수 있었다. 금융회사라고 투자에 항상 성공하는 것은 아니다. 특수목적회사는 2005년 대우캐피털 매각대금으로 대우건설과 S&T대우(구 대우정밀)의 주식을 받았다. 특수목적회사는 매각을 통해 8,000억 원이 넘는 현금을 확보했다. 지분 23.97%를 소유한 대우증권은 1,800억 원 정도의 배당을 받을 수 있었다. 구조조정 과정에 있는 회사의 투자로 큰 수익을 챙겼다. 부실채권 투자를 주시해야 하는 이유가 여기에 있다.

불균형을 활용하는 투자전략

글로벌 매크로 전략은 거시적인 경제 추세 변화 또는 구조적 불균형 시기를 활용하여 수익을 창출한다. 대부분의 글로벌 매크로펀드는 시장의 일시적 불균형 상황이 심화될 때 투자를 단행한다. 균형상태에서 가장 멀리 벗어났을 때 투자하고 일단 불균형이 해소되면 시장을 빠져 나간다. 불균형 현상은 항상 균형으로 수렴한다. 불균형한 상황을 투자의 시각으로 봐야 하는 이유다. 조지 소로스(George Soros)는 이를 두고 다음과 같이 표현했다.

"나는 특별한 규칙에 의해 게임을 하지 않는다. 게임규칙이 변화 혹은 왜곡되어 있는 곳을 찾을 뿐이다."

투자 결정 시 경제상황 분석방법은 전형적인 하향식(Top-down) 접근을 사용한다. 거시경제적인 불균형을 먼저 찾고, 이러한 불균형이 균형상태로 돌아간다는 가정 하에 변수를 찾아 방향성 투자를 한다. 글로벌이란 어느 특정 국가에 국한되지 않고 전 세계를 아우를 수 있는 투자전략을 말한다. 매크로는 거시경제적 분석을 바탕으로 현재 불균형돼 있는 투자자산을 선택해서 투자한다. 불균형이 해소되면서 투자자산 가격은 크게 상승한다. 글로벌 매크로 전략이 사용하는 전형적인 방식이다.

1997년 동아시아 금융위기 때 한국 채권시장은 요동쳤다. 30%까지 금리가 치솟았다. 30%의 고금리 상황을 견딜 수 있는 기업은 없었다. 삼성전자도 어려웠다. 이런 불균형이 단기간이라고 판단하고 투자를 단행해 큰돈을 번 사람이 있었다. 그는 누구일까? 불균형 상황은 균형 상황으로 복귀한다. 큰돈은 불균형 상황의 회복에서 생긴다. 미래에셋그룹 박현주 회장은 불균형적인 상황을 적기에 활용했다. 대형 금융그룹 형성의 종잣돈을 벌었다.

한국금융연수원에서 발간한 《헤지펀드의 이해와 운용전략》은 글로벌 매크로 운용전략의 사례를 보여준다. 최초 사례는 1992년 9월에 발생했다. 유럽 통화제도가 통합되는 과정에서 불균형 환경이 조성됐다. 유로화가 나오기 이전의 상황이었다. 유럽환율시스템(ERM, European Rate Mechanism)으로 유럽은 움직이고 있었다. 유럽환율시스템은 유로화로 바뀌기 전 과도기적 제도였다. 이 환율시스템이 불균형을 초래했다.

우리는 불균형이 발생한 과정을 간단히 이해할 필요가 있다. 당시 유럽은 통화안정이라는 목적을 추구했다. 유럽 화폐 단위(European Currency Unit)와 관리 변동환율 제도(ERM , Exchange Rate Mechanism)가 도입됐다. ERM은 참여국 통화가 미리 설정된 구간 내에서 움직일 수 있도록 관리했다. 완전한 자유환율 제도는 아니었다. 통화제도의 변경은 과도기를 거쳐 확립돼야 했다. 최초 ECU에 대한 각 통화의 중심환율이 결정됐다. 각국의 통화는 이 중심환율의 ±2.25%까지 변동할 수 있었다. 각국의 중앙은행은 자국통화가 구간 내에서 움직이도록 하기 위해 중심환율보다 하락한 통화는 매입하고, 상승한 통화는 매도하는 형태로 시장에 개입했다. 이런 인위적인 환율 변동폭이 문제가 됐다. 인위적인 가격이 형성되면 주목해야 하는 이유가 바로 여기에 있다.

환율과 이자율의 움직임은 어떠한가? 상호 유기적인 관계를 유지하면서 움직인다. 이런 내재적인 속성이 불균형을 조성했다. 특정 국가의 이자율이 오르면 환율은 강세를 띄게 된다. 환율을 인위적으로 조정하면 이자율과의 괴리가 심화된다. 자국 내 경제상황에 적합한 이자율과 환율 변동폭 제한을 지키기 위한 노력이 문제를 가져왔다.

예를 들어, 독일의 통일은 강한 성장과 인플레이션 압력을 수반하여 강한 이자율 상승을 초래했다. 반면, 영국은 경기침체 국면에서 이제 막 탈출하여 느린 성장과 함께 낮은 성장률을 수반하고 있었다. 자국 이자율을 낮추어 경기회복을 추진해야 하는 상황이었다. 그럼에도 불구하고 영국 정부의 정책은 한계가 있었다. 파운드를 ERM체제의 제한된 환율 변동폭으로 유지해야 했다. 인위적인 노력이 불균형을 심화시켰지만 금리를 인하할 수는 없었다. 영국 금리는 타국 금리에 비해 상대적으로 높았다. 파운드화의 실질적 고평가 상황이 시장에 조성됐다. 이때 불균형 현상은 분명 일시적일 거라고 확신한 사람이 있었다. 누가 이런 획기적인 생각을 했을까? 투자자는 과감했다. 행동의 결과는 둘 중 하나였다.

그는 생각이 달랐다. 일시적 불균형은 균형으로 회귀한다고 확신했다. 영국 고금리에 따른 환율의 고평가 현상은 일시적인 현상이라고 확신했다. 현재의 현상은 결국 파국을 맞을 거라는 점에 조금도 의심하지 않았다. 행동으로 옮겼고 돈을 걸었다. 거시적 경제 측면에서 고금리 상황을 투자로 연결시켰다. 균형상태로 회복되려면 금리하락이 불가피했다. 금리가 하락하는 경우, 파운드화는 평가절하돼야 했다. 이런 상황에서 과연 어디에 투자해야 할까? 방향을 거꾸로 잡으면 손실이 발생할 수 있다. 투자의 대상과 방향에 집중해야 한다.

영국이 자국 내 경제 사정으로 결국 환율방어를 하지 못할 것으로 판단했다. 파운드화가 실제 이상으로 높게 평가돼 있다고 확신했다. 100억 파운드 이상의 공매도 포지션을 취했다. 즉 파운드화가 고평가돼 있으므로 불균형 현상이 균형으로 회복될 것으로 확신한 것이다. 높게 평가된 파운드화에 승부수를 던졌고 공매도를 단행했다. 결과는 누구도 알 수 없었다.

답은 시장에 있었다. 시장은 폭발했다. 영국은 파운드화의 평가절하 압력을 이기지 못했다. 매도세력의 힘은 강력하게 작용했다. 영국은 ERM을 탈퇴했다. 조지 소로스의 퀀텀펀드(Quantum Fund)는 이 거래로 10억 달러의 수익을 얻었다. 이와 관련한 언론 보도로 일반인들은 글로벌 매크로 펀드 운용전략에 대해 알게 됐다. 처음에는 소로스의 성과에 감탄했다. 그러나 곧 부정적 인식으로 전환됐다. 어떻게 이런 일이 발생할 수 있는지 사람들은 의심했다.

불균형이 투자세력을 만들었다. 투자는 균형을 좋아한다. 불균형의 틈새는 투자세력이 침투하는 약점으로 작용된다. 불균형이라는 틈새가 벌어지면 이를 이용하여 큰돈을 벌려고 달려든다. 이것이 돈의 생리다. 불균형 상황은 투자시장에서 자주 발생한다. 보이는 사람한테만 보이는 틈새다. 우리는 이런 전략을 알고 있어야 한다. 국제 금융시장에서 당하지 않기 위해서라도 다양한 운용전략을 알아야 한다.

빅픽처 국내, 해외에서 인위적으로 형성된 가격은 없을까?

정상 가격과의 차이, 즉 틈새가 있다면 주목할 대상이다. 현재 투자시장을 둘러보자. 부동산시장, 원자재시장, 채권시장, 주식시장, 원유시장, 인위적으로 형성된 가격은 언젠가 폭발한다. 2017년 8.2 부동산 대책은 어떨까? 다른 형태의 인위적 가격을 조성하고 있다. 우리가 긴장해야 하는 이유가 여기에 있다.

CHAPTER 03

부동산, 빅픽처를 보라

공급 확대는 가격 하락을 가져온다. 경제학자들의 얘기다. 통일은 대한민국 부동산시장의 대변혁을 예고한다. 꿈에 그리던 북녘땅, 통일이 우리에게 가져다 줄 아름다운 대한민국의 완성이다. 조국의 분단에 우리는 얼마나 애를 태웠던가? 이제는 다르다. 통일이 된다면 많은 것을 가질 수 있다. 분명 통일은 공급의 무자비한 증가를 초래할 것이다. 그러면 많은 것을 잃을 수도 있다.

오래될수록 가격이 오르는 자산이 있다. 바로 서울 아파트다. 왜 그럴까? 오르는 이유를 근본적으로 이해해야 한다. 근본적인 이유를 모르면 상황이 변화될 때 응용이 어렵다.

투자대상, 속성을 이해해야 한다

부동산은 공공재 성격이 강하다. 특히 토지는 물량이 정확하게 제한돼 있는 투자자산이다. 국가의 사회간접자본 투자와 개발에 의해 토지 가격이 상승하고 가치가 증대된다. 토지의 가치 상승을 소유자가 독차지하는 것은 공평하지 않다고 주장한 사람이 있었다. 미국의 사회개혁자 헨리 조지(Henry George)는 《진보와 빈곤》에서 다음과 같이 말했다.

"세대를 넘어 무제한적으로 상속 가능한 토지소유권은 부당하다. 토지의 배타적 소유는 정당하지 않다."

토지의 배타적 권리를 인정할 수 없다고 말했다. 과연 맞는 말일까? 논리를 파고들면 틀린 얘기는 아니다. 나름 합리적인 견해다. 토지는 자연의 일부이기 때문에 투자나 매매거래의 대상이 될 수 없다는 논리다. 누구나 공유할 수 있는 자연의 일부를 특정 개인이 소유하는 행위는 부당하다. 부당한 배타적 권리를 통해서 이득을 본 주체가 있다면 국가는 거기에 상응하는 조세 부과를 통해서 환수해야 한다고 말했다.

이 시각으로 보면 토지의 소유권과 사용권은 햇빛과 달빛의 권리와 동일하게 취급된다. 헨리 조지의 주장을 더 들여다보자. 토지는 인류가 공유해야 할 대상이다. 유동인구의 증가라는 현상을 통해 토지 가치가 상승된다. 이를 통해 소유자가 그 이익을 다 차지한다면 평등한 권리에 위배된다. 토지 소유 여부에 따라서 부의 축적 속도가 달라지기 때문이다. 이런 제도는 형평성을 잃은 국가 정책이다. 토지 사유제도는 개인 간 불평등을 초래한다. 이런 현상을 방지하기 위해서는 토지 가격 상승 금액만큼 국가가 조세를 징수해야 한다. 토지 사유제도는 인간의 평등에 위배된다는 논리다. 헨리 조지는 왜 이런 주장했을까?

여기서 토지 사유제의 정당성을 논하자는 것은 결코 아니다. 사회주의 논리라고 비판해야 한다는 입장도 아니다. 토지와 부동산의 공공적 성격은 그 재화의 제한성에서 명확하다. 토지 혹은 부동산은 스스로 가격이 오르는 것이 아니다. 개발과 유동인구의 증가로 가치가 상승한다. 이에 따른 가치증가를 토지소유자가 전액 향유한다. 이런 점에서 토지는 중요한 재산권이다.

위도와 경도가 동일한 토지, 지구상에서 몇 개일까? 하나밖에 없다. 위치가 좋은 부동산은 황금알을 낳는 거위다. 한국의 재산세는 어떤가? 연 1% 미만이다. 선진국과 비교하면, 최근 인상을 검토하고 있는 종합부동산세를 포함하더라도 1주택 보유세는 낮다. 부동산 가격이 오를 때마다 정부는 강력한 규제를 한다. 왜 그럴까? 토지 및 부동산은 생활 필수재임과 동시에 공공재 성격을 가지고 있기 때문이다.

지인은 8.2 대책이 발표되자 광분했다. 사유재산제를 침범하는 행위라고 헌법재판소에 소를 제기하겠다고 했다. 8.2 부동산 대책으로 서울 전역과 과천 등 수도권 지역이 투기과열지구로 지정됐다. 이 지정으로 아파트재건축과 관련하여 재건축조합원 지위 양도가 금지됐다. '조합설립 인가 후 건축물 또는 토지를 매수한 자는 조합원이 될 수 없다'는 법령이 규정된 것이다. 조합원의 권리 양도를 통해서 부당한 시세차익을 추구할 수 있다고 판단했기 때문이다.

부동산시장이 활활 타오르면 정부는 시장에 적극적으로 개입한다. 정부의 개입에 누구는 웃고 누구는 운다. 많은 투자대상 중에서 유일하게 헌법에 명시된 투자자산이 있다. 국민들은 이를 망각하고 있는 듯하다. 대한민국 헌법 122조는 국가가 직접 부동산시장에 개입할 수 있다고 명시하고 있다. 부동산을 사유재산으로 인정하지만 좌시하지는 않겠다는 내용이다. 헌법 122조 내용은 다음과 같다.

"국가는 국민 모두의 생산 및 생활의 기반이 되는 국토의 효율적이고 균형 있는 이용·개발과 보전을 위하여 법률이 정하는 바에 의하여 그에 관한 필요한 제한과 의무를 과할 수 있다."

정부가 추후 조합원의 지위 양도를 부분적으로 허용했다. 보유기간과 거주기간이 장기간인 경우, 조합원 지위 양도를 허용했다. 정부가 관여하는 이유는 앞서 말한 토지의 제한성과 공공적 성격 때문이다. 국가 개입을 통해 토지 사유제도의 부작용을 차단하려고 하는 것이다. 토지의 제한성은 물건이 제한적이라는 말과 동일하다. 물건이 모두 떨어지면 어떤 현상이 일어날까? 공급이 중단된다. 그렇다면 가격이 오르면 수요는 감소할까? 거꾸로다. 수요가 날개를 단다. 수요를 통제하기 위해 대출과 금융을 규제하지만 그래도 수요는 없어지지 않는다. 가수요는 산불처럼 번지는 속성이 있다. 부동산의 제한성에서 나오는 특이 현상이다.

빅픽처 부동산시장을 꿰뚫어 보자

시간이 흐를수록 오르는 부동산의 공통점을 파악해야 한다. 첫째, 물건 수에서 제한성을 보인다. 물건이 떨어지면 가격은 오른다. 공급 확대가 물리적으로 불가능하면 정부는 어떻게 해야 할까? 두 번째, 토지이용의 고밀도화 정책으로 전환한다. 간단한 원리가 계층을 가른다. 숙고해야 할 중요한 원리다.

서울 부동산시장의 비밀

통일이 되면 공급은 늘어난다. 공급의 급격한 증가는 가격의 대폭락으로 막을 내릴 수 있다. 북한 부동산이 물고를 트면 부동산 투자의 확대를 가져온다. 통일전문가의 말을 빌리면 소위 '연방제'를 통한 1국가 2체제는 많은 것을 변화시킨다고 한다. 북한 지역의 토지 사유는 금지될 수도 있다. 다양한 상상은 통찰력을 증대시킨다.

상품의 제한성은 독점 현상과 유사하게 나타난다. 가격이 아무리 올라도 수요는 생긴다. 공급과 수요의 비탄력적 현상은 왜 발생하는 것일까? 가격이 오르는데 추가 공급은 없다. 그러나 반대현상인 추가 수요는 발생한다. 도대체 왜 이러는 것일까? 가격이 한없이 올라도 나오는 공급 물량은 없는 반면, 수요는 치솟는다. 가수요가 수요를 무한정 창출시킨다. 시장을 독점하면 경쟁자가 없다. 경쟁자가 있어도 경쟁자의 시장점유율은 미미하다. 이런 기업은 시장 지배력이 굳건하여 바람에 흔들리지 않는다. 주식을 매수할 때 이런 기업을 골라야 하는 이유기도 하다. 상품가격을 아무리 올려도 수요는 오히려 증가한다. 이 때문에 제조회사는 시장을 지배하여 돈을 벌고자 한다. 생산 상품이 필수재라면 더욱 그렇다. 토지와 부동산은 수가 제한적인 투자자산이다. 특히 서울의 토지는 한 뼘도 늘릴 수 없다.

'토지의 총량은 고정돼 있다'는 부동산의 물량 한계성을 명확하게 보여준다. 한국의 전체 토지(남한 99,720㎢)에 약 5,000만 명이 살고 있다. 서울시는 전체 국토 면적의 0.6%(600㎢)다. 이러한 서울시에만 1,000만 명이 살고 있다. 전 국토가 서울처럼 과밀하게 개발된다면 16.6억 명을 수용할 수 있다. 남한에만 중국 인구가 모두 살 수 있는 어처구니 없는 현상이 발생한다.

서울의 인구집중화 현상은 역사적으로 우리나라 경제개발과 맥을 같이 한다. 유럽의 경우 도시들이 골고루 발달했다. 특히 독일은 토지 효율성 측면에서 유리하다. 지방도시에도 많은 인구가 거주하는 이유는 영주제도까지 거슬러 올라간다. 독일의 도시가 골고루 발달한 데는 역사적으로 분산 거주의 합리적 이유를 가지고 있다. 한국은 어떠한가? 짧은 시간 압축 성장을 이룩하면서 자연스럽게 서울은 팽창했다. 팽창한 이유는 간단하다. 선택지가 없었다. 입에 풀칠이라도 하려면 서울에 올라와야 했다. 당시 전쟁으로 모든 것이 파괴됐고 먹고 살려면 모든 돈이 모이는 서울로 와야만 했다. 돈이 모이니 사람도 모였다. 뽕나무 밭에 아파트와 잠실운동장이 지어졌다. 언덕배기도 개발됐다. 사람이 모이니 장사도 수월했다. 장사가 수월하다는 말에 사람들은 더 모였다. 손바닥만한 땅도 모조리 개발됐다. 돈을 따라 사람은 모였고 돈은 이제 사람을 지배했다. 서울은 국민에게 굴복을 강요했다. 서울은 이제 우뚝 서 명령하고 있다. "나를 저버리면 대가를 치를 거야. 나는 오롯이 국민을 지배하는 부동산 제국의 황제로 있을게." 서울에서 서울을 위해 사람들은 경제활동을 하고 있다. 개발을 통해서 서울은 더욱더 힘을 얻어 가고 있다.

서울 부동산은 그냥 가만히 있어도 돈을 벌어준다. 사람이 모이고 돈이 모이니 부동산은 가격이 점점 오른다. 이제는 투자자산이 아닌 괴물이 돼버린 것 같다. 서울은 대한민국이 만든 괴물이다. 서울이 던지는 메시지는 뭘까? 서울은 사람과 돈이 모여있다. 인구가 빠져나간 지방에서는 모든 것이 썰렁하다. 서울의 팽창현상을 우려하면서 택시기사에게 물어봤다. "굳이 왜 서울에서 운전을 해요? 지방은 교통체증도 없고 생활비도 적게 들지 않아서 좋지 않나요?" 우문에 답은 분명했다. 지방으로 가면 소득이 반 토막으로 줄어든다고 했다. 생활비가 많이 들더라도 먹고 살려면 어쩔 수 없다고 말했다.

서울은 조선시대부터 수도 역할을 해왔다. 한양은 원래 4대문 안을 의미했다. 말하자면, 지금의 중구와 종로구만이 서울이었다. 인구가 늘면서 한양은 점점 넓어졌다. 영등포구, 동대문구, 서대문구가 편입되면서 그 범위는 더욱 커졌다. 서울의 인구집중은 더욱 심화돼 1970년도에는 드디어 강남이 개발됐다. 반포대교 건설을 통해 교통이 편리해지면서 그 개발은 더욱 촉진됐다. 압구정동 아파트 건축을 시작으로 밭과 논은 점점 아파트로 변해갔다. 강남은 강북과 달랐다. 강남은 계획도시로서의 반듯함과 개발의 편의성을 갖출 수 있었다.

강남 개발 초기에 영등포 동쪽은 모두 영동이었다. 지금의 영동대교 지명만 보더라도 영동의 범위는 넓었다. 영동시장은 어디에 있을까? 논현동에 있다. 논현동도 영동이었고 영동대교 부근도 모두 영동이었다. 개발이 지속적으로 이루어짐에 따라 강남도 세분화됐다. 서초구, 강남구, 송파구로 나뉘고 강동구도 강남의 일부로 끼어드는 형국이 됐다. 이제는 아파트가 미사리까지 지어졌다. 그 많은 강남 땅이 어디로 갔는지 모르겠다. 이제 강남도 더 이상 토지가 없다. 서울의 토지가 없으니 공급은 불가능하다. 여기에 서울 부동산시장의 비밀열쇠가 있다.

빅픽처　공급과 수요의 비탄력적 현상

가수요가 발생하는 재화 : 투자 재화, 한정 재화, 공공 재화, 필수 재화
가수요의 특성 : 공급이 충분히 이루어지면, 가수요는 사라짐
참고로 가상화폐에 사람들이 광분하는 이유는 투자 재화와 한정 재화라는 두 가지 요건을 충족하기 때문

통일이 되면 부동산시장은 어떻게 될까?

통일이 되면 서울로 사람들이 더 몰려들 거라고 주장하는 사람들이 있다. 이 주장대로라면 서울 집중화 현상은 더욱 확대될 것이다. 그 반대

를 생각하는 사람도 있다. 사회적 혼란을 방지하기 위해서 통일 정부가 가만 있지 않을 것이라는 의견이다. 통일이 되면, 1정부 2체제를 유지하면서 서서히 통합을 이루려 할 것이다. 거주와 이동의 자유를 엄격히 제한할 것이다. 북한 부동산의 취득도 제한할 지 모른다. 한반도의 부동산 시장은 과연 어디로 가게 될까?

지인이 베트남 부동산 매수에 관심을 보였다. 많은 사람들이 요즘 뜨는 시장으로 베트남을 말한다. 실제로 베트남은 '포스트 차이나'로 주목받고 있다. 2018년 베트남 경제를 보자. 6%가 넘는 높은 성장률이 경제를 이끌고 있다. 이는 수출 지향의 제조업과 외국인 직접투자 증가세, 내수시장 확대에 기인한다. 낮은 인건비가 제조업의 경쟁력을 끌어올리는 것이다. 인구구조는 어떠한가? 30대 이하가 50% 이상이다. 역동적인 인구구조가 아주 매력적이다. 부동산 가격은 경제성장과 맥을 같이 한다. 초기에 낮은 가격을 형성하다가 사회간접투자와 개발행위가 증가하면서 급성장을 한다. 가계 소득이 증가하면 부동산 가치가 폭발적으로 증가한다. 베트남은 현재 토지의 개인사유제도를 인정하지 않고 있다. 최대 50년 임차를 허용하고 있고 연장도 가능하다.

그렇다면 왜 개발도상국 투자 정보는 흡수율이 빠를까? 그 이유는 간단하다. 경제가 발전하면 어떠한 과정을 거치는지 우리는 쉽게 안다. 경제 발전 단계별 투자시장의 흐름을 이해하고 있기 때문이다. 6% 성장한다는 말은 통화증가율이 6% 정도 된다는 말과 동일하다. 통화량을 증가시키지 않으면 물가 하락과 같은 문제가 발생한다.

물가 하락을 통해서 우리는 많은 것을 배웠다. 인간은 역사를 통해 배운다. 어떠한 제도를 정확하게 이해하려면 그 제도가 생긴 취지를 보면 된다. 대공황 때 미국에서 농산품 가격이 디플레이션으로 하락하자, 농부들이 농산품을 바다에 버렸다는 이야기를 들어본 적 있을 것이다. 그 당시 농민들은 원가에도 미치지 못하는 농산품을 시장에 판매할 이유가 전혀 없었다. 농민들이 울분을 삭인 미국 대공황 발생 이유에 대해서 크게 두 이유를 거론하려 한다.

첫 번째, 미국은 당시 제1차 세계대전 중 유럽 국가들에 농산물을 수출함으로써 호황을 누리고 있었다. 대전이 끝난 이후, 유럽 농업경제의 급부상으로 유럽 수출시장에 제동이 걸려 미국 농산물은 침체기를 경험했다. 이에 따라 미국은 자국의 농업경제를 보호하기 위해 보호무역주의로 선회했다. 유럽도 가만 있지 않았다. 보복관세를 매겼다. 수출시장은 더욱 침체됐다. 농업교역 조건악화는 토지의 수익창출 능력을 무력화시켰다. 미국 토지 가격은 하락했고 농민들은 빚더미에 앉아야 했다.

두 번째, 세계 경제는 1920년대 제1차 세계대전의 피해를 복구하면서 상당한 활황을 유지했다. 기술발전에 힘입어 노동생산성이 대폭 향상됐다. 그러나 실질임금은 노동생산성에 비례해서 늘어나지 못했다. 실질임금을 중심으로 평가되는 구매력은 결과적으로 생산량에 미치지 못했다. 왜 그랬을까? 당시 통화제도는 경제성장률만큼 통화량을 증가시키는 제도가 아니었다. 금본위제도하에서는 소유한 금을 한도로 화폐발행이 제한됐다. 생산기술이 확대되더라도 임금을 증가시킬 수 없었다. 금본위제도가 무엇인가? 금 보유물량과 비례해서 화폐발행이 엄격히 제한된다. 오히려 기업의 생산성은 좋아졌는데 실질임금이 하락하는 현상이 발생했다. 구매력 저하는 수요의 감소를 야기시켰고, 생산량 증가는 물가 하락으로 이어졌다. 통화량은 금본위제도하에서 엄격한 통제를 받으며 관리됐다. 생산량이 늘어나면 물가 하락은 당연한 현상이었다.

미국 대공황의 경험을 통해서 경제학자들은 통화량 관리에 대한 생각이 완전히 바뀌었다. 금본위제도는 경제가 위기에 닥쳤을 때 적절하게 위기를 극복하지 못한다는 사실을 깨달았다. 이는 통화량 관리가 너무 엄격한 잣대에 의해서 조절되기 때문이었다. 이런 경험을 한 후 경제상황에 따라 중앙은행이 돈의 양을 조절할 수 있는 유연한 통화정책으로 변경된다. 결국 경제성장률만큼 통화량은 증가한다. 경제성장률만큼 매년 화폐가치가 하락한다는 얘기다. 화폐가치 하락은 경제성장률이 높은 개발도상국의 경우 더 크게 발생한다. 경제성장률이 높기 때문에 통화량을 성장률만큼 증가시켜 구매력을 올려야 한다. 경제가 성장하는 이상 통화량은 증가하고 이는 화폐가치의 하락을 가져온다. 한마디로 경제가 성장하는 만큼 돈의 가치는 매년 하락한다. 반드시 기억해야 하는 주요 명제다. 통화량 증가는 우리가 소유한 자산을 매일 조금씩 갉아먹고 있다. 이를 멈추려면 어떻게 해야 할까?

물가가 매년 상승하기 때문에 부동산 가격도 매년 오르는 것이 당연하다. 그러나 정부의 규제로 어떤 해는 오르지 못하고 매수세력이 시장에 녹아버리기도 한다. 매수세력 응고는 시장에 힘으로 남는다. 매수세력의 누적은 시장의 방향을 저울질한다. 시장으로 흘러간 많은 돈은 매수세력을 형성하고 주식시장과 부동산시장 중 어디로 갈지 기회를 엿본다. 큰 매수세력이 시장을 흔들면 틈이 벌어지면서 방향을 결정한다. 매수세력은 어느새 괴물이 돼 모든 것을 파괴한다. 매섭게 몰아치는 힘은 투자시장을 요동치게 만든다. 감옥을 만들어 통제하려 하지만 여기에는 한계가 있다.

중국 전문가인 지인은 분명한 어조로 아래와 같이 말했다.

"중국은 토지 임차제도를 취하고 있다. 국가와 지방자치정부가 소유권을 갖고 토지사용자는 임차료를 내야 한다. 일반적으로 거주용지는 70년, 공업용지는 50년이지만 지방정부마다 그 구체적 기간은 다르다. 토지소유에 따른 장점을 훤히 알고 있는 중국인들이 서울과 한국 부동산을 가만두겠는가? 초과수요는 분명 가격증가로 답한다. 제주도에는 중국인의 매수세에 힘입어 10배 오른 지역이 많다. 글로벌 경제시대에 소유와 거주가 이제 국경을 넘나든다. 우리가 베트남 부동산 투자를 하듯 거대한 자본을 가진 중국인들의 매수세가 제주도에 들어온 것이다."

이론적으로 분명하다. 매년 물가상승률만큼 부동산 가격은 올라야 한다. 통화량 증가만큼 올라야 실질가격 상승은 제로가 된다. 그러나 한국 부동산의 경우, 특이성이 가중된다. 수요가 많은 물량이 수도권에만 유난히 국한돼 있다. 다시 돌아가, 토지 사유제도를 부정하는 이유를 주목해보자. 토지 소유 여부가 부의 불평등을 심화시킨다는 얘기다. 투자자 입장에서 수익이 있는 곳에 눈이 자꾸 가는 것은 당연하다. 중요한 투자대상을 무시하는 것은 큰 틀을 무시하는 행위다. 큰 틀을 보고 세세한 것은 버려라. 앞으로 인구증가율은 감소한다. 2035년부터 가구수가 줄어든다. 상상력을 발휘하여 더 크게 보라. 서울 집중화 현상은 추세적으로 멈추기 어렵다. 이미 옹벽을 치고 있어 붕괴되기 힘들다.

통일은 우리나라에 제2의 기회를 줄 수 있다. 부동산과 소비재 시장에 많은 사람이 집중하는 이유이기도 하다. 상상력이 미래를 보게 하고 통찰력이 수익을 창출한다. 다른 사람이 100미터를 보면 나는 100미터를 달려 200미터를 보자. 그러면 남보다 300미터 앞을 볼 수 있다.

빅픽처 수도권 집중화에 주목하라

수도권 SOC 투자, GTX 건설, 통일은 수도권 집중화를 더욱 심화시킨다. 그렇다면 서울 집중화를 약화시키는 조치는 무엇일까? 관광자원의 지방 집중배치, 부동산 가격상승과 비례해 그 대가를 요구하는 다양한 정책, 기업의 지방소재를 유도하는 강력 연계 정책 등이 있다.

CHAPTER 04

투자심리를 파헤쳐라

그는 스트레스 마지막 단계인 피폐기가 분명했다. 엉망이 되어가고 있었다. 그는 결심했다. 죽음은 인간이 회피하는 최악의 대상이다. 그런데 어떠한가? 삶이 무력해지면 죽음이 최고의 매력적인 대상으로 돌변한다. 아이러니한 현상 아닌가? 인간 심리는 중요하다. 투자의 성공은 인간 심리의 철저한 이해에서 출발한다.

스트레스는 적응하기 어려운 환경에서 느끼는 심리적·신체적 긴장상태다. 인간에게 스트레스 유발인자를 주게 되면 그 반응은 자극 호르몬인 아드레날린이나 관련 다른 호르몬이 혈중 내로 분비돼 우리 몸을 방어 혹은 보호하려고 한다. 호르몬은 위험에 대처해 싸우거나 그 상황을 피할 수 있는 힘과 에너지를 제공한다.

스트레스 유발인자가 우리 몸에 가해졌을 때 일반적으로 3단계로 나뉘어 반응이 일어난다. 첫 단계는 경고반응기로 인간의 몸이 스트레스 유발인자의 거부 반응인 저항을 나타내는 시기다. 처음에는 체온 및 혈압 저하, 혈액 농축 등 단기적인 쇼크가 나타날 수 있고, 그럼에도 상황이 계속되면 저항이 지속된다. 두 번째 단계는 저항기다. 경고반응기 후에 나타나는 단계로서 지속적으로 스트레스 유발인자에 노출되면 저항기로 넘어간다. 스트레스 유발인자에 대한 저항이 가장 강력하게 발휘되는 시기다. 마지막 단계는 피폐기다. 저항력이 떨어져 사람 몸에 여러 증상이 나타나며 결국 절망감이 극에 달해 죽음에 이르게 된다. 인간의 신체가 전투를 하다가 결국 패배를 한다.

인간 심리, 그 기원을 알다

투자의 성공은 인간 심리 이해에서 출발한다. 자본시장은 인간의 심리와 밀접하게 연관되어 움직인다. 채권시장도 마찬가지고, 주식시장도 동일하다. 주식시장이 상승국면에 접어들면, 하늘이 어디인지 모른다. 되려 큰소리를 친다. "역사적 고점은 깨라고 있는 거야." 영원히 올라갈 것 같은 착각에 빠진다. 개인이 투자 전 목표수익률을 10%로 정했다 하더라도 잊어버리게 된다. 상한가를 몇 번 치면 원금의 2배, 3배를 번다는 둥 수익률을 계산하느라 정신이 없다. 인간의 탐욕이 하늘을 찌른다. 탐욕은 말 그대로 지나치게 탐하는 욕심이다. 인간의 감정은 어느 순간 객관성을 잃고 지나치게 탐하는 욕심 상태로 빠져든다. 제어하기 힘든 인간의 심리다.

반대로 하락국면을 보자. 미국 서브프라임 모기지 사태가 불거지면서 세계 경제는 곤두박질쳤다. 먼저 서브프라임 모기지에 대해 알아보자. 신용등급이 낮은 계층에 상대적 높은 금리로 주택자금을 빌려주는 비우량 담보대출이다. 대출에 문제가 생기니 이를 담보로 발행한 주택대출담보부채권(MBS)도 문제였다. 주가는 서서히 바닥을 모르는 심연에 빠졌고, 2008년 11월 종합주가지수 900이 무너졌다. 투자자들은 심한 공포와 두려움에 휩싸였다. 너도 나도 들고 있던 현물 주식과 선물, 펀드를 매도했다. 하락국면에서 느끼는 인간의 공포는 실제 그 이상이었다. 왜 이러는 것일까?

인간이 느끼는 탐욕과 공포는 실제보다 크게 나타난다. 탐욕의 상태에서는 더 올라갈 것 같은 욕심에 눈이 먼다. 과매수 상태가 되기도 한다. 공포가 느껴지면, 실제 양상보다 과장되게 판단한다. 과매도 행위로 나타나기도 한다. 왜 실제보다 과장되게 느끼는 걸까? 성공적인 투자는 인간 심리의 정확한 파악에서 출발한다. 인간 심리에는 역사가 고스란히 숨겨져 있기 때문이다.

인간은 원래 연약한 동물이다. DNA에는 유약한 인간의 모습이 그대로 간직돼 있다. 원시림에서 아무런 문화적 도구 없이 고립돼 있는 인간을 상상해보면 쉽게 이해된다. 인간은 어떤 다른 생명체보다 훨씬 위험한 상태에 있다. 생존 환경에서 필수불가결한 튼튼한 다리를 가지고 있는가? 맹수들처럼 강한 근육이 있는가? 육식동물의 날카로운 이빨에 대응할 어떤 우월성이 있는가? 모두 아니다. 그렇다고 공격과 방어에 청각과 시각이 뛰어난 것도 아니다. 그럼 무엇일까? 인간의 생존을 위한 힘은 어디서 나왔을까? 몸의 물리적 기능은 분명 아니다.

자연의 관점에서 볼 때 인간은 열등한 존재다. 인간의 열등감은 위축, 불안감으로 인간의 의식 속에 항상 존재해왔다. 자신의 몸을 제대로 방어하지 못하면 생명을 내놓아야 했다. 민감한 지각으로 상황을 바라봐야 죽음을 면할 수 있었다. 이는 모든 상황을 극도의 불안상태에서 바라보는 이유가 됐다. 생존을 가능케 하는 효율적인 방법과 기술에 모든 관심을 집중시켰다. 생존에 불리한 요소는 최소화시키고 안전을 도모할 수 있는 심리적 정신기관이 필요했다. 육체적 기능은 한계성을 드러냈다. 자연과 맞서 싸울 수 있는 생명체로 거듭나기는 어려웠다. 심리적 정신기관은 위험한 환경에 대응했다. 인간의 신체적 결함을 극복하고 생존을 가능케 하는 방안이 무엇일까? 지속적 고민은 방안을 만들었다. 결함을 뛰어넘을 수 있는 대책을 찾아냈다. 만약 찾지 못했다면 인간은 지구상에서 감쪽같이 사라졌을 것이다. 이 대책은 무엇일까?

미국 심리학자이며 철학자인 윌리엄 제임스(William James)는 심한 우울증을 앓았다. 그는 결국 자살을 결심했다. 그의 개인적인 삶을 보면 외로움과 고독을 실감할 수 있다. 청소년 시절은 시련의 연속이었다. 그의 꿈은 아버지의 영향으로 계속 바뀌었다. 그의 아버지는 백만장자의 아일랜드 후손이었다. 종교적 사상가였음에도 사치스러운 삶을 즐겼다. 윌리엄 제임스는 장남으로 무거운 짐을 지고 살았다. 아버지의 일관성 없는 기대를 떨쳐 버릴 수 없었기에 아버지의 조언대로 꿈은 계속 바뀌었다. 그의 미래는 점점 암흑으로 변했다.

아버지는 아들을 독립적인 존재로서 존중하지 않았다. 아들은 그의 부속품이었다. 아버지가 예술적인 직업을 원하면 그는 화가를 꿈꾸었다. "예술은 너무 섬세한 여성적인 직업이야"라고 말하면, 다시 과학자가 돼야 했다. 결국 아버지 의견에 따라 하버드 의과대학에 진학했다. 하버드 의대를 졸업하자 아버지는 생각을 또 바꿨다. 의학이 아니라 철학을 해보라고 종용했다. 아들은 의학을 포기하고 철학을 선택했다. 아버지는 나중에 또 마음이 바뀌었는데 철학이 너무 전문적인 학문이라서 영적인 진리를 발견하기에는 부적합하다는 이유에서였다. 윌리엄의 내적 자아와 의지는 철저히 무시당했다. 철저하게 아버지의 의지만이 우뚝 솟아 있었다. 그 결과는 참담했다.

주체성 결핍은 문제를 만들었다. 그는 우울증을 앓았다. 그러던 중 하나의 중요한 철학적 개념에 끌리게 된다. 그는 연구하기 시작했다. 우울증에 빠져있던 그는 완전히 다시 태어났다. 자유의지(Free Will)라는 개념은 그를 완전히 변화시켰다. 우울증에서 벗어나는 계기가 됐다. 그에게는 지극히 중요한 주제였다. 다른 생각이 떠올라도 자신이 밀고 나가기로 선택하고 견지해 나가는 자유의지. 자유의지는 그를 변화시켰다. 자유의지는 진리를 창조할 수 있는 의지, 곧 힘이었다. 그의 내적 자아는 완전히 변했다.

윌리엄은 생각했다. "진리는 우주에 내재돼 있는 객관적 본질이 아니다. 우리의 행위에 의해 창조된다." 이 말의 의미가 무엇인가? 세상에 객관적인 도덕 질서가 존재하지 않는다는 말이다. 우리가 타당하다고 생각하는 효용이 있다면 그것이 곧 옳은 것이지, 객관적으로 옳은 것은 처음부터 없다는 말이다. 즉, 인간은 자유의지에 의해 자신의 세상을 창조할 수 있는 존재가 된다. 윌리엄 제임스는 이 같은 사상을 통해 우울증에 시달리던 나약한 인간의 모습을 벗어버렸다. 미국의 가장 위대한 심리학자와 철학자로 다시 태어났다.

오늘날 의학과 심리학에서 다루고 있는 가장 뜨거운 주제가 무엇인가? 일정한 방법으로 같은 생각을 계속 반복하면 두뇌의 화학적 조정이 바뀐다는 사실이다. 누구나 한 번쯤 두뇌를 찍은 필름을 보았을 것이다. 이런 필름을 보면 어떤 것은 붉은 색이 진하고, 또 어떤 것은 그렇지 않다. 혈액이 모인 결과로 일정 두뇌 부위가 활성화돼 있다는 증거다. 인간의 DNA 변형은 어쩌면 이런 과정의 결과물인지 모른다. 생존에 대한 불안한 심리와 사회 공동체 의식은 세대를 넘어 전수된다. DNA에 각인되어 인간을 생존시키는 비밀로 작용한다.

빅픽처　본능과 반대로 투자하면 수익을 얻을 수 있다

탐욕의 과매수 상태 : 추세상 매도시점
공포의 과매도 상태 : 추세상 매수시점

DNA, 인간 이해의 비밀

육체적인 결함을 극복할 수 있는 방법을 찾았다. 공동체 생활은 매우 중요한 역할을 한다. 공동체 의식은 위험요소를 대폭 감소시켰다. 위험을 감소시키는 조건에 대해서 관심을 가지도록 유도했다. 인간의 생활과 생각이 공동생활에 부합하는 방향으로 재구성됐다. 중요성에 대한 지각은 생존 가능성을 더욱 높였고 인간의 우월성을 증진시키는 결정적 역할을 했다.

사회생활은 필수조건이 됐다. 사회생활을 통해서 인간은 생존 가능한 우호적인 조건을 형성한다. 공동체 생활을 통해서 인간은 생존 가능하기 때문이다. 개인에게 부여된 분업을 통해 사회생활이 가능한 데 여기서 노동의 분업은 오늘날 문명이라고 부르는 개념과 동일하다. 인간으로 하여금 공격과 방어의 무기들을 사용할 수 있게 해준다. 사회생활을 통해서 인간은 생존에 필요한 모든 재화를 만든다. 노동의 분화를 배우고 나서 인간은 자신을 확고히 지킬 수 있는 방법을 배운다. 인간 이해를 위한 기본적인 사실은 공동체적 사회생활의 논리를 인간의 보편적인 진리로 수용한다는 점이다. 어떤 사고와 판단의 옳고 그름은 공동생활의 논리가 결정했다. 공동생활의 논리에 저촉되면 수용할 수 없었다.

알프레드 아들러는 《아들러의 인간이해》에서 인간의 정신생활은 생존능력 보존에서 중요한 역할을 한다고 말한다. 지속적으로 생겨나는 문제해결의 필요성이 정신생활을 작동시킨다. 이런 문제들은 공동생활의 논리와 결부돼 있다. 인간의 정신을 지속적으로 작동시키는 공동생활의 논리는 어떠한 것인가? 변화된 환경과 문명은 개인에게 끊임없이 영향을 미친다. 이제는 4차 산업혁명 시대가 도래했다. 인간의 공동생활에서 실존하는 조건들은 지속적으로 변한다. 조건이 바뀌면 우리의 정신은 적응행동을 요구한다. 인간의 정신활동은 계속 바쁘다. 물질적 혹은 정신적 가치들이 지속적으로 변화하기 때문이다. 공동생활의 조건들은 앞으로 계속 변화될 것이다.

정신적인 활동 속에서 인간은 스스로 목표를 향해 움직인다. 인간의 정신은 가만히 정지하고 있지 않다. 적응이라는 개념에 벌써 목표지향성이 내포돼 있다. 인간에게 목표가 없다면 아무 생각도 할 수 없다. 목표는 모든 행위들을 결정하고 제한한다. 그렇다면 목표는 어떻게 생길까? 그것은 인간과 외부환경 요구들의 반응 속에서 저절로 생긴다. 신체적이고 정신적인 현상들은 그런 기본원칙에 근거하고 있다. 정신 발달은 인간 목표라는 큰 틀 속에서 이해돼야 한다.

정신생활의 모든 현상은 미래를 위한 준비작업으로 간주된다. 정신은 하나의 목표를 전제로 한다. 개인심리학에서 모든 인간의 정신현상은 하나의 목표를 지향하고 있다. 목표 설정을 할 때 작용하는 주요한 조건이 무엇인가? 문화의 영향이다. 그 문화적 영향은 초기 유아기에는 아이에게 울타리 역할을 한다. 미래의 안전과 적응을 약속해주는 자기만의 방법을 찾을 때까지 그 안에서 계속 부딪치며 경험을 쌓아간다. 인간은 꿈의 실현을 통해서 사회에 적응을 도모한다. 사회 적응과 함께 자기생애 초기에 얼마나 많은 안전 확보가 필요한지 배우게 된다. 문화적으로 적응하는 것이 자신의 안전을 지키는 데 얼마나 중요한지 깨닫는다. 비단 위험으로부터의 안전만을 의미하는 것이 아니다. 우리는 최적의 상황 속에서 지속적인 생존을 보장해주는 안전계수에 주목한다. 그것은 우리가 잘 만들어진 기계에 추가적인 안전장치를 설치함으로써 안전지수를 높이는 행위와 유사하다. 인간은 단순히 생존을 목적으로 수준 낮은 목표를 추구할 수 있다. 어떤 경우에는 요구되는 안전보다 더 높은 수준의 안전을 확보할 수 있다. 인간의 정신생활 속에 또 하나의 새로운 움직임이 나타난다. 그것은 매우 단순하게 우월을 향한 성향이라고 말할 수 있다. 인간은 타인보다 더 많은 것을 성취하길 갈망한다. 이것이 우월을 추구하는 기준이 된다.

성공투자, 생존본능 그 너머에 있다

인간의 정신활동에서 느끼는 공포는 이러한 생존본능과 관련 있다. 생존을 위협받을 때 느끼는 인간의 공포감은 실제 그 이상이다. 인간이 생존을 지속해오면서 느낀 생존본능 DNA가 이런 태도를 요구한다. 생존에 실패하면 죽기 때문에 인간은 불안에 떤다. 투자가 잘못되면 생존이 불안하다. 공포감은 그 불안한 심리를 말한다. 그렇다면 탐욕은 무엇인가? 우월적인 심리의 발현이다.

인간의 생존본능은 왜 이렇게 극단적인 형태로 나타날까? 투자의 실패는 생계위협이다. 생존 DNA가 공포를 느끼는 것은 어쩌면 당연하다. 생존과 관련된 요소는 지극히 보수적 태도로 표현되기 때문이다. 목표의 좌절로 인한 사회분업의 실패는 인간을 공포스럽게 한다. 분업의 실패로 사회로부터 분리될 수 있고 이는 도태를 의미한다. 즉, 생존을 보장받지 못한다. 생존본능은 대부분 공포감으로 표현된다. 열등한 인간은 사회생활에서 언제든지 도태될 수 있다.

어떻게 하면 성공투자를 할 수 있을까? 생존본능으로는 부족하다. 투자과정에서 발생하는 본능을 넘어서야 한다. 공포스러운 상황에서는 이성적인 판단이 이루어질 수 없다. 투자의 기술은 '분별력'에서 생긴다. 생존본능과 이성적 판단의 정확한 '분별'을 통해 경험과 수익을 확보하면 본능은 편안함을 느낀다. 이성적 판단은 수익을 높일 수 있다. '분별력'을 높이는 다양한 기술을 이 책은 구체적으로 설명한다. 그 전에 인간의 투자심리를 반드시 알고 있어야 한다.

생존본능에서 나오는 공포감은 실제보다 더 크다고 앞서 말했다. 모든 것에 우선하는 특성을 가지고 있기 때문에 투자기술과 판단력은 생존본능을 넘어서야 나타난다. 시장이 공황상태에 빠질 때 우리가 망설이는 이유가 여기에 있다. 상황을 활용한 저가매수 기회를 생존본능은 방해한다. 공포감으로 이성적 판단이 불가능해진다. 공포감이 생길 때 생존본능에 근거한 감정이라는 점을 늘 인식해야 한다. 이런 환경 속에서 이성적 판단을 실천하면 경험은 힘으로 전환된다. 한 번 공포감을 제어하고 이성적 판단을 하면 인간의 심리는 달라진다. 두 번째는 훨씬 극복하기 쉬워진다. 경험으로 많은 것을 깨닫고 나면 공포감은 점차적으로 사라지기 때문이다.

이성적 판단이 수익을 만든다. 결국 공포감은 이성적 판단에 의해 제거된다. 그렇기 때문에 우리는 경험을 축적해야 한다. 경험의 반복은 본능을 분별로 바꾼다.

빅픽처　투자는 분별력 게임이다

성공투자는 본능을 넘어서야 한다. 공포스러운 상황에서 이성적 판단은 정지된다.
투자의 기술은 '분별력' 확보가 생명이다. 생존 본능과 이성적 판단의 정확한 '분별'에서 투자의 견고성이 확보된다.

'분별력'은 어떻게 생길까?

앞서 말한 윌리엄 제임스의 생애를 통해서 우리는 분명히 알아야 한다. 그의 삶이 새롭게 태어난 계기가 있다. 삶의 방향을 스스로 결정하면서 그는 달라졌다. 외부의 요구와 내적인 요구의 차이는 갈등을 만든다. 외부에 의지하는 삶을 택하는 순간 불행이 싹튼다. 자신의 정체성이란 자신을 알아가는 것으로부터 출발한다. 내가 무엇을 좋아하는지, 무엇을 잘하는지, 나를 감싸고 있는 외부세계는 나에게 어떤 의미가 있는지, 외부세계를 나는 어떠한 시각으로 보는지. 세계의 가운데는 내가 있고 나를 둘러싼 모든 외부 세계는 내 생각에 의해서 의미가 부여되고 경험된다.

투자도 마찬가지다. 투자를 성공하기 위해서는 생존본능을 넘어서야 한다. 생존본능은 인간의 동일성을 의미한다. 동일성을 넘어 주체성을 확립해야 한다. 여기서 주체성 확립은 인간 DNA로부터 벗어나는 것이다. 본능적 반응은 인간이면 동일하다. 공포와 탐욕으로 말한다. 이것을 넘어서야 성공적인 투자를 할 수 있다.

다시 말하자면, 투자가 인간에게 주는 심리는 동일하다. 극도의 공포심과 탐욕이다. 이런 심리로는 투자에 성공하기 어렵다. 본능적으로 반응하는 자아를 넘어 이성적 시각과 주체적 시각으로 시장을 바라봐야 한다. 주체적 시각과 경험은 생존본능을 사라지게 만들기 때문이다.

생존본능은 극복해야 할 대상이다. 본능을 넘어 주체적 시각으로 투자의 흐름을 봐야 한다. 주체적 시각으로 자꾸 보면 경험이 나를 변화시킨다. 경험을 통해 우리는 많은 것을 깨닫는다. 생존본능은 너무 극단적인 감정으로 치우쳐 이성적 행위를 방해한다. 투자에서 중요한 것은 생존본능이 아닌 이성이다. 생존본능을 넘어서는 것, 중요한 성공투자의 비밀이다.

빅픽처 인간 심리가 투자와 부합하지 않는 이유

생존본능은 공포심을 야기해 균형적 판단을 저해한다.
우월욕구는 극도의 탐욕으로 치달아 이성적 행위를 가로막는다.

CHAPTER 05

시기를 저울질하라

2003년, 다니던 회사에서 비밀작전을 추진하고 있었다. 상황을 정확하게 판단해야 했다. 출시시기가 모든 것을 좌우했다. 부동자금 500조원이 어디로 가느냐에 따라 시장이 출렁이고 있었다. 투자시장의 흐름이 완전히 바뀔 수 있었다. 종합주가지수 650포인트, 국고채 금리는 3년물 3.24%였다. 금리와 주가지수는 경제의 모든 것을 알려주었다. 역사상 최저 금리 수준, 경제에 문제가 있는 것이 분명했다.

"지금 주식시장에서 20% 안팎의 상승은 기대할 수 있지 않을까?" 시장에 질문했다. 그러나 아닐 수도 있었다. 보수적인 접근이 필요했다. 이런 상황에서 어떤 상품이 적당할지 회의를 거듭했다. 주식시장의 상승이 예상되지만 그 힘은 제한적이었다. 여전히 카드사 발행 채권의 유동성 문제로 골치가 아팠다. 부동산이 먼저 움직일 수도 있고 주식시장이 먼저 올라갈 수도 있었다. 애널리스트의 의견도 갈렸다. 전례 없는 불확실성이 많이 내재돼 있었다. 주식형 펀드로 운용하다가 채권형 펀드로 전환되는 상품으로 의견이 모아졌다. 수익률 기준으로 얼마일 때 채권형 펀드로 전환시키는 것이 합리적일지 의견이 분분했다. 8% 혹은 10% 전환으로 의견이 갈렸다. 펀드의 기준가격이 1,080일 때 전환하느냐, 아니면 1,100일 때 전환하느냐, 이것이 문제였다. 우리는 10%로 가자고 의견을 모았다. 9% 수익을 확보했는데 그때 주식시장이 밀리면 어떡하냐고 걱정하는 사람도 있었다. 종합주가지수 기준으로 10% 상승이면 720포인트 수준이라고 설명했다.

그래도 800 포인트 정도는 치고 올라가지 않을까? 아무도 장담할 수 없었다. 2003년 주식시장은 오르락내리락 반복하고 있었다. 어떤 때는 폭발적 상승세가 감으로 느껴지는데 이번에는 망설여졌다. 우리는 10% 수익률 달성과 동시에 채권형 펀드로 전환되는 상품을 출시하기로 했다. 회의실을 나오면서 누군가 넌지시 말을 걸었다. 상품은 출시시기가 생명이라고 했다. 시기를 항상 엿보고 판단해야 했다.

빅픽처 투자 시, 스스로에게 3가지 질문을 던져보자

인생에서 중요한 결정을 해야 할 때, 3가지 질문을 던져보자. 투자를 할 때도 마찬가지다.

이번에는 무엇으로 하지? 괜찮을까? 만약 아니면 어떡하지?

시장이 우선이다

출시한 상품이 의도대로 전환돼야 할 텐데. 고객들의 돈이 잘못되면 큰일이었다. 걱정이 되는 와중에 의식적으로 다른 생각이 떠올랐다. 갑자기 가슴 속에 눌러 두었던 옛사랑 생각이 났다.

'말을 걸까, 말까? 어떻게 걸까?' 한 여학생이 눈에 들어왔다. 이런 일은 없었다. 평소 내가 앉는 자리 옆은 매번 비어 있었는데 오늘은 아니었다. 긴 머리에 원피스를 입은 뒷모습이 단아해 보였다. 가능한한 조심스럽게 책을 꺼냈지만 어쩔 수 없이 부스럭거리는 소리가 났다. 옆자리 여학생에게 은근히 신경이 쓰였다. 공부를 하면서 살짝살짝 팔꿈치가 스치기도 했다. 그럴 때면 서로 움찔하며 팔을 뺐지만 기분은 나쁘지 않았다.

그 후 도서관에 들어서면 먼저 그녀가 앉는 자리에 눈이 갔다. 가슴이 쿵쾅거렸다. 가만히 앉아서 책을 보고 있으면 바람과 함께 솔솔 실려오는 아카시아 향기에 취해 정신이 몽롱해졌다. 묘한 감정이 피어 올랐다. 그녀의 옆모습을 훔쳐 보면서 몇 학년 무슨 과인가를 묻고 싶었다. 차마 말을 걸 수가 없었다. '물어볼까? 말까? 어떻게 말을 걸지?' 그녀가 읽고 있는 독일어 원서로 봐서 사회학과나 심리학과가 분명해 보였다. 부유한 환경에서 곱게 자란 듯 그녀의 대학생활은 여유롭게 보였다. 괜히 스스로가 초라하게 느껴졌다.

시선을 창 밖으로 두었다. 깜짝 놀랐다. 직원들이 웅성거리면서 함성을 질렀다. 상품을 출시할 때 시장이 우선이었다. 시장 상황에 맞는 상품을 출시해야 한다. 돈은 끊임없이 수익을 좇았고 돈의 흐름은 분명했다. 주식이 돈 된다 싶으면 주식시장으로 돈이 몰렸고 이젠 부동산이지 하면 어느새 부동산시장에 몰렸다. 지금 이 순간 뭐가 돈이 되는지를 정확하게 꿰뚫어야 했다. "대단하다. 500억 원 파는 데 3분도 안 걸리네." 직원들은 소리를 지르며 환호했다.

돈이 가는 곳에 수익도 있다. 투자시장은 돈을 먹고 자란다. 돈이 될 만한 것은 돈이 먼저 알아보고 달려든다. 돈이 가는 곳에 사람의 마음도 간다. 자본시장의 핵심은 돈에 있다. 돈을 벌지 못하는 기업은 생존할 수 없다. 돈을 벌지 못하는 투자는 존재가치가 없다. 자본시장을 한마디로 표현하면 돈을 중심으로 돌아가는 물레방아다. 물레방아는 비스듬하게 막혀진 나무통에 물이 흘러 넘친다. 밑으로 힘이 쏠리면서 살짝 움직인다. 다음 물통에도 물이 흐르고 넘친다. 밑으로 쭉 처지면서 물이 쏟아지고 물레방아는 돈다. 한 번 돌면 관성의 힘으로 계속 돌 수 있다. 흐름과 넘침의 반복에 돌아간다. 그러다 물이 떨어지면 더 이상 돌지 않는다. 투자시장도 마찬가지다. 돈이 없으면 투자시장도 멈춘다. 미래에셋그룹의 박현주 회장은 "돈은 꽃보다 아름답다"고 했다.

틀린 표현이다. 나는 그렇게 생각한다. 돈이 무엇인가? 자본주의에서 혈액과 다름 없다. 자본주의 혈관을 타고 시스템 전체를 돌린다. 시스템 전체가 돈에 의해서 돌아간다. '아름답다' 의미는 어떤 사물을 보고 기쁨이나 쾌락을 느껴질 때 사용하는 단어다. 시장 상황에 상응한 상품개발을 통해 고객이 돈을 벌면 어떤 기분일까? 돈이 아름답게 느껴진다. 기쁨과 쾌락을 주는 고귀한 꽃이 된다. 그렇게 번 수익은 고객에게 웃음을 주고 기쁨을 주었다. 금융회사는 고객에게 돈을 벌어다 주는 상품을 만들어야 했다. 이렇게 번 돈은 꽃보다 아름다웠다. 박현주 회장은 제한적 의미로 썼다. 바르게 벌어서 올바르게 쓸 때 돈은 꽃보다 아름답다는 의미로 제한했다.

주식시장의 실체적 원리

주식시장은 교과서 이론과는 다르다. 500억 원은 채권형 펀드로 제대로 전환될 수 있을까? 주식시장을 움직이는 요소를 되짚어 보았다. 주식시장은 기본적으로 경기에 선행한다. 금리가 내리면 주식시장이 오르고, 금리가 오르면 주식시장이 내리는 것이 맞다. 그러나 주식시장은 그렇게 간단하지 않다. 금리가 오르면 그때서야 기업은 좋은 실적을 보이면서 주식이 상승하는 추세를 보였다. 10년 동안 코스피 시장과 금리 동향을 보면 금리와 주식시장이 같은 방향으로 움직였다. 따라서, 단순하게 금리가 오른다고 주식시장 하락을 예상하거나, 금리가 내린다고 주식시장이 오른다고 판단하면 안 된다. 큰 착오다. 교과서에 의한 이론적 판단은 큰 손실을 가져온다.

금리인상은 중앙은행의 확실한 의사표시다. 경기회복이 확실할 때 취하는 조치다. 앞으로 경기가 좋으니 안심해도 좋다는 의견이다. 경기회복이 완전하지 않은 상태에서 금리인상을 단행하면 어떻게 될까? 경기는 다시 침체에 빠진다. 금리 상승으로 국내 경제는 이자부담 가중, 소비와 고용 불안정으로 다시 위축된다.

국내 경제는 산업마다 세계경쟁력이 다르다. 어떤 산업은 역사적 최고의 활황을 유지하고 있지만, 어떤 산업은 회복세가 미미하여 금리인상을 견디는 것이 역부족일 수 있다. 금리인상 영향은 산업 전반에 미친다. 산업마다 상이한 체감경기를 반영하여 국부적으로 금리인상 효과를 제한할 수 없다. 이 말이 무슨 말일까?

금리인상 정책에 따라 산업별 주가의 방향성은 달라진다. 금리인상은 산업마다 다르게 영향을 미치기 때문이다. 어떤 산업은 금리인상으로 주가가 오른다. 왜 그럴까? 해당 산업에 금리인상 정책이 적정한 경우, 금리 움직임과 동일하게 실적이 개선된다. 주가가 동반 상승한다. 그렇지 않은 산업은 주가향방이 다르다. 회복이 미쳐 안 된 업종은 경기가 더욱 위축되면서 주가가 곤두박질친다.

환율은 어떠한가? 주식시장에서 중요한 요소다. 시장을 읽는 중요한 요소 중 하나다. 우리나라는 수출 기반으로 돈을 번다. 천연자원의 개발을 통해 편안하게 먹고 사는 나라가 아니다. 이 때문에 수출이 막히면 국내 경제는 멈춘다. 더 이상 성장할 수 없고 돈을 벌 수도 없다. 우수한 인력과 차별화된 산업경쟁력이 뚝 끊이면 국내 경기는 돌아갈 수 없다.

국내 주식시장에서 환율과 주식시장의 관계는 중요하다. 결론부터 말하면, 원/달러 환율이 오르면 종합주가지수가 내리고, 환율이 내리면 코스피지수가 오르는 것이 일반적이다. 즉, 환율과 주식시장은 서로 반대 방향으로 움직인다. 왜 그럴까? 외국인 투자자금은 주로 국내 경기가 좋을 때 반입된다. 결과적으로 원화의 강한 수요에 원/달러 환율이 떨어지는 효과가 발생한다. 결국, 외국인 투자자는 원화강세에 의한 환차익과 주가상승에 의한 양도차익을 동시에 취득한다. 환차익은 보유하고 있는 원화의 가격 상승으로 인해 얻는 수익을 말한다. 이러한 상황이 예상될 때 외국인이 들어온다. 원화가 강세인 시장에서 주가가 오르는 이유다.

'단순히' 생각하면 원/달러 환율이 오르면 한국 수출제품의 가격경쟁력이 높아진다. 예를 들어 환율이 1,000원에서 1,200원으로 오르면, 1,000원짜리 제품을 1달러가 아닌 0.8달러에 팔 수 있다. 그러므로 수출제품의 가격경쟁력이 높아져 수출이 늘어날 가능성이 커진다. 이는 GDP 대비 수출비중이 50%가 넘는 한국 경제에 긍정적 영향을 줄 수 있다. 이 논리가 맞을까? 절대 아니다. 외국인의 시각으로 보면 틀린 이유를 알 수 있다.

외국인 투자자들은 한국을 포함한 외국에 투자할 때 거시적 관점을 중요시한다. 특히 가장 중요하게 생각하는 것은 환율 동향이다. 아무리 주식을 통해서 돈을 많이 벌어도 환차손이 많으면 손실을 보기 때문이다. 환율 동향이 주식 투자의 수익을 결정한다고 봐도 좋다.

원화강세가 유지되면 수출가격이 올라가는 부작용이 나타난다. 원화 수출가격을 달러로 환산하면 달러약세로 인해 달러 수출가격이 올라간다. 이런 상황이 지속되면 다른 국가 대비 가격경쟁력이 약화돼 수출둔화와 함께 무역수지 흑자폭도 축소된다. 흑자폭이 있을 때까지 원화강세는 유지된다. 원화강세는 국내 여행산업과 항공산업의 수익성 개선 효과를 가져온다. 국민들의 해외여행 수요가 증대되고 항공산업의 경우 달러로 납부하는 항공기 리스료와 기름값 부담도 경감될 수 있다. 환율의 움직임은 산업마다 그 영향이 다르다. 환율동향에 따른 산업별 구체적 효과를 다르게 해석하는 이유다.

다시 첫사랑 이야기로 돌아가, 그녀를 다시 만난 곳은 도서관이었다. 당시 나는 도서관에서 아르바이트를 하고 있었다. 대출기록 카드가 시야에 들어왔다. 하얗고 가느다란 손을 올려다 보았다. 그 여학생이었다. 애틋한 감정이 되살아났다. 맑은 눈에 미소를 머금고 있었다. 대출기록 카드에 쓰여진 학번과 이름을 보았다. 사회학과 4학년이었다. 《현대인과 소외》를 대출하는 중이었다. 여전히 귀티가 흘렀다. 더 성숙해진 느낌이었다. 그녀의 뒷모습을 눈으로 따라갔다. 따라가고 싶은 욕망이 치솟았다. 가만히 있을 수가 없어 벌떡 일어났다.

빅픽처 환율을 알아야 경제가 보인다

원화강세 : 한국 경제 건실, 외국인의 한국 투자 확대, 주식시장 활황 예견

원화약세 : 한국 경제 부실, 외국인 자금의 한국 투자 축소, 주식시장 약세 예견

투자전략 : 원화강세일 때 주식 비중 축소, 원화약세일 때 주식 비중 확대

투자의 기본을 새기다

요즘 경제는 세계적인 동조화 현상을 보이고 있다. 한국은행이 2018년 7월 국내 기준금리를 1.5%로 동결했다. 향후 어떻게 될까? 기준금리의 몇 차례 인상이 예상된다. 한국은 미국 금리인상으로 해외자본 유출을 염려하고 있다. 방어적인 금리정책이 불가피하다. 해외자본 유출이 국내 자본시장을 좌우하기 때문이다. 국내 주식시장에서 외국인 주식 보유율은 대략 35%다. 외국인이 빠져나가면 국내 자본시장은 큰 폭으로 출렁인다. 이 때문에 해외자본의 유입과 유출을 감안하여 금리정책을 펴야 한다.

2017년 12월, 원화 값이 가파르게 상승하고 있었다. 원화 값이 상승하고 있다는 것은 무역수지와 외국인 투자자금이 원화로 환전돼 국내에 반입되는 돈이 많다는 얘기다. 국내 투자자금이 많이 들어오면 투자시장은 활황이다. 주식시장도 원화강세가 전망되면 상승세를 보인다. 2018년 6월 26일 기준 원/달러 환율은 1,118원이다. 급속도로 환율이 올랐다. 달러 강세로 전환됐다. 이유가 무엇일까?

글로벌 정세가 문제다. 미국 트럼프 행정부는 중국에 불만이 많다. 무역수지 적자와 지적재산권에 대한 중국 정부의 부당한 태도에 강력히 맞서고 있다. 세계 역사를 보면 돈 문제는 결국 전쟁으로 치달았다. '관세폭탄'을 주고 받으면서 상황이 악화되자 불안감은 시장에 그대로 표출된다. 글로벌 투자자금이 회수되면서 원/달러 환율은 비등하고 있고 주가는 비틀거린다. 지속되면 상황은 악화된다. 환율과 주가는 정치와 경제를 대변하는 핵심지표다. 무역분쟁의 기미가 보이면 시장은 급속 냉각될 것이다.

중국과 미국의 관계는 주의 깊게 관찰해야 한다. 미국이 중국의 부상에 불안감을 감추지 못하고 있다. 미국은 불안한 세계 1등에 조바심을 낸다. 중국은 어떠한가? 새롭게 부상하는 제국임을 강조하며 우쭐거린다. 현재의 불안한 지배세력과 부딪혀 파열음을 낸다. 이런 시기는 위험하다. 주도권 싸움에 위험이 폭발할 수 있다. 1970년대 중국이 대외 개방정책을 표방했을 때 미국은 대환영이었다. 중국을 통해서 러시아를 견제하려는 미국의 속셈이 도사리고 있었다. 돈 때문에 중국을 지원했다. 이제는 어떠한가? 또 돈 때문에 중국에 손가락질을 하고 있다. 미국은 이제 더 이상 옛날의 영화를 찾을 수 없을까?

미국은 과거를 뒤돌아보며 전략적 모호성을 참회하고 있다. 중국의 위협이 현실로 다가오자 부정하는 심리도 작용한다. 세계의 정치와 경제는 흐름이다. 미국과 중국의 부조화는 세계 경제를 위협한다. 중국이 붕괴되면 우리는 또 한번의 좌절을 겪어야 한다. 미국은 기울어지고 있는 자국을 바로 세우기 위해 안간힘을 쓰고 있다. 양국이 바로 서야 우리 경제도 똑바로 선다.

"따르릉" 갑작스러운 전화에 깜짝 놀랐다. 마케팅부서였다. 전과 동일한 전환펀드로 500억 원 추가 모집에 대한 의견을 물었다. "저번에 설정된 펀드는 전환됐어요?"라고 물으니 말이 없었다. 동시에 말이 튀어나왔다. "금융환경이 불확실해서 자금이 자꾸 이탈해요." 마케팅부서는 양해를 구했다. 채권형으로 무사히 전환됐다고 했다. 다행이었다. 나는 시장에 답이 있으니 지켜보자고 했다. 이런 상황에서 추가모집은 무리였다.

과거의 나는 첫사랑을 뒤쫓아 움직였다. 가만 있으면 끝이라고 판단했다. 출입문을 향해 무작정 달렸다. 비스듬하게 내려가는 계단이 앞을 떡 버티고 서 있었다. 다시 결단을 해야 했다. 많은 사람들의 뒷모습에서 그녀를 찾아낼 수는 없었다. 앞질러 내려가 방향을 돌려 찾아야 했다. '내려갈까? 말까?' 순간 고민했다.

주식시장이 활황이면 타오르는 주식시장의 불꽃에 취해 많은 사람들이 불나방처럼 날아든다. 많은 사람이 신용대출을 받아 주식투자 비중을 확대하는 경향이 있다. 통계적으로 활황일 때 미수를 포함한 신용대출 잔액이 제일 많은 현상을 보인다. 분석해보면 개인의 경우 주식가격이 정상에 있을 때 가장 많이 물린다는 얘기다. 이는 주식시장이 폭락했을 때 원금을 회수 못할 가능성이 크다는 의미와 동일하다.

'부채를 통한 투자확대 전략(레버리지 전략)'을 사용할 때는 신중해야 한다. '레버리지 전략'이 무엇인가? 투자금액을 부채를 통해 조달하는 것이다. 주식은 이런 전략을 사용하는 투자대상이 절대 아니다. 투자확대 전략을 쓰기에 주식시장은 변동성이 너무 크다. 이 점을 명심해야 한다.

투자에서 가장 중요한 것은 리스크 관리다. 가치투자의 대명사이자 세계적인 부호 워런 버핏은 다음과 같은 유명한 말을 남겼다. "투자의 제1원칙, 원금을 절대 잃지 말라." 당연한 얘기를 하고 있다고 우습게 봐서는 안 된다. 어느 한 분야의 전문가는 중요한 몇 마디에 모든 지혜를 함축한다. 위험한 투자는 절대 하지 말라는 것이다. 요행을 바라는 것 자체가 마음의 레버리지 기술을 함부로 휘두르는 것이다.

그렇다면 제 2원칙은 무엇일까? "제1원칙을 절대 잊지 말라"다. 세계적인 투자의 달인이 농담을 하는 것일까? 돈을 버는 방법을 물어보았는데 답변이 특이하다. "원금을 잃지 않는 것이 버는 것이다." 그가 누구인가? 세계에서 투자를 제일 잘하는 사람이다. 이처럼 위험관리를 반복해서 강조하는 이유가 무엇일까? 그 이유를 찬찬히 봐야 한다. 투자의 기본은 위험관리에서 출발한다. 절대 잊어서는 안 될 중요한 말이다.

다시 대학 때 경험했던 풋풋한 사랑 얘기다. 계단 앞에서 나는 걸음을 딱 멈췄다. 용기가 없다고 비판을 받아도 좋다. 시장을 저울질할 때는 보수적인 접근이 좋다. '말을 걸까? 말까? 어떻게 걸까?' 수많은 고민 속에서 결단해야 한다. 첫사랑 얘기를 여러 번 들은 아내는 손사래를 친다. "그 여자 얘기 이제 그만하시지요!"

주식형 펀드 500억 원이 채권형으로 전환되고 나서 시장은 급변했다. 전환형 펀드 추가모집 얘기는 더 이상 꺼낼 상황이 아니었다. 답은 항상 시장에 있었다. 지금 투자 결정을 해야 하는데 가슴이 답답한가? 그렇다면 시장을 냉철하게 보아야 한다. 답은 항상 시장에 있다.

'말을 걸까? 말까? 어떻게 말을 걸지?', '내려갈까? 말까?', '이제 어떡하지? 지금이 좋을까? 조금 있다 할까?'

시장은 답을 이미 알고 있다. 우리가 투자시기를 저울질하는 이유다.

시장이 주는 메시지 해독 여부가 성과를 결정한다. 시장은 움직이면서 각종 신호를 보낸다. 제대로 감지하지 못하면 성과는 뻔하다. 정보를 해석하는 알고리즘이 중요하다. 거대하게 다가오는 신호를 포착해야 한다. 초기는 미세한 움직임으로, 두 번째는 출렁거리는 물결로, 결국 광풍이 몰아친다. 투자의 원리와 시장의 메커니즘을 알아야 한다.

PART II

투자 마인드로 무장하다

CHAPTER 06

정보의 실체를 파악하라

지인은 여의도에서 특이한 비즈니스를 한다. 여의도에서만 가능한 비즈니스다. 비즈니스의 기본은 '주고 받는 것'이다. 펀드매니저들의 잦은 회사 이동에 착안하여 특이한 비즈니스 모델을 만들었다.

"요새 시장이 어떻게 돌아가?" "요새 좋은 거 없어?"

모 건설회사 CEO는 여의도에 올 때마다 묻는 질문이다. 금융시장 동향은 회사 내부에서 충분히 보고받을 것이다. 내부 보고가 성에 안 차는 걸까? 직접 한 달에 한 번 여의도에 와서 생생한 정보를 듣고 간다. 웬만한 정보는 다 꿰고 있음에도 경청한다. 말을 하기보다 질문한다. 중요한 내용은 기억하려 애쓴다. 왜 이럴까? 주식 투자를 하는 것일까? 그가 여의도에 주기적으로 방문하는 목적이 무엇일까?

건설회사 CEO가 여의도를 방문하는 이유

여의도에는 정보가 넘치고 종류도 다양하다. "어떤 회사가 매물로 나왔다고 하던데"라고 하면서 회사 이름은 말하지 않는다. 말을 하면 비밀약정 위반이기 때문이다. 그렇지만 감으로 안다. "요새 서울 주택 분양시장이 괜찮지. 이 프로젝트는 어떨까?" 개별 프로젝트 내용도 입에서 입으로 회자된다. "어제 모 회사에서 주문 실수를 했어. 회사 망했지 뭐. 주문 실수로 200억 원 이상이 날라갔어. 큰일이네." 선물 옵션 주문을 실수한 회사 얘기도 스스럼없이 한다. "요즘 주식시장? 바이오와 정보통신 말고는 없지 뭐. 다 죽어 지내지." 산업 얘기도 한다.

지인은 어느 얘기를 하더라도 놓치지 않으려고 애쓴다. 귀담아듣는다. 어느 대목에서는 박장대소를 하면서 말하는 사람의 기분을 한껏 추켜세운다. 건설회사 CEO가 여의도 정보에 주목하는 이유가 뭘까?

시장은 중요하다. 투자시장은 서로 연계돼 돌아간다. 주식시장과 부동산시장에 대해서 어떻게 생각하는가? 많은 사람이 다르다고 말하지만 사실 그렇지 않다. 둘은 결코 따로 국밥이 아니다. 서로 밀접하게 연관되어 돌아간다. 시장은 괴력을 갖고 있다. 활황일 때는 쇠도 녹인다. 침체기 때는 주식거래량이 뚝 떨어진다. 쳐다보기도 싫고, 생각하면 괴롭다. 하루에도 몇 번씩 보던 주식시세도 이제 귀찮아진다.

부동산은 어떠한가? 하나의 사건으로 부동산시장이 식는다. 아파트 한 채 분양하기도 힘들어진다. 서서히 추세를 이루며 하락한다. 정상적인 경기순환이다. 예측 가능하다. 차라리 주식보다는 낫다고 생각할 수 있다.

건설회사의 경영을 보자. 토지를 확보해서 건축을 한다. 아파트를 공급하면 수익이 확정된다. 문제는 무엇인가? 분양이다. 항상 분양이 문제다. 때를 잘못 만나면 자금이 꽁꽁 묶인다. 아무리 돈이 많아도 자금이 묶이면 큰일이다. 부도가 날 수 있기 때문이다. 부도는 곧 유동성 부족이다. 다시 말하면, 막대한 자본이 토지에 투입되면 자금이 묶인다. 이때 시장을 읽어야 한다. 시장의 흐름을 예측하여 경영해야 한다. 땅은 가능한 낮은 가격에 확보해야 한다. 그럼 침체기에 사라는 말인가? 자금이 오래 묶일 수도 있는데 말이다. 아파트 분양 시기는 회복기나 호황기가 좋다. 적절하게 타이밍을 맞춰야 한다. 틀어지면 한 채 분양하기도 힘들어진다. 그렇다면 토지 확보를 일찍 하면 어떻게 될까? 자기자본수익률(ROE, Return on Equity)이 떨어진다. 그렇다고 너무 늦으면 토지 매수 가격이 올라간다. 수익성 악화가 별거 아니다. 땅을 비싸게 사면 시공 이익이 줄어든다. 앞서 말한 자기자본수익률은 무엇일까? 당기 순이익을 자기자본으로 나눈 값이다. 자기자본을 효율적으로 쓰면 이 비율은 올라간다.

토지는 건설회사 원가에서 큰 비중을 차지한다. 그러므로 매입시기를 적절하게 관리해야 한다. 침체기가 오랫동안 지속돼 자금의 고정화가 장기간 지속되면 심각해진다. 책은 말한다. 이 시기를 돌파해야 한다고. 그러나 이런 때는 방법이 없다. 보유 토지를 매각하고 기다려야 한다. 만약 상황이 급변하면 어떻게 해야 할까? 다각화가 필요하다. 국내와 해외사업의 균형적 결합을 통해 얼음판을 건너야 한다.

시장은 정보에 의해 형성된다. 오전의 성배가 오후엔 독배로 변할 수 있는 곳이 바로 시장이다. 용산의 개발계획이 발표되면 용산 땅 가격은 뛰어오른다. 용산에 땅을 소유한 코스닥 주식이 오르기도 한다. 그런데 용산 개발이 무산된다면? 가격은 다시 폭락한다.

건설회사 CEO가 여의도 투자정보에 몰두하는 이유가 무엇일까? 옥석을 가려야 하기 때문이다. 건설회사는 경기에 따라 수익성과 유동성이 좌우된다. 성장성도 달라진다. 흐름을 잘못 타면 성장하지 못한다. 유동성 부족은 모든 것을 앗아간다.

여의도에서만 가능한 비즈니스

건설회사 CEO는 엄동설한을 감지했다. 토지시장이 바닥을 쳤다. 계약시기를 의도적으로 늦췄다. 다시 한파가 몰아쳤고 토지가격은 주저앉았다. 완전히 바닥을 치면 땅을 그냥 줍고 싶었다. 가능할까? 그러던 중 2008년 미국 유동성 위기가 터졌다. 사전적 신호가 감지됐다. 건설회사 CEO는 비정상적 신호를 전해 듣고는 또 계약을 미뤘다. 그러나 토지매도자의 의사표시는 명확했다. 합리적 이유 없이 거래가 지연되는 것은 용서할 수 없다고 했다. 계약을 포기하려는 순간 토지매도자는 마음을 바꿨다. 건설회사 CEO는 매수가격을 기존의 반값으로 수정했다. 거절하면 그만이라고 생각했다.

초기 신호는 단기 자금시장부터 왔다. 점차 전반적으로 경색이 확대돼 부동산시장까지 신호가 갔다. 서서히 주변부터 얼어붙었다. 글로벌 투자은행과 기관투자자들은 사건이 터지자 유동성을 확보했다. 채권시장과 주식시장에서 자금을 빼갔고 주식시장은 서서히 내려 앉다가 폭락했다. 채권시장은 금리가 폭등했다. "이미 거래를 시작했으니 잘 마무리하자고 하네요." 사내 변호사가 매도자 말을 전해주었다. 토지를 반값에 매수했다. 건설회사 CEO는 투자정보로 회사경영을 한다. 수익성, 유동성, 성장성, 사실 별게 아니다. 시장을 보면 한눈에 보인다.

펀드매니저의 펀드 운용스타일은 여러 가지가 있다. 액티브(Active)한 운용을 잘하는 사람도 있고 패시브(Passive)한 운용에 능통한 사람도 있다. 액티브한 운용이 무엇인가? 적극적으로 종목을 발굴하고, 펀드에 편입시키면서 목표수익률(시장수익률 + 알파)을 추구하는 주식 운용방식이다. 반면 패시브한 운용은 지수 상승 정도의 시장수익률을 추구한다. 액티브 운용보다는 종목 발굴에 수동적이다. 어떤 경우에는 '매수 후 보유(Buy & Holding)'를 기본적 운용전략으로 하는 펀드도 있다. 종합주가지수 상승을 기본적으로 추구하되 성장 잠재성이 높고 저평가된 주식을 발굴한다.

가끔 다른 사람들이 주식종목을 추천하기도 한다. 만약 종목을 알려주는 사람이 이미 해당 주식을 보유한 경우라면 어떻게 될까? 어떤 펀드매니저가 운용전략에 의해 10개 종목을 추가로 편입하겠다는 결정을 했다고 하자. 동시에 매수주문을 한다. 혹은 시차를 두며 매수주문을 한다. 다른 가격에 주문이 체결된다. 10개 종목의 가격을 보자. 펀드매니저

결정에 주가가 상승했다. 매수세력에 의해 주가는 상승한다. 분할매수를 완벽하게 시행하면 상황은 달라진다. 매수세가 외부에 전혀 드러나지 않는다. 이는 특별한 경우다. 보통의 경우에는 주식가격이 올라간다. 매수를 통해 200억 원의 1호 펀드 투자가 개시됐다.

이제 2호 펀드인 200억 원의 주식운용을 보자. 동일한 전략의 2호 펀드 200억 원이 설정됐다. 동일한 10개 종목에 투자한다. 1호 펀드의 기준가격은 어떠한가? 2호 펀드의 매수가 1호 펀드의 기준가격을 올린다. 1호 펀드의 기준가격은 상승하고, 2호 펀드의 평균 매수가격은 높게 형성된다. 왜 그럴까? 2호 펀드는 나중에 설정된 펀드다. 추격매수가 불가피하다. 대안은 없다. 오른 가격으로 매수해야 한다.

이런 경우는 어떻게 될까? 운용전략을 은밀하게 복제하는 경우가 있다. 다른 회사 펀드매니저가 동일한 전략으로 동일한 10개 종목을 매수한다고 가정해보자. 운용전략을 복제하는 펀드매니저는 최초보다 높은 가격에 주식을 매수한다. 한발 앞선 운용전략이 유리하다. 10종목의 가격이 모조리 올랐다. 복제하는 펀드매니저는 각오해야 한다. 오른 가격에 주식을 매수할 수밖에 없다. 복제를 하려면 추격이 불가피하다.

내가 말하려고 하는 것은 기본이다. 중요한 얘기임에도 많은 사람이 흘려 듣는다. 종목을 추천 받고 그대로 따라 하는 행위는 이용당할 수 있다. 다른 사람의 운용전략을 복제하는 것도 위험하다. 추가 매수세력 역할로 전락할 수 있기 때문이다. 주식 가격은 어떠한가? 추가 매수세가 있어야 보합 혹은 상승한다. 추가 매수세력이 없으면 유지하거나 하락한다. 현재의 주식보유자가 매도하기로 마음먹으면 주식가격은 하락한다. 이런 상황을 악용하는 사람들이 있다. 다른 사람에게 추천하고 정작 본인은 매도를 단행한다. 타인의 매수세를 활용해 대량의 주식을 팔아 치운다. 펀드매니저에게 가장 필요한 것이 무엇일까? 철저한 직업윤리, 너무 통속적인 표현인가? 그러나, 이것이 1순위다. 가장 중요하다.

2007년도는 잊을 수 없는 역사적인 해였다. M자산운용사 I펀드가 시장에 돌풍을 일으켰다. 종합주가지수가 2,000포인트를 돌파했다. 주식형 펀드 열풍이 대단했다. 가입하지 않은 사람이 없을 만큼 대단한 열기였다. 글로벌 금융위기가 터지자 시장은 얼어붙었다. 2008년 하루 역사상 최대 하락 126.5포인트, 최대 상승 115.7포인트를 거듭하더니 쭉 내려갔다. 같은 달에 역사적 최고 낙폭과 최고 상승을 동시에 기록했다.

빅픽처 시장과 토지 가격의 상관관계

시장이 어려워지면 토지 가격은 매수자 중심으로 급전환된다.
시장이 활황이면 토지 가격은 매도자 중심으로 천천히 전환된다.

쏟아지는 소나기

2007년 당시, 나는 하락하는 종합주가지수를 하염없이 보고 있었다. 전화가 울렸다. 오랫동안 알고 지냈던 고객이었다. 코스닥 회사 대주주이며 자산가인 그는 물었다. "시장이 이상한데 이거 왜 이래? 주식형 펀드를 들었는데 이거 어떻게 해야 하나?" 주식 화면을 바라보니 종합주가지수가 1,400 언저리였다. 펀드 가입 원금은 10억 원이었고 그 당시 펀드 기준가액 기준으로는 대략 7억 원이었다. 아직도 주식시장이 바닥이라고 보기에는 매수세력이 너무 빈약했다. 기관투자자와 외국인들은 철저하게 분할매도를 했다. 자금을 빼가고 있었다. 기술적으로 약간 반등의 기미를 보이면 여지없이 매도물량이 쏟아졌다. 나의 대답은 간단했다. "일단 쏟아지는 소나기는 피해야지요."

M자산운용사는 그 당시 '대박'을 쳤다. 2007년에 이 펀드에 가입하려면 줄을 한 시간 정도 서서 기다려야 했다. 상품 콘셉트가 획기적이었다. 성장성이 우세한 정도에 따라 국가별 투자비중을 자유롭게 조정했다. 예전에는 '중국 ○○○ 펀드', '미국 ○○○ 펀드' 같이 투자 국가를 펀드 이름에 명시해야 했다.

I펀드는 국가별 자산배분을 유동적으로 조정했다. 자유롭게 국가별 자산배분으로 수익을 획득했다. 무려 4조 원 이상의 자금이 몰려들었다. 개인들은 '한군데 집중투자(Full Betting)'를 했다. 오직 한 펀드에 모든 것을 걸었다. 한국의 종합주가지수는 900까지 하락했다. 중국 상하이 종합주가지수는 2007년 6,000을 돌파한 후, 2008년 말 2,000 밑으로 속절없이 내려 앉았다. 펀드가 반 토막 났다. 여의도 증권가의 뼈아픈 과거 이야기다.

그 자산가는 손절매(Stop Loss)를 했다. 주가의 추가 하락 위험을 도려냈다. 손절매는 수익률이 미리 정해 놓은 마이너스 20% 혹은 30%일 때 더 이상의 손실을 방지하기 위해 운용을 중단하는 것을 말한다. 자동적으로 환매시키는 운용방법이다. 기관투자자들이 주로 사용하고, 일반 투자자도 손절매 기준을 HTS 프로그램에 입력할 수 있다. 입력한 조건이 충족되면 HTS 시스템은 자동적으로 해당 주식의 매도를 실행한다. 손절매는 펀드 수익률이 마이너스 20~30% 일 때 더 이상의 손실을 방지하기 위해 운용을 중단한다. 자동적으로 투자자금을 회수한다. 운용 중단 기준은 수익률로 정할 수 있고 금액으로도 정할 수 있다.

앞서 말한 지인은 여의도에서 특별한 비즈니스를 한다고 했다. 그는 펀드매니저에게 사무실을 1주일 혹은 2주일 임대해준다. 임대료는 특정되어 있지 않다. 그런데 어떻게 비즈니스가 될까? 주는 것만 있으면 비즈니스가 아니다. 한쪽에서는 주고 다른 쪽에서 받아야 한다. 매도가 있으면 매수가 있어야 한다. 그렇지 않은가?

펀드매니저는 새로운 회사로 이동하기 전 1주일 혹은 2주일 휴식을 취한다. 이 점을 이용한 비즈니스로 공간을 제공해주고 종목에 대해 힌트를 받는다. 임대료 대신 정보를 받는 것이다. 정확하게 설명하지는 않는다. "요새 바이오 밖에 없지요. S가 좋아 보여요."

돈 되는 프로젝트

"이거 자금조달 가능해요?" 고객이 찾아와 자금조달을 요청했다. 필요금액이 50억 원 정도였다. 기관이 투자하기에는 적은 금액이었다. 기관투자자들이 좋아하는 투자금액은 적어도 200억 원은 넘어야 한다. 투자금액이 너무 적어도 검토시간 대비 효율성이 떨어지기 때문이다.

신규사업을 보면 요즘 추세가 보인다. 사업 내용은 간단했다. 요즘 사용하지 않는 공중전화 부스를 새롭게 활용하여 돈을 버는 프로젝트였다. 현재의 공중전화 부스 자리에 은행 ATM 기기를 설치하자는 것. 과연 돈이 될까? 통신 회사는 점유권 활용을 통해 돈을 벌 수 있다. 은행은 ATM 기기 설치를 통해 고객 서비스를 확대할 수 있다. 추가로 홍보효과도 기대할 수 있다. 신규사업자의 역할은 무엇인가? ATM 기기를 넣어둘 유리박스 시설을 설치하고 안전하게 관리하는 일이었다.

스마트폰 등장은 세상을 바꿔 놓았다. 요새는 공중전화를 거의 사용하지 않는다. 공중전화 부스의 새로운 활용은 획기적인 아이디어였다. 은행은 ATM 기기 설치와 유지에 따른 비용을 신규사업자에 지급해야 했다. 통신 회사는 토지 점유를 허용하는 대가로 추가 수익을 확보할 수 있었다. 신규사업자는 은행과 ATM 기기를 2,000곳에 우선적으로 설치하기로 약정을 체결했다. ATM 기기는 총 4,000개였다. 적은 규모는 아니었다. ATM 기기는 은행이 직접 구매해서 설치해야 했다. 신규사업자 역시 조달된 자금으로 유리박스를 구입하여 설치해야 했다. 기존 운영자금으로 턱없이 부족했다. 시설을 관리할 인력도 추가 채용해야 하고, 공사비용도 꼼꼼하게 추산해야 했다. 해당 은행은 지점 증설의 경우 행정적 애로사항이 있었다. 정부의 인가도 반드시 필요했다. 지점을 마구 늘리는 방법도 요즘 추세에 맞지 않았다. 지역별 거점 점포만 두고 작은 영업점은 점점 축소하는 경영형태가 맞지 않을까? 인터넷으로 은행 업무 90%가 이제 가능하다. ATM 추가 확대가 정답이었다. 전국적으로 ATM을 설치하면 비용대비 고객 서비스도 개선되고 지점망을 확대하는 이중 효과가 있었다.

사업성을 검토했다. 신규사업자의 매출은 확실했다. 이에 상응하는 수익률도 괜찮았다. 투자조건이 문제였다. 투자대가로 고객은 회사지분 10%를 거론했다. 회사주식은 비상장이라서 환금성에 제한이 있었다. 10% 회사지분으로 경영권을 확보할 수도 없었다. 회사지분 10%는 아무 소용이 없었다. 상환을 청구할 수 없었고 배당청구권도 제한적이었다. 90% 주식소유자에게 모든 것을 의존해야 했다. 분명 투자자금 회수에 문제가 있었다. 조건을 수정해야 했다.

투자자 보호 차원에서 90% 회사주식 전체에 질권설정 담보를 요청했다. 이 조건을 수락하지 않으면 투자협상은 결렬이었다. 적은 투자금액이 더 힘들었다. 별도로 투자자를 유치해야 했다. 개인적으로 알고 지내던 2명의 투자자를 추가로 유치했다. 주식 10%를 교부한다고 하더라도 여전히 투자원금 회수는 걱정이었다. 투자자가 직접 자금 회수방법을 선택할 수 있도록 조건을 변경했다. 투자자는 1년 경과 만료시점에 선택할 수 있었다. 주식 10%을 교부받을 수 있었다. 혹은 일정 수익률에 해당하는 이자와 더불어 원금을 상환받을 수 있었다. 투자자가 선택하면 회사는 무조건 결정을 따라야 하는 유연한 구조였다. 원금 회수 관련 투자회사의 요구 권리는 아무 것도 없었다.

법률문서는 완벽했다. 문제는 사람이었다. 투자기간 만료일에 이루어지는 채무자 혹은 투자회사의 이행이 가장 중요했다. 상환 혹은 채무이행이 없으면 법적 조치가 따라야 했다. 불안한 마음이 들었다. 어느덧 만기일이 됐다. 투자조건이 아무리 좋아도 만기시점에 이행이 없으면 모든 것이 허사였다.

투자 만기일, 고객으로부터 전화가 왔다. 요건은 명확했다. "오늘이 투자기간 만료일인데 한번 만나야 하는 거 아닌가요?" 나는 깊게 한숨을 내쉬었다. 긴장이 풀렸다.

빅픽처 회수할 수 없는 투자는 투자가 아니다

투자 실행 전 회수전략(Exit Plan) 마련은 필수다.

자금 회수 시기와 방법을 명확하게 하기 위해 담보권 설정은 중요하다.

CHAPTER 07

돈이 저절로 불어나는 시스템을 만들라

돈 버는 시스템에 부자들은 관심이 많다. 왜 그럴까? 시스템이 있으면 걱정이 없기 때문이다. 더 이상 노동을 할 필요가 없이 시스템이 알아서 돈을 벌어준다. 자본주의를 시스템 측면에서 살펴보자.

카지노 사업은 확실한 시스템이다. 착실하게 돈을 벌어준다. 이 점을 미국 정부는 요긴하게 활용했다. 초기 인디언 원주민의 생계를 보장해야 했던 미국 정부는 고민을 거듭했다. '카지노'라는 시스템이 답이었다. 원주민의 생계 걱정이 일순간 사라졌다. 카지노는 철저하게 인간의 욕구를 자극한다. 사행성을 활용한 완벽한 시스템이었다. 원주민들은 카지노에서 나오는 수입으로 생계를 유지했다. 그러나 정신은 점점 황폐해졌고, 카지노의 중독성으로 원주민들은 점점 무능력자가 됐다. 중독성은 사업의 영속성을 보증하는 결정적 요소다.

커피도 중독성이 있다. 순간적으로 머리가 맑아지면서 집중이 더 잘 된다. 한국 스타벅스 연 매출액이 1조 원을 넘었다. 영업이익은 1,000억 원을 초과했다. 시스템 구축과 관련하여 인간의 중독성을 얘기하는 이유가 과연 무엇일까?

중독성을 활용한 상품은 너무 많다. 담배, 콜라, 카지노, 마리화나 모두 같은 생산과 유통체제다. 이들의 현금을 끌어 모으는 힘은 매우 강력하다. 사업적인 측면에서 훌륭한 시스템이지만 이들의 중독성은 인간의 판단을 무력화시킨다. 중독성이 가미된 상품이 점차 증가하고 있다. 컴퓨터도 마찬가지다. 컴퓨터 게임은 다양한 기법으로 불면의 밤을 지새우게 한다. 감각기관을 무력화시키고 자율신경이 마비된다. 가상의 세계에서 아이템을 획득하고 지위가 올라가는 것을 즐긴다. 모두 중독성이 만든 참담한 인간 모습이다.

인간의 중독성과 관련 있는 역사적 사건이 있다. 무역 불균형 문제다. 이 문제가 전쟁으로까지 이어졌다. 무역 불균형은 전쟁을 초래하는 단골손님이다. 1840년대 초, 영국은 대중국 무역 불균형 문제가 심각했다. 가만히 앉아서 당하기에는 영국의 무역적자 금액이 상당했다. 방안을 마련해야 했다. 중국으로부터 수입되는 막대한 차의 양을 줄이든지, 매력적인 상품을 개발하여 무역 균형을 맞춰야 했다. 머리를 맞대어 전략을 세웠다. 인도에서 재배되는 아편을 활용하자는 의견이 지배적이었다. 한쪽 식민지에서는 아편을 재배하고, 다른 식민지에서 그 아편을 철저하게 소비시키는 전략이었다. 이 방법이 먹힌다면 이보다 더 좋은 방법은 없었다. 중국에 아편을 판매했다. 초기에는 사용 인구가 적었으나 점점 늘었다. 아편의 사용 인구수는 계속 증가했다. 중국인들의 건강도 문제였지만 경제가 흔들렸다. 아편 중독으로 노동력이 저하되면서 인간의 기본적 생활이 파괴됐기 때문이다. 이에 중국은 아편을 불태웠다. 아편으로 꾸준히 돈을 벌고 있던 영국은 공격적인 화염으로 상황을 제압했다. 이 전쟁이 바로 1842년 아편전쟁이다. 영국은 중독성을 이용해 완벽한 시스템을 구축하려 했다. 한쪽은 아편을 생산하고, 다른 쪽은 소비시키는 시스템이었다. 하지만 결국 실패했다. 부의 획득을 시스템으로 접근했던 제국주의 사고방식이었다. 인간의 역사가 무엇인가? 돈 버는 시스템 시각으로 보면 새로운 논리가 보인다.

돈 버는 시스템을 구축할 때 필요한 수단이 있다. 바로 현금흐름이다. 여기서 자산은 중요한 역할을 한다. 그럼 지적재산권은 무엇인가? 보이지 않는 자산이다. 지적재산권은 4차 산업혁명 시대의 중요한 도구로서 차원이 다른 현금을 창출한다.

지적재산권

지적재산권이 요즘 각광받고 있다. 지적재산권을 활용하여 기업은 매년 엄청난 수익을 얻는다. 지적재산권은 어떻게 취득할까? 인간의 노동이 지적재산권을 만든다. 이렇게 만들어진 지적재산권은 인간과 분리되어 스스로 돈을 번다. 지적재산권에는 여러 종류가 있다. 기술에 대한 독점적 권한을 갖는 특허권, 문예와 예술분야에서 인정되는 저작권 등이 대표적이다. CD를 사거나 유료 음악 제공 서비스를 통해 창작자는 돈을 번다. 한 번의 창작으로 지적재산권은 충실한 사역을 한다. 시스템 역할을 아주 착실히 하는 것이다. 가수 박진영씨는 음악 저작권으로 13억 1,000만 원(2013년 기준)을 벌었다. 노동 없이도 충분히 생계 유지가 가능한 금액이다.

우리는 자산소득으로 생활이 가능한 경우를 '부자아빠'라고 칭한다. 로버트 기요사키는 《부자아빠 가난한 아빠》에서 노동을 통해 돈을 버는 가난한 아빠와 취득자산 혹은 시스템으로 돈을 버는 '부자아빠' 개념을 대비시켰다. 이 기준으로 보면, 박진영은 상위 1%의 '부자아빠'다. 노동으로부터 분리된 자산이 충실하게 돈을 번다. 노동이 지적재산권을 만들었고 이제 지적재산권이 스스로 부를 일군다.

선박과 비행기 시스템

이 시스템은 특이하다. 자산의 임대를 통해 돈을 번다. 빌려주는 행위를 통해 돈을 버는 것이다. 빌려주는 대상에는 여러 가지가 있다. 토지, 부동산, 비행기, 선박, 자동차 모든 것이 다 대상이다. 요즘은 명품도 빌려주는 대상이다. '빌려주는 행위'의 용어는 다르다. 토지 및 부동산은 '임대'라고 한다. 비행기, 기계와 같은 장치는 '리스'라고 한다. 이름만 다르지 의미는 동일하다. 선박은 '용선'이라고 한다. 일정 지역을 한 번만 왔다 갔다 하는 항해용선(Voyage Chartering)이 있다. 기간을 정해 장기간 용선을 하는 정기용선(Time Chartering)도 있다. 정기용선이 일반적 형태다.

자동차는 흔히 '렌터카'라고 한다. 모두 자산의 임대가 현금흐름을 창출하는 동일한 개념이다.

일반적으로 선박의 용선료는 해당 선박의 물동량과 관련이 깊다. 선종, 즉 선박의 종류가 중요하다. 벌크선 혹은 콘테이너선 선종에 따라 선박의 용도가 제한된다. 선종의 선복량이 물동량에 미달할 때 용선료는 오른다. 부족한 선복량에 대응하기 위해서 건조를 시작한다. 건조 소요시간으로 선복량과 물동량은 불균형의 연속이다. 한쪽이 많으면 한쪽은 적다. 선박의 가격이 오르락내리락 춤을 춘다.

20년 이상의 선박은 어떠한가? 선주와 화주들이 기피한다. 왜 그럴까? 보험료가 올라가기 때문이다. 오래된 선박은 보험료에 결정적 영향을 미친다. 선가가 100억 원에서 200억 원 정도 되는 선박은 투자 측면에서 적당하다. 선박은 담보대출이 가능하다. 대출을 받아 선주가 되면 매달 용선료가 들어온다. 시스템이 돈을 버는 것이다.

선박은 준부동산(準不動産)으로 정부의 규제가 덜하다. 투자은행 혹은 증권회사는 7년 장기 용선계약이 체결된 선박을 활용해 회사를 만든다. 장기용선료가 수익이다. 그렇다면 비용은 무엇일까? 연료비, 보험료, 선원 인건비다. 선박의 이익은 회사의 주주에게 배당된다. 투자자에게 배당금은 시스템이다. 자산이 자동적으로 돈을 벌면 시스템이라고 말할 수 있다. 선박뿐만 아니다. 항공기도 시스템 역할을 한다. 소유자산은 모두 시스템이 될 수 있다. 자산을 활용한 시스템 구축 방안은 아주 다양하다.

선박을 통해 시스템을 만드는 방법을 세밀하게 들여다보자. 특수목적회사를 이용하여 투자구조를 짠다. 투자대상은 기존 선박 혹은 신규 선박 모두 가능하다. 한마디로 정기용선 계약을 통해 선박이 확보한 현금흐름으로 돈을 버는 시스템이다. 서류상 회사(Paper Company) 형태로 특수목적회사를 설립하고 회사 출자금 혹은 자본금과 대출금을 통해 선박을 매수한다. 용선료는 수익으로, 대출금에 대한 이자, 선원 인건비 등은 각종 비용으로 결산한다. 계상된 순이익에 법인세를 차감한 후 투자자에게 배당한다.

예를 들어보자. 선박가격이 1,000만 불인 경우, 600만 불은 자본금, 즉 주주 출자금 역할을 하고, 1순위 선박담보 대출(대출이자 연 4%)과 2순위 선박담보 대출(대출이자 연 6%)로 나머지 200만 불을 각각 조달한다.

1순위와 2순위 대출을 구분하는 이유는 무엇인가? 투자자 선호도를 감안한 조치다. 안정적 이자수익을 선호하는 금융회사는 1순위 대출자로 나선다. 반면 위험이 상대적으로 높지만, 그에 상응하는 이자수익을 추구하는 금융회사는 2순위 대출자로 나선다.

이런 구조에서 대출 제공회사의 안정성은 어떠한가? 선가가 400만 불 아래로 떨어지지 않는 한, 대출 금융회사의 원금 회수에 문제가 발생하지 않는다. 대출을 시행한 금융회사는 이자를 받는다. 주주는 법인세 차감 순이익을 배당받는다. 취득선가와 매도선가의 차이 금액은 주주가 부담한다. 매도선가가 취득선가에 미달하면 주주의 투자원금에 손해가 발생한다. 매도선가가 취득선가를 초과하면 차익은 주주의 몫이다. 완벽한 시스템이다.

항공기는 정기노선 혹은 전세기로 임대된다. 선박과 항공기는 고가의 자산이다. 공동 소유를 통해 알찬 시스템으로 전환된다.

빅픽처 선박이 부동산을 대체할 수 있을까?

선박의 장점 : 7년 장기계약에 의한 확실한 현금흐름 확보
정부가 규제가 덜해 자율성 측면 유리
부동산보다 과세 측면에서 유리

부동산의 장점 : 선박보다 가격의 안정성 확보 가능

기계와 설비 시스템

기계나 설비를 빌려주고 돈을 버는 시스템이다. 포스코나 현대제철은 철을 생산 및 가공하는 데 이때 대형 용광로가 필요하다. 이 설비를 설치할 수 있는 방법은 다양하다. 자체자금으로 직접 구입해도 되고, 자체자금이 모자라면 회사채를 발행해도 된다. 자체자금을 활용하지 않고 리스를 통해 확보할 수도 있다. 리스는 매달 사용료를 회사가 지급한다. 현금흐름이 시스템 역할을 한다. 기계와 설비를 통한 시스템은 고가의 장비와 관련이 많다.

지인은 중장비 대여업을 한다. 일종의 중장비 기사와 함께 대여할 수도 있다. 이것이 소위 '기사 & 중장비대여(Crewed Rental) 방식'이다. 중장

비 자체만 대여하는 것은 '중장비대여(Un-crewed Rental) 방식'이다.

이 사업의 관건이 무엇일까? 신용이 훌륭한 고객 확보에 달려 있다. 1997년 구제금융 시절, 많은 리스회사들이 사업을 접어야 했다. 이유는 간단하다. 리스 이용 고객의 신용도가 취약했기 때문이다. 고객의 신용도를 올릴 수 있는 방법이 없을까? 분명히 있다. 차별화해야 한다. 고객 집단의 신용도를 올리면 달라진다. 더할 나위 없이 훌륭한 시스템이 된다.

부동산 시스템

토지와 건축물에서 나오는 현금흐름을 이용한다. 요즘 인기가 좋아 많은 사람이 관심을 갖는다. 먼저, 타당한 시점인지 살펴봐야 한다. 부동산 시스템 구축은 진화를 거듭한다. 다양한 분류를 통해 영감을 얻어야 한다. 한국의 부동산은 의미가 매우 특별하다. 수도권에 인구의 밀집도가 높은 점을 적극 활용해야 한다.

쉐어하우스로 월세를 받는 것, 고시텔 임차료를 받는 것, 독서실 사용료를 받는 것, 호텔 숙박비를 받는 것, 백화점 수수료를 받는 것, 형태는 다르지만 모두 뿌리는 동일하다. 새로운 형태의 시스템은 필요에 의해 개발된다. 부동산을 활용한 시스템 구축방안은 다양하다. 그만큼 중요하다. 소유부동산을 차별적 시각으로 바라보면 방안이 생긴다. 차별적 시각은 창의적인 시스템으로 응답한다.

호텔과 백화점은 어떠한가? 완전히 다른 업종이라고 대부분 생각한다. 정말 그럴까? 뿌리를 파보면 동일하다. 그 뿌리는 동일한 부동산 임대업이다. 호텔은 멋진 시설을 구비하여 하루 단위로 투숙객을 받는다. 하룻밤 부동산 임대업이다. 고급시설을 유지하는 데 많은 비용이 든다. 비수기냐 성수기냐에 따라 빈방도 발생한다. 이러한 비용은 원가의 고려대상이다. 투숙객이 높은 사용료를 부담해야 한다.

호텔업종으로 더 들어가보자. 기본적으로 여행객의 많고 적음이 경영 성과를 좌지우지한다. 관광자원은 국가의 자원이다. 볼거리를 많이 만드는 것은 여행업종과 호텔업종을 떠나 부동산의 효용성을 전반적으로 증진시킨다. 여행객은 주로 MICE(Meeting, Incentive, Conference, Exhibition)의 개최 수에 달려있다. MICE를 늘리는 방법이 무엇일까? 국가가 천연자원, 문화재, 전통문화를 다양한 차원의 볼거리로 승화시켜야 한다.

사드 문제가 터지기 전, 중국인 관광객들이 서울에 몰려와 호텔이 모자란 상황이었다. 호텔 신규진출에 눈이 갔다. 투자의 역사는 초과수요에 따른 공급 증가의 반복이었다. 많은 사람들의 호텔업종 진출로 인해 여의도는 바빠졌다. 부동산 금융에 대한 수요가 넘쳤고 건물을 소유하고 있으면 개조하고 싶어 했다. 호텔로의 개축과 용도변경을 원했다. 소유부동산을 활용해 담보대출을 받고 호텔사업을 희망했다. 토지를 소유한 사람은 개발금융 활용으로 호텔사업 진출을 결정했다. 완공을 기다렸고 영업을 개시했다. 프로젝트 금융도 성황리에 이루어졌다.

프로젝트 금융은 사업성이 담보가 된다. 미래 현금흐름을 담보로 자금을 차입하는 것이다. 미래의 현금흐름이 달라지면 사업자도 자금공급자도 공멸한다. 공급이 과잉이면 사업성은 뚝 떨어진다. 이자를 갚지 못하면 호텔 소유권은 넘어간다. 만약 중국 관광객이 등을 돌리면 어떻게 될까? 역사는 분명히 말하고 있다. "투자의 역사에 공급 통제는 없다." 수익률이 떨어지는 이유는 무엇일까? 공급이 폭증하면 사업성은 뚝 떨어진다. 많은 사람이 말하면 위험은 커진다. 공급 과잉이 각 산업에서 발생하는 이유를 들여다보면 명확하다. 양상이 동일하다. 초과수요는 공급을 촉발시키고 경쟁적 진출은 공급과잉으로 치닫는다. 모든 산업의 실질적 양상이다.

외국의 경우, 호텔 경영과 부동산 임대를 완전 분리한다. 전문경영진이 호텔을 경영하고 임대수수료는 호텔이 부담한다. 부동산 소유와 임대가 철저히 분리된다. 부동산 소유자가 호텔을 경영하는 비전문적 오류를 방지하는 것이다. 우리나라도 이러한 현상이 가속될 것이다. 건물 소유자는 임대료만 잘 받으면 된다. 선진국은 전문경영진이 여러 개의 호텔을 경영하기 때문에 규모의 경영효과가 발생한다. 고객이 확보되면 지역이 다른 경우 상호 연계로 결합한다. 시너지 효과가 발생하는 것이다. 숙박과 서비스의 결합은 힘을 발휘한다. 호텔 브랜드 상승으로 이어진다.

백화점 경영은 전형적인 부동산 임대업이다. 임대료가 고정액이 아니고 판매액의 일정 퍼센트다. 매출액이 올라가면 임대료가 오른다. 결국 백화점 경영의 핵심은 매출액이 많은 브랜드 유치다.

백화점 임대료는 '수수료'라고 한다. 백화점은 임대업의 속성을 감추고 싶어 한다. 왜일까? 수수료는 매출액의 15~30%다. 백화점의 수익성은 매출액이 좌우하기 때문에 백화점은 매출액 숫자를 직접 관리한다. 매출액 숫자를 모르면 수수료 수입을 가늠할 수 없다. 임대료라고 부르면 백화점의 역할이 빈약하게 느껴진다. 건물만 빌려주고 높은 수수료를 받을 수 있을까? 불가능하다. 임대료는 건축 공간의 사용료다. 즉, 고정된 금액이다. 매출액과 비례해서 임대료를 받을 수 없다. 그러나 '수수료'라는 용어로 차별화하여 포장하면 기준이 달라진다.

빅픽처 용어 차별화로 비교심리를 차단하라

백화점의 건축공간 사용료는 매출액의 15~30%다. 백화점의 건축공간 사용료를 '임대료' 대신 '수수료'라고 부름으로써 비교심리를 차단한다.

컴퓨터 소프트웨어 시스템

대표적인 형태가 컴퓨터게임이다. 온라인 게임은 개발비가 많이 든다. 한번 잘 개발된 컴퓨터게임은 황금알을 낳는다. 요즘 게임회사들은 중독성을 가미하여 고객의 충성심을 높인다. 만약 많은 돈을 들여 개발한 게임이 고객으로부터 점점 외면 당한다면 어떤 일이 벌어질까? 사업의 영속성이 지장 받는다. 영속성의 중단은 무엇을 의미할까? 투자에 거대자금이 또 들어간다. 결국 인간의 욕구를 자극해야 한다. 중독성으로 포장하여 인간의 욕구를 채워줘야 한다. 가격정책도 다양하다. 회비로 일정금액을 요구하기도 하고 아이템을 판매하기도 한다. 돈 버는 수단을 게임 속에 숨겨 놓는다. 지출금액이 늘어남에 따라 욕구는 충족된다.

빌 게이츠의 마이크로소프트를 보자. 컴퓨터 소프트웨어로 성장한 회사다. 똑똑한 컴퓨터 소프트웨어가 빌 게이츠를 세계적인 부자로 만들었다. 이것이 바로 컴퓨터 특허권의 위력이다. 지적재산권이 산업에서 발휘하는 위력은 가히 가공할 만하다. 특히 IT를 활용한 지적재산권의 힘은 막강하다. 아이디어 하나가 돈 버는 차원을 넘어 거대한 부를 창출한다. 요즘 스마트폰에 훌륭한 어플리케이션이 많다. 잘 만들면 적은 투자로 훌륭한 시스템을 만들 수 있다.

유통 채널 시스템

유통 채널의 종류는 다양하다. 홈쇼핑채널, 파워블로거, 온라인몰, 전자상거래 시스템, 영화배급시스템, 다양한 거래소, 프랜차이즈 사업이 다 여기에 속한다. 유통 채널의 힘은 막강하다.

홈쇼핑의 경우, 30분에 100억 원 이상의 매출액을 거뜬히 올린다. 눈에 보이지 않는 보험상품에서 여행상품까지 다양한 상품을 소화한다. 상품을 팔아주는 대가로 높은 수수료를 받는데 무려 20~30%에 육박한다. 수수료가 비쌈에도 의존하는 이유는 딱 한가지다. 거대한 매출을 올릴 수 있기 때문이다. 홈쇼핑은 확실한 시스템이다. 매출액 증진에 놀라운 효과를 발휘한다. 소비형태의 변화는 산업을 송두리째 바꿔 놓는다.

변하는 소비행태에 늘 관심을 기울여야 한다.

중국의 알리바바와 미국의 아마존을 살펴보자. 모두 대규모 매출을 일으키는 기업이다. 유통 구조는 변화하고 있고, 이에 적응하지 못하면 도태된다. 생산자와 소비자를 연결시키는 유통 혁명을 만들어야 한다. 이제는 인터넷으로 세계가 연결돼 언제 어디서든 결제를 하고 물건을 살 수 있다. 인터넷이 유통 혁명을 이룩했다. 유통 채널을 소유한 사람이 시장을 지배한다.

이제는 인간의 역사로 다시 돌아가자. 인간의 역사는 제도 개선의 역사였다. 시대에 따라 돈 버는 시스템을 변경해야 한다. 미국 남북전쟁 당시, 노예는 돈 버는 시스템이었다. 노예제도 폐지는 남부 사람들에게 돈 버는 시스템을 없앤다는 의미였다. 그들이 반발한 이유가 여기에 있었다. 시스템을 잃으면 끝장이었기 때문이다.

인간은 평등하다. 현재는 너무나 당연한 개념이다. 과거에는 대의명분보다 빵이 현실을 더 자극했던 시기가 있었다. 인간의 근본 문제는 먹고 사는 것이다. 봉건주의 사회에서 중요한 두 계층은 영주와 농노였다. 농노는 돈 버는 시스템 역할을 했다. 영주는 '장원'이라는 커다란 토지를 차지하고 그 땅을 쪼개어 농노들에게 경작을 위임했다. 농노들은 영주가 시키는 부역에 동원됐으며 생산물 중 일부를 영주에 바쳐야 했다. 영주는 농노를 철저하게 돈 버는 시스템으로 활용했다. 농노들 위에 군림함으로써 자신의 생활을 영위했다. 농노는 노예보다 조금 나은 계급이어서 영주가 마음대로 사고팔 수는 없었다. 하지만 철저하게 토지에 얽매여 있었다. 토지에 종속되어 거주에 대한 자유가 극히 제한됐다.

봉건 사회를 보면 계급이 평등을 갈랐다. 영주와 농노라는 평등하지 못한 계급이 존재했다. 이는 인간 평등에 위배되는 모순이었다. 이러한 모순을 극복하기 위해 자본주의가 태동했다.

자본주의를 냉철히 바라보자. 자본가와 노동자의 관계 속에 그 비밀이 숨겨져 있다. 노동자는 아무런 생산수단을 가지고 있지 않다. 자신의 노동력을 팔아서 임금을 받고 생활한다. 자본가는 생산수단이나 생산설비를 갖추고 노동자를 고용한다. 상품 제조와 판매로 이윤을 추구한다. 노동자의 임금은 생활할 만큼의 생활비다. 노동자는 노동력을 파는 사람이고 자본가는 노동력을 사는 사람이다. 가격을 통해서 노동력이 거래되며 파는 사람과 사는 사람의 입장이 다르다. 만약 노동자가 거대한 부를 이룰 가능성이 많다면 어떻게 될까? 자본주의는 붕괴된다. 결국 노동자는 자본가의 돈 버는 시스템의 일부다. 이 사실을 정확히 인식해야 한다.

부의 편중현상은 점점 심각해지고 있다. 소득과 자산의 양극화로 상위층은 돈이 남아 돌고 하위층은 생계를 해결할 수 없는 극도의 가난에 시달리고 있다. 역사는 인간의 발전상을 그대로 보여준다. 미래에도 지속적으로 발전할 것이다. 인간이 만든 제도, 인식, 기술에 모순을 찾아내고, 새로운 길을 제시할 것이다.

4차 산업혁명 시대, 변화가 많은 시기는 사회변동 현상이 빈번하다. 누구는 추락하고 누구는 신흥세력으로 떠오른다. 변혁기에 돈 버는 시스템이 중요하다. 변혁기는 불확실성이 높다. 그러나 분명한 역사적 사실이 있다. 돈 버는 시스템이 계층을 갈랐다. 새로운 시대는 많은 것을 변화시킨다. 관심을 갖고 돈 버는 시스템이 무엇인지 직시해야 한다.

CHAPTER 08

투자원칙부터 명확히 하라

나는 깜짝 놀랐다. 우리 집 건너편이 성당이었기 때문이다. 당시는 직장생활 초기였다. 함께 일하는 직원이 사무실에서 큰 소리로 외쳤다. "혹시 ○○동 성당 앞이 집인 사람 있어요?" 바로 집에 전화를 해봤다. 신호는 갔지만 아무도 받지 않았다. 휴대폰은 꿈도 못 꾸고 전화만이 유일한 통신수단이었던 시절이었다. 순간 아무한테도 확인 전화를 하지 않는 것이 좋겠다고 결정했다. 단순한 상황 전달은 전혀 의미 없다고 판단했다.

사무실을 빠져 나와 택시를 탔다. 어느새 같은 부서에서 일하던 입사 동기 친구도 옆에 앉아 있었다. 머릿속에 몇 가지 기억들이 떠올랐다. 오늘 아침 누나 집에 다녀오겠다는 어머니의 말씀도 기억났다. 형수한테 친정에 갔다 오라던 어머니의 얘기도 떠올랐다. 택시 안에서 분명 우리

집이 아닐 거라는 생각이 들었다.

레버리지, 제대로 알고 써라

'부채를 활용한 투자확대(Leverage)'는 정상적인 경우 수익률을 상승시킨다. 그러나 위기상황이 오면 부채는 모습을 바꾼다. 투자의 지렛대 역할이 침몰의 주범으로 돌변한다. 레버리지 전략에 주의해야 하는 이유가 여기에 있다. 투자의 대가 워런 버핏의 생각은 명확했다.

"부채를 사용해서 큰 부자가 된 사람도 분명히 있다. 그러나 부채를 사용하다가 알거지가 된 사람도 있다. 부채를 효과적으로 사용하면 이익이 확대된다. 배우자는 당신이 똑똑하다고 생각하고 이웃들은 당신을 부러워할 것이다. 그러나 부채는 중독성이 있다. 부채가 만들어준 이익을 한번 맛본 사람은 그 매력을 잊지 못한다. 우리가 초등학교 시절에 배웠듯이, 아무리 큰 숫자를 여럿 곱해도 그중 0이 하나라도 있으면, 답은 0이 된다. 역사를 돌아보면, 부채는 똑똑한 사람들이 사용하더라도 0을 만들어낸 사례가 너무 많다."

부채는 회사에 치명상을 입힐 수 있다. 흔히 부채가 많은 회사는 만기가 되면 다시 돈을 빌려 부채를 상환할 수 있다고 가정한다. 이 가정이 평소에는 타당하다. 그러나 회사에 문제가 생기거나 세계적 신용경색 사건이 발생하면 상황은 달라진다. 돈을 빌릴 수 없는 상황이 닥친다. 이때는 현금이 있어야만 부채를 상환할 수 있다. 회사들은 중요한 사실을 깨닫게 된다. 신용이 산소와 같다는 사실을 말이다. 산소가 풍부할 때 사람들은 산소를 무시한다. 당연히 항상 있을 것으로 착각한다. 그러나 산소가 부족해지면 사람들은 그 중요성을 느낀다. 신용도 마찬가지다. 신용을 조금만 잃어도 회사는 무너질 수 있다. 자금시장이 경색되면 상황은 달라진다. 아무리 신용이 좋아도 시장이 얼어붙으면 돈은 마르기 마련이다. 대출기간 연장이 힘들어지고 회사채 차환발행도 어려워진다.

실제로 2008년 글로벌 금융위기가 터지자, 세계 투자시장은 출렁거렸다. 그 많던 통화량이 자취를 감췄다. 시장 경색에 세계 경제가 하마터면 무너질 뻔 했다. 보통 때는 아무 문제 없던 대출도 위기 때는 뇌관 역할을 한다. 위험은 두 가지다. 첫 번째, 이자변동 위험이다. 자금시장 여건에 따라 대출이율 혹은 회사채 발행이율이 변동한다. 두 번째, 대출 연장 혹은 회사채 차환발행 가능 여부다. 자금시장이 경색될 때 대출 연장 혹은 차환발행이 아예 불가능해질 수 있다. 유동성 위기가 터지면 기업들은 쓰러진다. 부채가 많아 숨을 간신히 쉬고 있던 기업들은 더 이상 연명할 수 없게 된다.

금융기관은 상품 판매를 통해서 자금을 조달한다. 은행은 예금을 팔고 보험회사는 보험상품을 판다. 약정된 이자를 지급하고 사건이 발생하면 보험금을 지급한다. 금융기관 중 손해보험회사는 구조가 독특하다. 손해보험회사는 이자를 지급하지 않는다. 이자 대신 보험사고가 발생하면 사고보험금을 지급한다. 보험사고가 발생하지 않으면 수입보험료는 경과기간에 따라 회사 수익으로 잡힌다. 예를 들면 자동차 보험료 중 손해 부문 해당 보험료가 36만 5,000원이라고 하면 매일 1,000원씩 회사 수익으로 계산된다. 무사고 기간이 길어질수록 회사 수익은 확대된다. 만기가 돼도 사고가 없다면 해당 보험료 모두 회사 수익이 된다. 사고 발생 여부에 따라 회사의 수익성이 달라지는 것이다. 이자를 지급하지 않는 유일한 금융상품이 바로 일반 손해보험 상품이다. 부채는 부채인데 이자가 없는 부채다. 이것을 투자 도구로 적절하게 활용한 투자 귀재가 있다. 바로 워런 버핏이다.

워런 버핏은 보험회사 두 개를 소유하고 있다. GEICO는 손해보험회사이고, General Re는 재보험회사다. 재보험회사도 이자를 지급하지 않는다. 보험사고의 빈도와 심도에 회사 수익성이 달려있다. 사고가 발생하면 보험금을 지급한다. 재보험시장을 보면 투자시장과 유사하다. 대형 보험사고가 몇 년 동안 발생하지 않은 유연한 자금시장(Soft Market)이 되면 재보험회사가 요구하는 재보험 요율은 아주 낮아진다. 보험료 수준은 반 토막으로 떨어진다. 회사 간 경쟁이 치열해지기 때문이다. 활황의 주식시장을 생각하면 된다. 먹을 것이 별로 없는데도 재보험회사는 치열한 경쟁을 한다. 몇 개의 대형사고 발생은 시장을 경색시킨다. 보험 요율이 상승하고, 재보험을 받아주는 회사가 줄어든다. 재보험회사의 보험인수 전략은 명확하다. 거꾸로 하면 된다. 보험 요율이 상승하는 경색시장(Hard Market)에서는 보험 인수를 활발하게 하고, 경쟁 심화로 보험 요율이 낮아지는 시기에는 보험사고 인수 폭을 줄이면 된다. 그러나 실천은 쉽지 않다. 고객과의 거래 관계도 감안해야 한다. 그래도 이러한 인수전략을 꾸준히 적용시키면 재보험을 통한 수익확보 확률은 높아진다.

카드게임에서 돈을 따는 사람을 떠올려 보자. 잃을 때 조금 잃고, 딸 때 많이 따면 당연히 돈을 번다. 투자, 재보험 인수, 카드게임, 모두 원리는 동일하다. 예를 들어, 투자자가 돈 버는 확률 60%, 평균 수익금액 2억 원이고, 반대로 투자자가 돈 잃을 확률 40%, 평균 손실금액 1억 원을 유지하는 투자전략이라면 이길 확률이 높다. 투자의 핵심을 알고 있는 훌륭한 기법이 분명하다. 수익을 발생시키는 확률과 평균 수익금액을 더욱 높여야 한다. 반대로 손해를 발생시키는 확률과 평균 손실금액을 줄여야 한다. 이러한 상황을 계속 누적시키면 돈은 따라오게 되어 있다.

다시 내 얘기로 돌아가, 그날 따라 택시도 더디었다. 가는 길목마다 교통체증이 이만저만 아니었다. 힘겹게 집 근처에 도착했다. 동네 사람들이 골목을 메우고 있어 택시가 더 이상 들어갈 수 없었다. 사람들의 시선은 지붕 위로 고정돼 있었다. 소방차가 얼추 10대나 와있었다. 소방관들은 옆집에 불이 옮겨 붙지 않도록 집중해서 물을 뿌렸다. 우리 집은 보이지 않았다. 소망은 여지없이 비껴 나갔다. 불이 훨훨 타고 있었다. 우리 집 지붕은 다 내려앉았다. 지붕의 기와조각들이 어지럽게 바닥에 널려 있었다. 시꺼멓게 탄 벽과 기둥 몇 군데만 온전히 남아있었다. 로마시대의 문화재처럼 몇 개의 기둥과 벽만 버티고 있었다. 내 책상은 온데간데없이 사라졌다. 무너진 기와더미에서 절반 이상 타버린 통장도 발견했다. 가슴이 녹아내렸다. 어머니는 한숨을 내쉬었다. 경찰서에서도 사람이 다녀갔다. 경찰은 그 당시 상황을 자세히 물어 화재의 원인을 파악하고자 했다. 화재가 어디서 시작됐는지, 불길의 이동경로를 자세히 들여다 보았다. 기둥과 벽에 남아있는 불길의 흐름은 화재 이동경로의 결정적인 단서가 된다고 했다. 나는 화재 원인이 몹시 궁금했다.

매수가격을 낮춰라

지인은 매년 돈을 벌었다. 금고에는 5만 원권 지폐가 차곡차곡 쌓여 있었다. 한 차례의 실패도 없이 순조롭게 돈을 벌었다. 200~300평 정도의 토지를 확보하여 다세대 주택을 지어서 팔았다. 지인은 잘 아는 지역에서만 사업을 했다. 사업을 잘하는 비결을 물으면 웃으며 다음과 같이 말했다.

"침체기에 주식을 사면 매수단가를 낮추듯 나도 그렇게 해. 간단한 원리지. 투자는 돈으로 하는 것만은 아니야. 돈보다 더 중요한 투자는 시간으로 하는 투자지. 가끔 시장이 아작 나면 매도자는 힘들어 해. 충격에 빠지지. 이런 때 나는 바빠. 이런 시기를 이용하는 거야. 사업의 비결이라고 말할 것도 없지, 뭐."

지인은 단독주택의 경우 토지 매수단가를 확 낮출 수 있는 기회가 있다고 말했다. 나는 호기심을 갖고 기다렸다.

가치투자의 아버지 벤자민 그레이엄(Benjamin Graham)은 유명한 말을 했다. "투자자산의 취득 시 이미 성공 여부가 결정된다." 매수가격에서 안전마진(Margin of Safety)을 확보하면 주식이 20~40% 떨어지더라도 이미 마진 범위 안에 있기 때문에 손해를 피할 수 있다는 것이다. 이러한 기회는 시장이 주기도 하지만 본인의 지혜에 의존하는 경우가 더 많다. 좋은 회사를 선별해서 가치투자를 하려면 나름의 선별 기준이 있어야 한다. 앎과 모름에 대한 명확한 투자 태도의 정의는 중요하다. 본인의 지식에 과도한 자신감을 가진 사람은 위험관리 대상이다. 과거의 성공에 취해 실패를 두려워하지 않는 투자는 큰 손해를 야기할 수 있다.

투자의 성공은 '당신이 얼마나 많이 알고 있느냐'가 아니다. 당신이 '모르는 것을 현실적으로 어떻게 정의하느냐'가 더 중요하다. 당신이 아는 범위 내에서만 투자하라. 무지는 위험요소가 아니다. 그러나 투자를 실행했는데도 불구하고, 투자대상 회사의 이익구조와 사회추세 변화를 모르는 것은 큰 위험요소다. 중요한 것은 지식 범위가 아니라 지식의 한도를 얼마나 잘 정의하고 있느냐다. 사회추세로 회사의 수익성과 성장성을 읽어야 한다. 회사의 매출이 어느 지표와 연동되는지, 수익이 사회의 어느 추세와 관련 있는지를 살펴봐야 한다. '이런 추세를 보니 이 회사 잘 되겠구나'라고 알아채야 한다.

빅픽처 '아는 척'이 가장 위험하다

지식의 범위가 중요한 게 아니다. 모르는 사항에 대한 정확한 관리가 핵심이다. 무지는 절대 위험요소가 아니다. 지식의 한도를 정확히 정의하는 것이 핵심이다.

투자자가 전통적인 산업을 선호하는 이유

투자자는 컴퓨터회사보다 굴뚝산업을 선호한다. 그 이유가 무엇일까? 컴퓨터가 산업의 중요한 역할을 하면서 시장이 급변하고 있다. 1900년대 전화나 라디오가 미국 인구의 25% 수준에 보급되는 데 30년이 걸렸다. 1980년대 개인용 컴퓨터가 인구의 동일 수준, 즉 25%까지 보급되는 데 18년이 걸렸다. 인터넷이나 휴대폰은 10년 이내로 단축됐다. 그만큼 소비시장이 급변하고 있음을 의미한다. 향후 산업이 어떻게 변화할 것인지 예측하기는 싶지 않다. 과거 어떤 기업의 시장 점유율이 50%일 경우, 이 추세는 쉽게 붕괴되지 않았다. 지금은 그렇지 않다. 산업과 기업의 경쟁력도 시류에 급변한다. 굴뚝산업이 좋은 이유가 여기에 있다.

IT산업은 어떻게 시장이 변할지 예측하기 쉽지 않다. 굴뚝산업은 IT 산업과 다르다. 변동성이 그렇게 크지 않다. 전통적인 석유화학은 향후 IT산업만큼 성장 폭이 크지 않다. 대신 사업구조와 형태가 급변하거나 혁신적인 방향으로 변화하지도 않는다. 투자자 입장에선 변동성이 큰 산업은 투자위험도 크다고 본다. 이것이 안정적인 산업을 선호하는 이유가 된다.

그렇다면 현재 애플과 삼성전자가 시장을 장악하고 있는 휴대폰을 보자. 현재는 휴대폰을 들고 다니는 것이 일반적인 형태다. 그렇지만 향후 어떻게 바뀔지 아무도 모른다. 옷처럼 입고 다닐 수 있고 머플러처럼 둘둘 말아서 다니는 형태도 가능하다. 모자처럼 쓰고 다닐 수도 있다. 완장처럼 차고 다니는 것은 어떠한가? 이 모든 변화는 사회추세와 관련 있다. 이를 읽지 못하면 시장에서 도태된다. 만약 사회추세에 부응하기 위해서 엄청난 투자를 했는데 시장의 주목을 받지 못한다고 생각해보자. 새로운 사회추세는 산업이 재편되는 효과를 낳는다. 기존의 시장점유율은 모두 의미가 없고 새롭게 시장이 재편된다. 이것이 IT산업이다. 방향의 흐름이 일순간에 바뀔 수 있다.

현재 IT산업의 경우, 두 가지에 의해 시장이 재편될 수 있다. 첫 번째는 신기술의 등장이다. 신기술은 소재, 기술의 융합, 다양한 측면에서 발생할 수 있다. 4차 산업혁명과 맞물려 어느 방향으로 기술이 진화할지 아무도 예측할 수 없다. 두 번째는 소비 측면에서 발생하는 변동이다. 미래 세대는 예전 세대와는 많이 다르다. 소비의 형태도 큰 변동이 일어날 수 있다.

보험회사는 전통적인 금융산업이다. 투자의 시각으로 이 산업을 분석하면 시간가치를 수익화한 사업이다. 보험계약은 일정한 보험사고가 일어나면 사고보험금 청구권을 고객에게 부여한다. 청구권은 정액으로 책정될 수도 있고, 실제 발생한 치료 혹은 수리금액이 될 수도 있다. 청구권은 고객이 행사하는 권리다. 또한 손해를 복구할 수 있는 권리이기도 하다. 청구권의 행사를 통해 고객은 사고를 수습하고 보험회사는 부채를 청산한다.

앞서 청구권은 권리의 행사라고 말했다. 기존 이자 개념과는 다르게 접근해야 한다. 보험가입자는 매도청구권(Put Option) 행사를 통해서 손해 금액을 복구한다. 반대로 보험회사는 사고에 대해 책임을 부담한다.

천천히 따져 보자. 매도청구권(Put Option) 행사가 무엇일까? 이는 자동차 사고로 고장 난 차량금액을 보험계약 시 약정한 금액으로 다시 산다는 말과 동일하다. 1,000만 원 가량의 사고가 발생하여 차량금액이 2,000만 원으로 하락해도, 원래 가격 3,000만 원으로 자동차를 매수해야 한다. 고객이 매도청구권을 행사하면 회사는 반드시 매도를 수용해야 한다. 보험회사는 사고수리비를 지급하고 매도청구권에 따른 부채를 청산한다.

한편, 시간이 경과함에 따라 보험회사는 돈을 벌고 고객은 돈을 잃는다. 매도청구권의 매도는 시간 경과에 따라 돈을 번다. 매도청구권 거래가 성립되기 위해서는 한쪽이 청구권을 매도하고, 상대방은 매수하는 거래를 약정해야 한다. 이때 계약의 증표로 주고받는 것이 청구권에 대한 옵션가격(Premium)이다. 보험계약도 옵션가격을 주고받음으로써 성립한다. 보험회사와 보험계약자가 주고받는 것을 '보험료'라고 한다. 옵션가격과 보험료는 영어로 동일하다. 똑같이 Premium이라고 쓴다. 한쪽은 옵션가격이라고 읽고 다른 쪽은 보험료라고 읽는다. 즉, 보험계약은 옵션계약이다. 한쪽은 옵션을 팔고 한쪽은 구입하는 것이다.

빅픽처 대주주와 투자자의 최대 공포는 무엇일까?

기존 대주주 : 회사 업종이 사라질지 모른다는 우려다.
이를 대비해 다각화에 집착한다.

신규 투자자 : 소지 현금이 감쪽같이 사라질지 모른다는 공포다.
신규투자처를 강박적으로 추적한다.

시간, 돈을 벌어준다

보험회사는 시간의 경과가 회계적으로 중요하다. 수입보험료를 다 수익으로 잡지 않고 '경과보험료'와 '미경과보험료'로 구분한다. 1만 원을 받았다 하더라도 시간이 경과된 부분만 회사 수익으로 인식한다. 경과하지 않은 부분은 '미경과보험료'로 적립한다. 고객의 청구권이 남아있는 기간만큼 '미경과보험료'로 구분하여 준비금을 적립한다. 여기에 보험회사의 비밀이 숨겨져 있다. 정액으로 사고보험금을 책정하는 경우, 경제성장률이 높을수록 고객에게 불리하다.

생명보험은 장기계약이 대부분이다. 어떤 경우는 사망보험금 3,000만 원을 30년 혹은 40년 후에 지급한다. 보험료 납부가 끝나고 거치기간을 갖기도 한다. 화폐가치는 성장률만큼 지속적으로 감소한다. 동일한 금액이라도 현재 3,000만 원과 30년 후의 3,000만 원은 실질가치 측면에서 완전히 다르다. 개발도상국에서 생명보험회사가 돈을 버는 이유다.

성장률이 높으면 정액보험금의 실질적 가치는 지속적으로 하락한다.

고객은 이미 상당 기간 이전에 보험료를 납부했다. 보험사고가 발생했을 때 받는 보험금은 상당 기간 후 화폐의 실질가치가 하락했을 때 수령한다. 보험계약자 입장에서 그 많은 납입보험료가 다 어디 갔는지 질문하는 이유가 여기에 있다. 여기서 우리는 알아야 한다. 보험회사는 시간으로 돈을 버는 산업이라는 사실을 인정해야 한다.

보험상품은 원래 소멸성 형태가 원조다. 장기 환급금이 있는 보험상품은 모두 일본에 기원을 두고 있다. 일본은 지진과 같은 자연재해 때문에 보험산업이 발달돼 있다. 보험회사는 보험사고 청구권에 해당하는 보험료 규모로는 은행을 따라잡을 수 없기 때문에 전략적 접근이 필요하다. 장기저축성 보험상품으로 금융시장을 침투해야 보험산업이 커질 수 있다. 보험에 저축의 개념을 부가하여 은행과 경쟁하는 것이다. 이렇게 탄생한 것이 장기저축성 보험이다. 장기저축성 보험상품은 이제 변액보험으로 외연을 확대했다. 저축에 투자를 겸비한 상품으로 전환됐다.

이런 상품이 개발된 이유는 간단하다. 보험전문가는 변액보험 등장 이유를 간단히 도식화했다. 장기보험의 경우, 운용을 잘못하면 역마진이 발생하기 쉽다. 이런 사유가 변액보험 개발 배경이다. 보험계약자를 위해서 도입된 상품이라고 보기에는 한계가 있다. 회사가 부담하는 '이자폭탄'을 보험계약자에게 이전하기 때문이다. 아니라고 생각하는가? 그럴 수도 있다. 투자성과를 고객에게 직접 돌려준다는 개념으로 포장되지만, 자세히 보면 함정이 있다. 상품개발 동기를 보면 많은 것들이 보인다. 혁신적인 상품이라고 말하지만, 회사 입장에서 혁신인지, 보험계약자 입장에서 혁신인지 정확히 따져봐야 한다.

생명보험과 장기보험을 저축 혹은 투자의 개념으로 월급의 40~50%를 저축하는 사람들이 있다. 보험은 본연의 역할에 충실한 상품이 좋다. 사고가 발생할 때 보상해주는 소멸성 상품이 전통적인 보험상품이다. 투자와 저축은 별도의 개념으로 가져가는 것이 올바른 금융기관 활용법이다. 보험상품은 10년 만기 시 비과세 혜택을 준다. 이런 기능은 보험계약자한테 획기적인 혜택이다. 이를 잘 이용하는 것은 대단히 중요하다.

투자원칙의 실행

화재는 우리 가족의 둥지를 일순간에 파괴시켰다. 동사무소에서 담요, 라면박스 등을 가지고 왔다. 경찰에게 나는 물었다. "화재 원인 조사결과가 언제 나올까요?" 조사결과가 궁금했다. 이웃사람들은 음식이며 이부자리며 당장 필요한 것들을 가지고 왔다.

은행으로 불이 났다고 연락한 사람은 어머니와 알고 지내던 이웃이었다. "OO동 성당 앞이 집인 직원 있어요? 아이구 어쩌나, 지금 직원 집이 불이 났어요. 집에 아무도 없는데." 놀란 마음에 다짜고짜 은행에 전화를 했을 것이고, 은행 인사부를 통해 조사부에서 일하던 나에게 연락이 닿은 것이다. 이러한 나의 경험을 아무 것도 아닌 하나의 사건으로 생각하는 사람이 있다. 그러나 그렇지 않다. 당사자는 생각 이상의 아픔을 느낀다. 인생이 원래 그렇다.

지인은 어느 날 술자리에서 어렵게 입을 열었다. "성남에서만 집을 지어 파는 이유는 주택시장 동향을 성남만 알기 때문이다. 모르는 지역으로의 사업 범위 확대는 나의 투자원칙에 위배된다. 토지의 매수는 원가 측면에서 중요하다. 토지 원가를 줄이기 위해 주로 시장의 침체기를 활용하지만 보유기간이 늘어나는 문제점이 있다."

그는 매도자의 가슴 아픈 사건을 역으로 이용하면 돈이 된다고 했다. 부부가 이혼을 결정할 때, 큰 토지를 보유한 단독주택이 시세보다 훨씬 낮은 가격으로 매물로 나온다고 했다. 기다리면 시간이 돈을 벌어준다고 했다. 불이 난 경우에는 일석이조다. 토지도 저렴하게 살 수 있을 뿐만 아니라 민원도 동시에 해결할 수 있기 때문이다.

경찰은 화재원인을 누전으로 추정했다. 화재가 난 다음날, 부장님은 나에게 좋은 제안을 했다. 대학 선배이기도 했으니 각별하게 나를 대했던 것 같다. 화재가 난 곳에 다세대 주택을 건축하자는 것이었다. 대출은 걱정하지 말라고 했다. 본점에서 대출승인을 내려줄 테니까 집 근처 가까운 지점에서 대출을 받으라는 것이었다. 그 당시 일반인이 대출받기는 쉽지 않은 상황이었다. 1987년 시장금리는 10%가 넘었다. 은행의 대출금리는 한 자리 숫자였다. 나는 그 당시 다세대 주택 사업을 하기에 나이가 너무 어렸다. 어머니도 화재가 난 이후 몸이 많이 안 좋으셨다. 경험하지 않아도 될 일을 겪은 아픔이 온 가족을 우울하게 했다. 1987년 겨울, 우리는 다세대 주택 건축업자한테 토지를 매각했다. 누군가의 투자원칙 실행으로 거래는 이뤄졌다.

빅픽처 시간이 곧 돈이다

시간이 돈 벌어주는 사업 : 보험사업

누적시간을 돈으로 거래하는 행위 : 회사 M&A

투자대상 가격하락을 촉진하거나 기다리는 행위 : 투자원칙의 실행

CHAPTER 09

투자자 시각으로 일상을 보라

결단의 순간이었다. 지난 세월들이 주마등처럼 머릿속을 스쳤다. 확신은 들었지만 그래도 모른다는 의문이 있었다. 여기서 쭉 미끄러지면 원금 밑으로 갈 수도 있었다. 매물에 자꾸 눈이 갔다. 매물이 증가하니 가격은 쭉 미끄러졌고 파란색으로 전환됐다. 파란색은 더 이상 긍정의 색깔도 희망의 색깔도 아니었다. 예전부터 그는 붉은색이 좋았다. 붉은색을 보면 가슴이 뛰었다. 황소가 눈을 치켜세우며 저돌적으로 달려 가듯이 인생도 그런 게 아닐까? 붉은 천이 멀리서 펄럭거렸다. 잠시 눈동자가 흔들렸다. 주식이 오를 거라는 것에 모든 것을 걸었다. 방향이 틀리면 모든 것을 잃을 수도 있었다.

개인투자자가 돈을 잃는 이유

개인투자자는 한꺼번에 많은 것을 잃을 수 있다. 투자방법에서 기관투자자와 많은 차이가 있기 때문이다. 기관투자자는 개인의 능력을 신뢰하지 않는다. 심리적 오류나 투자방법에서 인간의 약점을 보완하는 내부규정을 둔다. 상당수 자산운용회사 혹은 기관투자자들은 예를 들어 주식을 매입한 후 30% 이상 하락하거나 코스피보다 20% 이상 부진할 때는 무조건 매도하라는 손절매 규정을 두고 있다.

반면 개인투자자는 어떠한가? 매입한 주식이 계속 빠지더라도 장기보유를 선택한다. 개인은 '원금에 대한 미련' 때문에 원금이 50% 손실이 나더라도 손절매하기가 쉽지 않다. 손해를 보면서 팔기는 싫고 그대로 안고 간다. 소위 '비자발적 장기투자자'가 되는 일이 잦아진다. 외국인이나 기관들은 그렇지 않다. 그들은 심리적 편향에서 상대적으로 자유롭게 의사결정을 한다. 일부 종목에서 손실이 나더라도 매도를 감행한다. 지속되는 손실을 잘라낸다. 새로운 투자기회를 찾는 것에 집중하기 위해서다. 투자 성공 확률이 올라갈 수밖에 없다.

일반적으로 주식종목을 선택할 때 두 가지 전략적 접근방식이 있다. 접근방식의 장단점을 분명하게 알고 있어야 한다. 거시적 경제상황을 감안할 때 향후 주가가 상승할 수 있는 산업을 선택하고, 산업 내에서 저평가돼 있는 주식을 골라낸다. 이러한 전략을 하향식 방식(Top-down Approach)라고 한다. 반대로 상향식 방식(Bottom-up Approach)은 무엇일까? 좋은 기업을 골라낸다. 리서치를 통해 추천 받을 수 있다. 종목의 잠재력을 듣고 현장방문을 통해 검증한다. 산업분석과 외부적인 환경을 검토한 후 투자를 결정하는 방식이다. 외환시장 혹은 금리변동의 노출에 따른 회사의 세밀한 민감도를 분석한다.

예시를 통해서 보면 더 이해하기 쉽다. 향후 경제동향을 분석해볼 때 물가상승에 대한 압박이 생기면 기준금리가 인상될 가능성이 크다. 이런 상황에서 주가가 오를 수 있는 종목은 금리상승에 따른 은행이라고 간단하게 말할 수 있다. 은행은 금리가 오르면 대출과 예금의 순이자마진이 상승하면서 수익이 증가한다. 주가의 방향도 동일하다. 기준금리 인상으로 은행의 수익성이 개선되고 주가를 상승시킨다. 금리상승에 의한 수혜산업을 은행이라고 판단하고 내재가치 대비 저평가된 특정 은행을 골라낸다. 보험회사도 수혜 업종이다. 보험회사의 경우 보유계약에 부리(附利)하는 금리 종류 및 수준에 따라 그 효과는 천차만별이다. 수익성이 악화되는 회사도 있다.

상향식 접근방식은 종목을 선정하는 방식이 다르다. 예를 들어, 바이오 분야에서 정부의 정책적 지원을 다양하게 추진하는 상황이다. 개별 종목을 추천받았을 때, 펀드매니저는 그 종목을 자체적으로 분석한다. 종합주가지수가 변할 때 변동성은 어떻게 되며, 재무제표에 따른 내재가치는 얼마라고 판단한다. 그런데 바이오 산업의 환경을 볼 때 신약 개발에 소요되는 시간을 견딜 수 있는 자금력은 필수다. 신약 개발의 성공 여부가 회사의 존립을 좌우한다. 신약 개발 포트폴리오와 공장 설립 상황은 다음과 같았다.

- 동물실험 독성시험 단계 중인 신약 3개, 인체실험 단계 중인 신약 4개, 미국 식품의약국(FDA) 최종 승인 단계 신약 2개 및 한국과 유럽 당국의 승인에 각각 3개 신약을 신청 대기 중.
- 양산을 위한 공장 설립을 마치고, 한국의 식품의약품안전처로부터 우수 의약품 제조 및 품질관리기준(KGMP) 승인을 받음.

현재 매출은 신약 개발을 모두 마친 1개 신약이 유럽과 미국시장으로 판매되는 금액이다. 한국과 유럽 당국의 최종 승인을 기다리고 있는 각각 3개의 신약으로부터 막대한 계약이 체결되고 있어 잠재적인 성장가능성은 높아 보인다. 펀드매니저는 최종적으로 이런 모든 회사 상황을 감안하더라도 내재가치 대비 높게 평가됐다는 판단을 내릴 수 있다. 바이오 열풍으로 가격이 급등한 최근 열기도 감안하여 매수를 당분간 보류한다. 회사의 부정적 소식으로 30% 정도 조정받을 때 다시 생각해보기로 한다. 이러한 방식이 상향식 접근이다.

상향식 투자방식의 한계

오랜만에 만난 지인의 눈동자는 붉게 충혈돼 있었다. 나는 순간 그가 투자한 주식종목을 직감적으로 생각해냈다. 요새 시장에서 매수세와 매도세가 싸움을 하고 있는 종목이었다. 변동폭이 하늘과 지옥이었다. 그래도 추세는 있었다. 지인은 주식투자를 통해 많은 돈을 번 경험이 있었다. 투자에 대해 나름의 비밀병기를 가지고 있는 중소기업 CEO였다. 나에게는 고객이기도 했다. 그가 대주주이자 대표로 있는 회사 상장을 추진하고 있었다. 만나는 횟수가 많아지면 서로 숨김이 없어진다. 더구나 상장업무를 하기 위해 주관회사는 회사에 대한 실사(Due Diligence)를 한다. 실사를 하면 회사의 모든 것을 알게 된다. 대주주의 개인적인 사항도 파악해야 한다.

상향식 투자방식을 쉽게 생각할 수 있다. 저평가된 주식을 싸게 사서 시장이 좋아질 때 비싸게 팔면 그만이라고 생각하는 사람이 있다. 그러나 이것은 패망의 지름길이다. 상향식 투자방식을 사용할 때 반드시 기억해야 하는 원칙이 있다. 내수나 소비재 산업에서는 상향식 투자방식이 효과를 볼 수 있지만 모든 산업에 적용하는 것은 위험하다.

사례를 보면 더욱 명확하다. 유망한 해외기업이 한국시장을 치고 들어왔다. 이 해외기업은 차별적 기술력을 보유한 우수한 회사라고 정평이 나 있었다. 해외기업의 한국진출로 모 국내기업은 부정적 영향에 휩싸인다. 매출액과 수익성이 추락한다. 회사 간 경쟁력 차이가 심해질수록 수익성과 성장성이 급락한다. 국내기업의 작년 주당순이익이 2,000원인데 현재 주가가 1만 원이라면 주가수익비율(PER)은 5배에 불과하다. 주가수익비율은 주가를 주당순이익으로 나눈 값이다. 현재의 1주당 주식가격이 몇 년의 주당순이익을 모아야 하는지를 투자자 입장에서 보여준다. 작년 말 코스피지수의 PER가 9배였으나 현재 가격이 5배로 쭉 빠졌다면 어떠한가? 가격이 저평가돼있다고 볼 수 있는가? 회사의 저가 매력에 끌려 주식을 매수했다고 하자. 어떻게 될까? 주식시장은 나름 공개된 정보에 의해 효율적으로 움직이다. 시장참여자의 합리적 판단에 근거해 균형가격을 형성한다. 학자들이 주식시장을 효율적 시장으로 간주하는 이유다. 이런 기업이라면 장래 외국계 기업과의 경쟁에서 완전히 도태돼 도산할 위험도 있다. 아마 이런 위험을 정확하게 분석할 수 있는 사람은 산업에 종사하는 사람만 가능하다. 상향식 투자의 달인도 첨단기술 종목 매수의 경우 혹은 산업내용이 명확하지 않은 기업은 투자를 아예 기피했다. 왜 그랬을까? 그 이유를 알아야 한다.

상향식 투자전략은 새로운 규제나 경쟁자 출현 가능성이 낮은 내수 및 소비재 산업에는 효과적이다. 하지만 수출 관련 산업이나 기술혁신이 빠르게 이루어지는 산업은 한계가 있다. 수출 기업의 경우 세계적 경기 상황에 민감하다. 단순히 개별기업에 대한 분석만으로 부족하다. 경쟁자 분석을 통해서 해당 기업이 보유하고 있는 기술력을 평가해야 한다. 기술력이 기업의 경쟁력이기 때문이다. 경쟁력이 주가의 방향을 결정한다. 경쟁력은 항상 물과 같아서 계속 흐른다. 오늘의 경쟁력과 내일의 경쟁력은 다르다.

빅픽처 주가의 또 다른 시각

주가가 오르는 회사 : 숨은 가치 > 공개가치
주가가 내리는 회사 : 숨은 가치 < 공개가치

하향식 투자방식이 유리할 때

중소기업 CEO인 고객은 종목 선정에서 차별적이었다. 정확히 아는 종목만 투자했다. 그의 접근 방식을 굳이 분류하자면 상향식 방식이었다. 생활하면서 알게 된 종목을 적절한 방법으로 관찰하다가 검증이 끝나면 행동으로 옮겼다. 그의 회사는 H자동차회사 부품 납품을 시작했다. 그는 회의에 참석하기 위해 양재동 본사를 방문했다. 빌딩에는 자동차회사 깃발 두 개가 나란히 휘날리고 있었다. 회의장소를 찾다가 우연히 찾은 통합기획실에서 두 자동차회사의 주가를 보았다. 차이가 너무 심했다.

주가수익비율과 주당순자산비율에서 두 회사는 분명히 달랐다. 주당순자산비율은 현재주가를 주당순자산으로 나눈 값으로 회사의 자산이 얼마나 활동적으로 수익을 창출하는지 보여준다. 그 당시 대규모 투자를 감행한다는 소식도 들려왔다. 고객은 일을 마치고 집으로 돌아오는 길이었다. 머릿속에서는 투자에 대한 생각이 떠나지 않았다. 주식가격은 기업실적의 거울에 불과했다. 실적이 좋으면 주가는 오르는 법이다. 거대한 신규 투자는 초기 2~3년 동안 감가상각비로 막대한 비용을 부담할 것이 분명했다. 비용의 증가는 이익률의 악화를 초래할 것이다. 3년 이후에는 재무적 지표의 개선효과가 나타날 것이다. 매출이 가시화될 가능성도 있었다. 투자이론에서 분산투자가 투자자산의 변동성을 감소시킨다고 했다. 맞는 말이다. 하지만 좋은 투자처가 생기면 실천하기 쉽지 않았다. 이론과 현실은 달랐다.

고객은 결심했다. 두 브랜드가 차별적 성장을 도모할 것이라고 확신했다. 감독원의 DART(기업공시 사이트)에 들어가서 공시자료를 훑어 보았다. 많은 투자를 해왔지만 지금처럼 확신이 든 적은 없었다. 그는 K자동차를 선택했다.

K자동차는 1998년 IMF 외환 위기 때 부도를 당했다. 채권단은 급기야 K자동차 매각을 결정했다. 공개입찰을 통해 인수회사를 선정했다. 대우, 삼성, 포드는 고배를 마셔야 했다. H자동차회사가 K자동차 인수에 성공했다. 2년 후인 2000년, 그룹 내 경영권 분쟁으로 현대그룹으로부터 분리됐다. 현재 H자동차그룹은 완성차 제조와 판매에 필요한 철강·부품 등 완벽하게 수직계열화에 성공한 그룹이다. 그룹의 분리와 통합의 수혜를 K자동차가 볼 것이라 확신했다.

하향식 투자전략은 인구구조, 인플레이션, 경상수지, 세계의 경기변동 등 거시경제 요인을 분석한 다음 개별산업으로 내려간다. 경기의 변동성이 큰 한국의 경우, 세계 및 한국 경제의 여건을 충분히 고려하는 하향식 접근이 반드시 필요하다. 무엇보다 하향식 투자는 거시경제 요인을 적절하게 분석하는 것에서 출발한다. 투자자 입장에서는 서로 반대 방향으로 움직이는 자산에 적절하게 분산투자를 함으로써 안정적인 수익률을 얻을 수 있다. 소위 포트폴리오 투자를 지향하는 것이다. 하향식 투자전략은 회계지식이 깊지 않은 투자자들도 쉽게 접근할 수 있다. 개별종목 매매보다는 업종이나 전체 시장에 대한 투자를 기본으로 하기 때문이다.

한국은 경제구조 특성상 투자하기 쉬운 나라가 아니다. 땀 흘려 일해 번 돈을 지키기도 쉽지 않다. 주식시장이 너무 많은 요소에 의해 움직이기 때문이다. 자칫하다가는 빈번한 경제 위기로 큰 손실을 볼 수 있다. 한국은 경기변동폭이 크다. 작은 외부요인에 의해 그 변동폭은 크게 나타난다.

한국 경제는 무엇보다 환율 변동 위험에 늘 노출돼 있다. 내수보다 수출비중이 훨씬 높아서 환율 변동에 취약한 경제구조를 가지고 있다. 선진국 경제에 불황이 닥치면 경기가 더욱 하강하며 얼어붙는다. 주식시장은 폭락한다. 환율은 급등 혹은 급락 상황이 되풀이된다. 한국 경제의 특성상 1997년 외환위기, 2000년 정보통신(IT) 버블 붕괴, 2003년 카드 사태, 2008년 세계 금융위기와 같은 경제위기를 반복적으로 겪을 가능성이 크다.

반면, 미국을 보자. 미국 투자자들은 달러가 기축통화이므로 외환시장의 충격에 대해 고민할 이유가 없다. 외환위기가 단독으로 초래되지 않는다. 미국에서 문제가 발생하면, 세계가 요동친다. 이번 2008년 세계 금융위기를 보자. 미국은 무한정 달러를 발행해 위기를 극복했다. 우리나라는 달러를 발행할 수 없다. 달러가 부족하면 외환위기를 겪어야 한다. 외환이 주는 한국 투자시장의 변동성은 너무 크다. 환율에 대한 변동성을 감안한 전략은 하향식 접근이 유리하다.

상장실사에서 발견된 치명적 약점

상장실사 과정에서 치명적인 약점이 발견됐다. 3년 전 10% 지분을 보유 중이던 임원이 급히 자금이 필요하다고 했다. 최대주주인 고객은 그 임원의 편의를 위해 주식을 액면가로 사줬다. 사준 것이 문제가 됐다. 2년이 흘렀지만 치명적이었다. 최대주주는 세금폭탄을 맞을 것이 분명했다. 이 사실을 그대로 말하면 상장보류가 아닐까? 해결방안을 고민해야 했다. 상장을 보류하면 이제까지 소요된 비용은 증권회사 입장에서 매몰비용이었다. 수익은 고사하고 직원 인건비로 돈을 낭비하고 있는 형국이었다. 이 문제만 해결되면 상장은 무난해 보였다. 현재 회사는 H자동차회사의 부품 납품업체로 선정된 후 수백억 대의 순이익을 달성하고 있다. 매출액 성장률, 수익성, 지속가능성, 회사내부 통제시스템도 안정적이었다. 10% 지분 거래가 유일한 문제였다. 나는 방법을 찾아야 했다.

수백억 대 순이익을 실현하는 회사를 액면가로 넘겼으니 세무당국에서는 증여의제로 볼 것이 분명했다. 왜냐하면 상장 전 5년 이내 특수관계 간의 주식거래로 인한 이익은 '증여'에 해당하기 때문이다. 그 당시 임원을 도와주려고 했던 것이 화근이 됐다. 현금이 급하게 필요하다고 도움을 요청해 임원의 주식을 사주었다. 사실대로 말하면 상장을 포기할 수 있었다. 나는 대안을 찾아야 했다. 상장 시 대주주 보유 구주를 매출하는 방법도 있었다. 하지만 권할 만큼 좋은 대안은 아니었다. 구주매출은 분명 대주주의 현금확보 수단이었다. 확보된 현금으로 증여세를 내면 그만이었다. 그럼 상장공모 시 구주매출에 대한 설명이 궁색해졌다. 공모에 참가하는 주주에게 구주매출 사유를 궁색하게 설명해야 했다. 반문할 수 있다. "왜 대주주가 파는 주식을 우리가 사야 하느냐?" 사실대로 대답하면 그만이었지만 문제는 시장에 주는 신호였다. 좋은 회사를 나쁜 선입견으로 내몰리게 하고 싶지 않았다. 부정적 영향으로부터 차단하고 싶었다. 완벽한 대안은 없었지만 그래도 결정해야 했다.

중소기업 CEO인 고객의 주식투자 접근법은 분명 상향식 방법이었다. 생활 속에서 종목을 선택하고 분석했다. 그리고 투자를 단행했다. 매도 시기를 저울질하여 미련 없이 던지는 것으로 투자를 종결했다. 이번에도 유사한 방식으로 접근했다. 투자가 항상 성공하는 것은 아니었다. 주식 투자의 성과는 누구도 장담할 수 없다.

나는 더 이상 미룰 수는 없었다. 적당한 시기에 올바른 방법으로 얘기를 하는 것이 비즈니스의 철칙이었다. 돌려 말하지 않았다. 상황을 설명하고 대안에 따른 장단점을 간단히 설명했다. 고객의 얼굴에 회심의 미소가 스쳐 지나갔다. 잠깐 바닥을 보더니 두툼한 그의 입술이 벌어졌다. 양쪽 입가를 쓸어 내리며 입을 열었다. "주머니에 돈 있는 거 어떻게 알았지?" "역시 증권회사라 돈 냄새 맡는 데는 귀신들이야. 돈이 주머니에서 1주일을 못 넘기네." 그는 파안대소를 했다.

그날 밤 그는 많은 얘기를 거침없이 쏟아냈다. K자동차에서 3배 수익을 번 과정을 실토했다. 깊은 밤, 흥은 가실 줄은 몰랐다.

앞서 말한 내용을 다시 요약해보자. 상향식 투자방식은 기술 중심과 수출주도형 기업을 평가할 때 치명적인 약점이 있다. 주가수익비율(PER)

은 현재주가/주당순이익 혹은 시가총액/회사순이익으로 산출한다. 회사의 순이익 대비 주가의 배수를 비교하는 지표로 활용된다. 회사의 미래 성장률과 순이익 창출 능력에 따라 PER가 다르다. 회사와 산업마다 다르다.

주당순자산비율(PBR)은 현재주가/주당순자산 혹은 주당시장가격/주당장부가치로 산출한다. 회사의 시장가격과 장부가치의 괴리 정도를 평가하는 지표다. 회사 자산의 효율적 이용도 및 제품의 경쟁력이 서로 상이하여 회사마다 PBR이 다르다.

빅픽처 　기업 M&A 관련 주식투자 핵심

통상적인 수익 : 상장 중소기업이 그룹으로 편입되는 경우 중소기업이 수혜주

핵심적인 수익 : 편입된 회사의 주가는 그룹 내 향후 역할에 따라 엄청난 차이로 달라짐

CHAPTER 10

경기변화를 감각적으로 느껴라

박쥐처럼 거꾸로 매달리고 싶었다. 매달리면 진통은 보란 듯이 사라졌다. 사무실 동료들은 수군거렸다. 일순간에 나는 모든 것을 잃었다. 가만히 서 있다가도 너무 아프면 다시 매달려야 했다. 나는 늘 큰소리쳤다. "인생은 몰입의 구성으로 이루어져 있지!" 몰입을 하면 거기에 묻혔다. 책을 읽는 것도, 보고서를 쓰는 것도, 몰입의 작은 단위라고 큰소리쳤다. 몰입하는 동안 나의 몸은 점점 사라지고 있었다.

직장인들은 사무실에 온종일 앉아 있는다. 10년이 넘었을 때 신호가 왔다. 나의 오래된 습관이 문제가 됐다. 앉아서 무슨 일을 하면 거기에 완전 빠져 책상 위 전화기가 아무리 울려도 모를 정도였다. 옆의 동료가 알려줘 겨우 전화를 받은 적도 있었다. 화장실 가는 일 혹은 점심 먹는 일 빼고는 자리에서 일어나지 않았다. 그러한 생활습관은 한방에 나를 쓰러뜨렸다. 어느 날 보고서를 마무리하고 조금 여유가 있을 때였다. 허리 통증이 심하게 느껴졌다. 다리가 당기면서 걷기가 불편했다. 회사 근처 병원에서 진찰을 받았다. 의사는 당장 입원하라고 처방했다. 디스크라고 했다. 의학적인 용어로 척추 원반 탈출증.

핵심지표를 파헤치다

허리는 몸에서 핵심적인 역할을 한다. 골격과 장기를 온전하게 지탱한다. 경제에서 허리에 해당하는 것이 무엇일까? 경제주체는 기준금리에 기대어 의사결정을 한다. 중앙은행은 경기가 침체국면일 때 기준금리를 낮게 조정한다. 통화량이 확대되면 금리가 낮아진다. 반면 경기가 너무 활황이어서 부작용이 우려될 때 어떻게 하는가? 경기를 진정시키기 위해서 기준금리를 인상한다. 기업의 생산활동과 투자를 줄이도록 유도한다. 기준금리를 올리지 않고 방치하면 경기가 하강할 때 침체기가 장기화된다. 원활한 경기순환이 저해된다.

금리는 돈의 값을 말한다. 금리가 높으면 돈 구경하기가 힘들다. 금리의 종류는 여러 가지가 있다. 중기, 장기, 단기, 국고채, 회사채금리 다양하다. 이 중 가장 중요한 것은 기준금리다. 기준금리는 한국은행과 은행 간 자금을 거래할 때 적용한다. 모든 금리의 기준이다. 중앙은행과 은행이 거래할 때 주로 환매조건부 채권(Re-purchase Agreement)의 매수나 매각방법을 사용한다. 환매조건부 채권은 채권소지자에게 만기 이전 일정기간 경과 후 채권을 다시 매수한다는 약정을 통해 계약이 성립된다. 통화량이 많을 경우 중앙은행은 환매채권부 채권을 매도한다. 반대로 통화량이 적을 경우 환매조건부 채권을 매수한다. 매수를 통해서 통화량이 확대된다.

기준금리 제도는 국내 통화량의 적절한 유지와 관리에 절대적 역할을 한다. 적정 통화량 관리의 실패는 경제에서 치명적이다. 적정 통화량 관리가 실패하면 경제는 올바른 작동을 멈춘다. 허리의 붕괴와 유사하다. 순식간에 모든 것을 날릴 수 있다. 통화량 관리와 금리정책은 그만큼 중요하다.

의사는 허리의 근육이 사라졌다고 말했다. 그동안 허리를 너무 혹사시킨 결과였다. 3주 동안 입원치료를 했지만 차도가 없었다. 의사는 허리가 약해진 상태에서 너무 오랫동안 앉아있는 것이 화근이라고 했다. 조금 더 경과를 보자고 덧붙였다. 직업을 바꿔보는 것은 어떻냐며 당혹스러운 얘기도 했다. "직업을 그렇게 쉽게 바꾸는 것인가?" "의사 입장에서 무슨 말을 못할까?" 디스크는 나의 모든 것을 앗아갔다.

가족들이 치료방법을 수소문했다. "약해진 허리 근육을 단시간에 강화시키는 방법은 물리치료가 최고지." 사람들이 한마디씩 거들었다. 어떻게 해야 할지 고민이었다. 그 당시 병원에서는 근육이완제 주사를 놔주는 것이 치료행위의 전부였다. 무조건 휴식을 취하라고 했다. 허리는 신체에서 모든 것의 균형을 잡아준다. 허리 기능이 악화되면 신체 모든 부위로 병이 확대될 수 있다. 직장생활도 더 이상 할 수 없었다.

금융통화위원회는 기준금리를 변경할 수 있다. 경제상황을 감안하여 기준금리를 조정하는 정책을 쓴다. 기준금리 조정은 통화량이 실물경제 흐름에 비해 적정하지 못하다고 진단한 경우에 시행한다. 기준금리 조정은 다른 금리에 영향을 미친다. 금융기관 간 자금이 거래되는 콜금리 등 단기금리에 영향을 미친다. 장기금리, 환율, 투자자의 금융비용도 달라진다.

> **빅픽처 기준금리 인상에 주목하라**
>
> **기준금리 인상의 정책적 의미 :**
> 경기과열 혹은 물가상승을 염려하는 국면으로 여전히 활황이라는 진단
> **기준금리를 인상할 때 수익성이 좋아지는 업종 :**
> 일반적으로 금융업종, 특히 은행

기준금리가 정해지면 한국은행 정책은 어떻게 달라질까?

정해진 기준금리를 유지하기 위해 최선을 다한다. 정책적 수단으로 지급준비금 제도를 활용한다. 시중은행은 수신한 예금의 일정비율을 한국은행에 예치해야 한다. 이를 지급준비금이라 한다. 예치비율을 지급준비율이라 한다. 예치자금이 모자라면 시중은행은 단기시장에서 차입해야 한다. 예치자금이 남으면 단기시장에서 운용한다. 즉, 지급준비금을 맞추기 위해 은행 간 단기금융 시장이 형성된다. 기본적으로 지급준비금 제도는 단기금융 시장이 형성되는 틀을 제공한다. 한국은행은 지급준비

율을 조정할 수 있다. 지급준비율을 높일 경우 단기시장에서 자금수요가 늘어나 금리가 상승한다. 지급준비율을 낮출 경우 단기시장에서 자금공급이 늘어나 금리가 하락한다.

그렇다면 공개시장 운영은 무엇인가? 한국은행이 채권의 매수와 매도를 통해서 통화량을 조정하는 행위를 말한다. 시중은행은 지급준비율을 맞추기 위해 단기금융 시장을 활용한다. 콜금리 등 단기금리가 기준금리를 상회하는 현상이 발생하기도 한다. 이런 경우 중앙은행은 금리를 안정시켜야 한다. 채권시장에서 국채와 통화안정증권을 매수한다. 이를 통해 단기금융 시장에 자금공급이 확대돼 금리하락 효과가 나타난다. 반대로 단기금리가 기준금리를 하회하려고 하면 어떤 정책을 써야 할까? 반대로 해야 한다. 통화안정증권을 매도해야 한다. 단기 금융시장에서 통화량 축소는 금리상승을 말한다. 금융통화위원회가 결정한 기준금리를 적절하게 유지하기 위해 공개시장 운영정책은 적극적으로 활용된다.

중앙은행이 사용하는 정책적 수단은 많다. 중요한 정책 중 하나가 시중은행을 상대로 운영하는 여수신 제도가 있다. 자금조정 대출을 통해 시중은행은 자금을 맞춘다. 한국은행은 부족자금을 '기준금리+1%' 이내에서 대출한다. 반대로 남는 자금은 자금조정 예금을 통해 한국은행에 '기준금리−1%' 이내에서 예치할 수 있다. 은행 간 단기금융 시장 금리는 아무리 차이가 나더라도 '기준금리±1%' 이내에서만 움직일 수 있다. 단기금융 시장 금리가 '기준금리+1%'를 넘으려고 하면,

돈이 모자라는 은행은 한국은행에서 자금조정 대출을 받으면 된다. 반대로 '기준금리-1%' 밑으로 떨어지려 하면 돈이 남는 은행은 한국은행에 예치하면 된다. 단기금리가 제한폭 이상으로 움직이지 못하는 효과가 나타난다.

적정 통화량 공급은 경제에서 핵심이다. 국민 경제와 물가관리 안정을 위해 중요하다. 금융통화위원회가 결정하는 기준금리 제도는 다양한 정책적 수단을 사용한다. 이러한 정책적 수단들이 지급준비금 제도, 공개시장 운영, 여수신 제도라고 정리할 수 있다.

신문에서 지급준비금 인상이라는 말이 나오면 무엇을 의미하는 것일까? 통화량을 축소하겠다는 말이다. 한국은행에서 채권을 매수한다는 의미도 구체적인 정책 수단만 다를 뿐 통화량을 축소하겠다는 의미와 동일하다. 기준금리 인상은 경기활황으로 통화량이 필요 이상으로 많다는 진단이다. 정책 수단만 다른 뿐 통화량을 줄이겠다는 의미를 다양한 방식으로 표현한 것이다. 이런 정책의 의미를 정확하게 알아채야 한다. 통화량을 축소하면 금리가 인상되고 투자시장은 요동친다.

빅픽처 반드시 알아야 하는 시장 신호

돈의 값을 올린다는 말은 아래 의미와 각각 동일하다. 동일한 효과를 다른 정책 수단으로 표현한다.
통화량 축소, 경기과열에 따른 선제적 대응, 기준금리 인상

사라지는 것, 멈추게 하라

나는 결심했다. 퇴원해서 물리치료만을 받기로 했다. 아무런 차도 없이 병원에 누워 있을 수만은 없었다. 말이 물리치료지 허리강화 마사지를 전문가한테 받는 것에 불과했다. 나한테 허리강화 마사지를 해준 사람은 남자 합기도 관장이었다. 첫날 방문하여 신체의 골격구조, 허리가 아픈 이유, 허리강화 마사지 효과, 점점 강도를 높이겠다는 얘기를 했다. 마음 한구석에는 걱정도 됐다. 병원을 떠나 민간전문가에게 치료를 받는 것이 우려됐다. 첫날 약하게 물리치료를 받았지만 다음 날 아침 꼼짝도 할 수가 없었다. 허리가 무감각해졌다. 완전 나무토막처럼 느껴졌다.

돈의 가치는 매년 경제성장률만큼 감소한다. 왜 그럴까? 금본위제도에서 통화량은 경직돼 있었다. 이런 경직된 통화정책은 여러 부작용을 만들어냈다. 경제학자들은 통화정책이 재량적 통화정책으로 변경되는 것에 의견을 모았다. 이는 경제성장률만큼 돈의 양을 늘리는 통화정책이다. 예를 들어, 경제성장률이 5%면 돈의 양도 그 정도 늘리는 통화정책으로 변경된다. 통화량 증가는 경제성장률만큼 화폐의 구매력 감소를 의미한다. 물가가 상승하면 돈의 가치는 하락한다. 돈의 구매력 감소율은 물가상승률(인플레이션)과 동일한 개념이다. 물가 상승은 화폐가치 하락과 동일한 말이다. 표현하는 방식만 다르고 의미는 동일하다. 이 점을 기억해야 한다.

동일한 금액이라고 하더라도 화폐가치는 매년 변한다. 일반적으로 매년 경제성장률만큼 가치가 떨어진다고 본다. 투자를 통해서 성장률 이상의 수익률 혹은 금리를 확보해야지 실질적 가치가 동일하다. 통화정책을 합리적으로 운영하는 것은 경제에서 매우 중요하다. 통화정책이 화폐가치를 결정하기 때문이다. 통화정책이 적절하지 못하면 화폐가치는 흔들린다. 실물경제가 원활하게 순환될 수 없다. 한국은행의 존재 이유가 여기에 있다.

통화정책에 의해 우리 돈이 슬금슬금 사라지고 있다. 경제성장률이 3%고 정기예금 이율이 1.5%라고 하자. 정기예금에 돈을 예치하면 우리는 손해를 본다. 매년 경제성장률과 정기예금 이율 차이만큼 돈은 사라진다. 물가는 3%씩 오르는데 정기예금 금리는 1.5%기 때문이다. 투자를 통한 수익률이 물가상승률에 상응하는 3%에 미치지 않는 한 매년 우리 주머니는 열려 있다. 피땀 흘려 번 돈이 질질 새고 있다. 매년 실질화폐가치는 3%만큼 감소하기 때문이다. 우리가 힘들게 번 돈을 지키려면 투자를 해야 한다. 정기예금은 돈을 지켜주지 않는다. 정기예금은 투자가 아니다. 투자이론에서 정기예금은 '무위험' 금융상품으로 간주한다. 투자란 위험을 감수하고 이 위험감수에 대한 보상으로 더 높은 수익을 추구하는 행위다. '무위험' 자산은 투자원금과 이자를 받을 확률이 100%에 가깝다. 엄밀하게 말하면 은행도 파산한다. 국가도 부도난다. 다만, 그럴 확률이 아주 낮고 또한 예금자 보호법으로 보호받는다.

'통화량 정책에 의해서 사라지는 돈이 그렇게 큰가?'라고 반문하는 사람이 있을 수 있다. 잘못된 생각이다. 화폐가치의 하락폭은 크게 나타난다. 개구리는 자기도 모르게 서서히 죽는다. 프랑스에는 삶은 개구리 요리가 있다. 식탁 위에 버너와 냄비를 가져다 놓고, 냄비에 물을 끓여 요리한다. 처음에는 개구리가 좋아하는 온도의 물을 붓는다. 안심시킨 뒤 서서히 온도를 높인다. 아주 느린 속도로 가열하면 개구리는 모른다. 자기가 죽어가고 있다는 사실을. 미국 코넬대에서 같은 내용을 실험했다. 개구리가 좋아하는 온도인 15도의 물에 개구리를 넣고 아주 약하게 가열을 시작했다. 온도가 올라갈수록 따뜻하고 편안함을 느꼈다. 조금 더 온도를 높여도 개구리는 적응했다. 서서히 온도를 높이자 거동이 느려졌다. 아무 대응도 못 하고 물 온도 섭씨 45도에서 개구리는 죽음을 맞이했다. 이를 '개구리 증후군(Boiled Frog Syndrome)'이라 한다.

개구리처럼 우리도 서서히 죽을 수 있다. 애써 모은 돈이 우리도 모르게 슬금슬금 사라지고 있다. 소리 없이 내 돈을 갉아먹고 있는 존재는 통화량 증가다. 물가상승으로 인플레이션이 발생하고, 내 돈의 실질가치는 지속적으로 떨어지고 있다. 정확하게 복리의 효과로 하락하고 있다. 우리가 투자해야 하는 이유와 투자를 공부해야 하는 이유가 바로 여기에 있다. 10년 동안 내 허리근육은 서서히 사라졌다. 의사는 허리근육이 모조리 사라졌다고 말했다.

투자지수, 필수 생존요건이다

물리치료의 강도는 상대적인 개념이었다. 나는 아예 일어날 수가 없었다. 통증이 점점 하체 전 부위로 확대됐다. 물리치료의 효험을 믿을 수 없었다. 민간요법에 의존하는 치료가 의심스러웠다. '여기서 그만둘까?'

관장은 고개를 절레절레 흔들었다. "뭐가 잘못된 게 아닐까요?"라는 나의 물음에 관장은 머뭇거리면서 말을 이어갔다.

기준금리를 인상하면 채권시장은 직격탄을 맞는다. 금리인상은 채권 매도세력의 증가를 가져와 채권가격을 하락시킨다. 채권가격의 하락을 초래하는 이유는 무엇일까? 회사나 정부가 발행하는 확정금리 채권의 가치가 금리인상으로 채권가격의 하락만큼 만기수익률은 상승한다. 예를 들어, 현재 회사채 5% 확정금리 채권을 발행한다고 하자. 이는 현재 기준금리 3%에서 발행된 채권이다. 회사채의 발행금리는 일반적으로 기준금리에 가산금리를 더하여 발행된다. 발행 후 기준금리가 3%에서 4%로 인상됐다고 하면, 회사채 가산금리 2%가 동일하다고 가정할 때, 채권의 만기수익률이 6%로 상승해야 한다. 왜냐하면, 만기수익률이 6%로 상승하지 않으면, 채권시장에서 그 채권은 유통될 수 없다. 결국, 만기수익률이 상승한다는 말은 시중에 거래되는 채권가격이 전보다 떨어진다는 의미다. 기준금리 인상 혹은 인상 전이라도 인상이 예견되면 채권가격은 조정을 받는다. 채권가격의 조정은 만기수익률이 인상되는 결과로 나타난다.

중앙은행과 금융통화위원회에서 기준금리를 올리는 이유는 무엇인가? 앞으로 경기가 좋아질 것으로 판단하기 때문이다. 기준금리 인상은 한국은행이 앞으로 경기가 좋아질 것이라고 발표하는 것과 같다. 높아지는 이자로 인해 기업과 가계는 투자와 소비를 줄인다. 주식이나 부동산 시장으로 유입된 돈은 투자부담이 생기면 빠져나가기 시작한다. 이로 인해 자산시장은 하락 압력을 받는다. 결국 기준금리 인상은 회사의 기업 활동에 위축을 가져온다. 인상 전보다 투자가 축소되고 회사 내부적으로 자금여유가 없어진다. 금리인상은 현재 유통되는 통화량의 감소를 의미하기 때문이다. 기준금리가 계속해서 인상되면 돈은 결국 은행 안으로 흘러 들어간다. 이로 인해 기업과 가계는 이자부담이 늘어나고 상환 압력이 올라간다. 돈의 흐름이 경색되면 유동성 부족이 일어난다. 주식시장과 부동산시장은 고점을 찍고 하락한다. 금리는 투자를 이해하는 데 중요한 요소다. 금리상승은 자산시장의 판도를 바꾼다. 특히 금리가 하락추세에서 상승기조로 바뀌는 변곡점은 주의해야 한다. 금리하락 시기는 채권가격이 오르지만 변곡점에서는 상승이 멈춘다. 변곡점에서 금리가 상승으로 전환된다. 채권가격은 내리고 반대로 주식은 서서히 상승하기 위해 발동을 건다. 주식시장은 기업실적 개선으로 뜨겁게 달구어진다. 금리상승 시기와 딱 맞았기 때문이다. 금리상승에 기인해 주식시장이 오르는 것이 아니라 기업실적 개선으로 상승한다.

관장은 허약한 근육을 일시적으로 경직시킨 거라고 말했다. 허리근육은 한번 빈약해지면 회복하는 데 오래 걸린다고 덧붙였다. 3개월이 지나자 허리가 많이 좋아졌다. 회사 출근도 가능해졌다. 퇴근 후에 매일 그곳을 반드시 들러 하루를 마무리했다. 합기도 관장이 알려주는 몇 가지 허리강화 운동에 대해서 배우고 실천했다. 집에서도 허리를 강화시키는 운동을 지속했다. 내가 얼마나 허리에 무관심한 생활을 해왔는지 그때 알았다. 지독한 통증은 홀대하는 주인에게 보내는 예비적 경고였다.

나는 디스크를 앓고 나서 생활이 완전 바뀌었다. 허리가 아픈 이유는 생활의 잠재적 모순 때문이었다. 건강해지려면 나 자신을 바꿔야 했다. 정반합의 원리로 잘못된 기존의 습관은 완전 고쳐야 했다. 주말마다 산행을 하고 거실에서 허리근육 강화운동을 했다. 현재 상황에 문제가 발생하면 그것을 극복하려는 반대의 움직임이 생활에서 발생한다. 과거는 파괴되고 새롭게 재창조된다. 인간생활의 모든 것은 정반합의 원리에 따라 발전한다. 기준금리의 인상 혹은 인하도 정반합의 원리와 동일하다. 현재의 모순을 해결하기 위한 과정의 일환이다.

물고기의 옆줄 기능을 아는가? 투자시장을 감각적으로 느끼는 힘은 절대적이다. 시장의 흐름, 압력, 진동을 온몸으로 느껴야 한다. 우리가 투자지수를 높여야 하는 이유가 여기에 있다. 투자지수가 둔감하면 환경변화를 읽지 못하고 죽음을 맞이한다. 물고기의 옆줄은 물의 흐름, 수압, 진동을 감지한다. 생존에 필요한 주요한 결정을 도와준다.

투자를 위해서는 우리에게도 고성능의 옆줄이 필요하다. 옆줄이 없으면 우리는 하천바닥에 뒹굴게 되거나 육지로 떠내려갈 것이다. 변화를 감지하고 판단해야 하는 투자지수는 매우 중요하다. 감각적으로 느껴야 한다. 투자지수의 성능이 성과를 좌우한다.

현금이 넘치는 시기에 부합하는 투자원칙은 무엇일까? 시기별로 투자기술을 공식화할 수는 없을까? 시장이 활황 혹은 불황일 때 투자기술은 확연히 달라진다. 먹히는 투자기술은 타이밍 포착이 생명이다. 우리는 투자기법을 새롭게 재점검해야 한다.

PART III

타이밍이 전부다

CHAPTER 11

투자대상은 순환한다

불길한 생각이 아침부터 들었다. 그날은 공휴일이었다. 기숙사 룸메이트와 탁구를 하고 기숙사 입구로 들어서는 길이었다. 기숙사 입구 알림판에 메모 하나가 붙어 있었다. 기숙사 조교가 붙여 놓은 것으로 내 이름이 적혀 있었다. 나는 순간적으로 얼굴이 하얗게 질렸다. 갑작스런 비보였다.

어떻게 기숙사를 나왔는지 모를 정도로 급히 고속버스터미널로 이동했다. 소리는 나지 않았지만 눈물이 계속 흘렀다. 움켜지고 있던 손바닥 안에는 '급 귀향 요망, 아버지 별세'라고 쓰여진 메모지가 구겨져 있었다.

아버지는 농한기인 겨울철에도 한가로울 틈이 없었다. 집채만 한 나뭇짐을 지게에 지고 비틀거리면서 들어오셨다. 뒤에서 보면 균형이 불안하기 짝이 없지만 앞에서 보면 익숙해 보였다. 나뭇짐을 부엌에다 부려놓기도 하고, 처마 밑에 쌓아두기도 했다. 그리곤 긴 한숨을 내쉬면서 물 한 사발로 마른 입을 축이고는 마루에 앉아, 옷에 달라붙은 풀과 나무 부스러기를 털어내곤 했다.

작은 차이가 미래를 가른다

D통신에 다니던 지인은 고민했다. 회사의 주가가 최고가였다. 주식을 팔고 목돈을 챙기고 싶었다. 회사가 대기업 계열사에 편입되면서 주가가 예전과는 달랐다. 변동성이 판이하게 달라졌다. 외국인 매수세는 주가를 천정부지로 상승시켰다. 갑자기 불안한 생각이 들었다. '다시 주가가 떨어지면 어떡하지.'

그는 주식이 있어도 없는 거나 마찬가지였다. 주식을 팔 수 없기 때문이었다. 퇴직을 해야지만 주식을 팔 수 있었다. 우리사주조합을 통해서 주식을 소유하고 있는 직장인은 동일한 신세다. 주식 보유를 통해 근로 의욕을 고취하려는 목적은 맞지 않았다. 적어도 그에게는 맞지 않았다. 그는 주식가격이 오른 후 생각이 많아졌다.

다른 사람들은 한국의 IMF 구제금융 신청으로 자산가치가 모두 하락했다고 아우성이었다. 그의 상황은 정반대였다. 이 주식만 매각하면 강남 아파트를 사고도 남았다. 남은 자금으로 사업자금도 충분했다. 그는 적성이 맞지 않는 직장생활이었다고 말했다. 그는 사표를 던졌다. 만약 주가는 떨어지면 직업만 잃는 꼴이었다. 우리사주조합으로부터 주식을 받아 증권회사에 입고했다. 주식은 언제든지 떨어질 수 있었다. 공매도가 있는 이유를 그는 처음 알았다. 드디어 주식을 던졌다. 그리고 샀다. 반 토막 난 강남 아파트를 매수하고 사업체를 설립했다. 우리사주가 그의 길을 완전히 바꿨다.

주식시장 공모가 많은 사람을 웃고 울게 한다. 주식공모를 우리사주에 배당한 기업과 배당하지 않은 기업 간 수익률 차이는 어떨까? 많은 사람이 궁금하게 생각하는 내용이다. 우리사주조합을 통해 공모금액의 20%를 우선 배당한다. 기업이 상장하거나 유상증자 할 때 직원들에게 큰 기회를 제공한다. 우리사주조합이 결성돼 있는 경우, 공모금액 20% 우선배당은 경영진의 의무다. 우리사주조합이 없는 경우, 배정 의무는 없다. 주가 상승을 통계적으로 산출해보면 상관관계가 발견된다. 왜 그럴까? 경영진의 작은 태도가 엄청난 차이를 초래한다.

공모를 추진하는 회사의 주당 가격이 실질가치보다 높게 책정돼 있다면 경영진은 많은 생각을 한다. 직원들이 아예 실권을 할 수 있다. 그런 경우 직원들에 대한 우선 배당을 회피할 수 있다. 시장의 부정적 여론을 걱정하기 때문이다. 이는 투명한 경영원칙 위배다. 우리사주조합에 배당하는 기업이 주식상승 가능성이 더 높은 것으로 조사됐다. 우리사주조합을 통해서 직원들에게 회사경영의 과실을 맛볼 수 있는 기회를 줘야 한다. 참여를 유도하고 경영 실적을 직원들과 함께 끌어올려야 한다. 우리사주조합을 배정하지 않은 기업은 시장에서 부정적으로 인식된다. 공모 흥행에 결정적인 타격을 주기도 한다. 공모 물량의 20%를 직원들 몫으로 배정하는 기업은 경영성과를 나누려는 자세에서 차이가 난다. 작은 차이가 주가를 차별화시키고 결국 미래를 결정한다.

대기업 혹은 중견기업 계열사라고 해서 상장을 통한 주가가 항상 우호적인 것은 아니다. 상장 계열사를 통해서 공모자금을 조달하고 계열사에 배분하는 역할로 만족하는 기업도 있다. 생각보다 많은 정보를 여의도 증권회사 혹은 투자은행은 알고 있다. 어떤 경우 회사 내부자보다 정보가 더 빠르다. 여의도에서는 산업별 분석을 통해서 많은 정보를 공유한다. 전체 산업의 성장률에서 점유율을 계산하면 해당 기업의 실적이 산출된다. 해당 기업이 사업부제로 돼 있는 경우 동일회사여도 재무적으로 완전히 다른 회사로 간주된다. 사업부 간 정보통합은 투자은행이 더 빠를 수 있다.

상장 예정기업 중에서 돈 되는 기업을 어떻게 찾아낼까? 핵심은 가까운 곳에 있다. 상장 예정기업이 확실성을 가지고 상장의 당위성을 설명하더라도 중요한 것은 다른 데 있다. 대부분의 기업이 상장 목적으로 자금조달을 내세우는 상황에서 차별적인 기업을 찾아내야 한다. 한국거래소는 상장 예비청구 시 구체적인 계획과 증빙을 요청한다. 이를 통해 기업의 미래를 짚어본다. 금융감독원 역시 증권신고서 제출 법인들의 주요사항을 확인한다. 증권신고서에는 자금조달 목적과 구체적인 집행시기, 금액을 적어내야 한다. 투자자는 자료를 통해 자금조달 계획의 모든 것을 확인할 수 있다.

그러나 투자자가 확인할 수 없는 것이 있다. 상장 예정기업이 상장 후 자금계획을 반드시 지킬 거라는 보장은 아무도 하지 못한다. 좋은 상장기업을 골라내는 노하우가 필요한 이유다. 상장에 따른 투자기법은 19장에서 상세히 다루고자 한다.

빅픽처 상장기업 간 M&A가 이루어질 때 매수종목은?

대기업이 중소기업을 인수하는 경우 :
일반적으로 중소기업이 수혜
중소기업이 핵심기술을 보유한 경우 :
M&A 양 당사자 주가 동반 상승
인수주체 대기업의 시장지배력이 확대되는 경우 :
M&A 양 당사자 주가 동반 상승

인생을 보는 시각에 따라 투자도 달라진다

아버지의 갑작스런 죽음으로 나는 우울했다. 오늘 저녁은 소주를 마시며 마음을 달래고 싶었다. 슈퍼마켓에서 소주와 간단한 안주를 샀다. 방문을 열자 희미한 빛이 방안에 흐르고 있었다. 선풍기의 전원 스위치를 누르자 털털 소리를 내며 돌기 시작했다. 습한 바람이 얼굴에 부딪히자 얼굴이 찡그려졌다. 창문을 활짝 열어젖혔다.

선풍기 날개에는 먼지가 자욱하게 앉아 있었다. 비닐봉지 속에서 소주를 꺼내, 힘차게 흔들었다. 병 안의 회오리가 작은 기포들을 만들었다. 나는 뚫어지게 들여다봤다. 회오리는 속도를 낮추면서 출렁거림으로, 미세한 흔들림으로 변해갔다. 기포가 하나씩 터지면서 투명하게 다시 돌아왔다. 무수한 기포는 순식간에 사라졌다. 인생도 이런 걸까?

인생은 시각에 따라 완전히 달라진다. 은행원과 증권회사 직원은 보는 시각이 완전히 다르다. '노는 물'이 다른 것이다. 은행의 주 수익은 대출이다. 대출이자를 통해서 예금이자를 지급하고 인건비를 부담한다. 대출을 실행하기 위해서는 담보가치가 가장 중요하다. 담보가치가 대출금액을 밑돌면 사람들이 대출금을 갚지 않을 것이라는 부정적 생각을 한다. 이 때문에 의심이 많고 보수적이다.

증권회사 직원은 그렇지 않다. 증권회사는 유가증권의 발행과 유통, 기업의 상장과 기업 M&A, 개발금융업무를 한다. 유가증권의 현재가치보다 미래가치에 더 많은 비중을 둔다. 현재의 상황보다 미래에 희망을 품는다. 부정적 시각보다 정보를 더 중요하게 생각한다. 관리 종목에서 몇 배의 수익을 달성할 수 있다. 기업을 창업해서 거부를 움켜쥔 수많은 대주주가 그들의 희망이다. 위험부담에 익숙하기 때문에 과감히 도전하고 매사를 투자의 시각으로 본다.

투자은행(Investment Banking)의 개념은 미국에서 출발했다. 영국에서는 머천트은행(Merchant Bank)으로 불리었다. 영국과 미국의 경우, 기업금융이 핵심이다. 자본시장 중심으로 금융이 돌아간다. 이런 특성이 투자은행을 탄생시켰다. 세계의 흐름은 한 방향으로 수렴했다. 어떤 제도나 기능이 압도적인 영향력과 주도권을 형성하면 흐름은 분명하다. 이런 현상은 모든 영역에서 발생한다.

독일의 경우, 은행 중심에서 자본시장으로 기업금융이 이동하는 현상을 보여주고 있다. 독일은 미국과 달리 상업은행 중심이다. 최근 추세가 바뀌고 있다. 기업금융 역할이 증가하면서 비중이 점점 커지고 있다. 독일은 전통적으로 유니버셜 뱅크(Universal Bank)체제로 금융이 돌아간다. 유니버셜 뱅크는 상업은행을 의미한다. 상업은행 내에 기업금융을 취급하는 투자은행 기능을 부가적으로 소지하고 있다. 오늘날 투자은행 비중은 점점 증가하고 있다. 금융의 중심이 간접금융에서 직접금융 중심으로 이동하고 있다는 증거다.

간접금융은 은행을 매개로 자금을 융통하는 방식을 일컫는 말이다. 은행 이름으로 예금증서를 발행하고 대출을 취급한다. 예금이라는 상품을 통해서 자금을 조달하고, 조달된 자금은 은행 이름으로 대출을 시행한다. 은행을 거래하는 고객은 은행의 건전성이 중요하다. 왜일까? 신용도가 안 좋아 파산하면 예금 지급에 지장을 초래하기 때문이다.

투자은행 혹은 증권사는 다르다. 기업 명의의 회사채를 발행하고 유통시킨다. 상장업무를 추진할 때에도 기업이 발행한 주식의 위험을 투자자가 그대로 짊어져야 한다. 은행처럼 투자증권 고유의 위험을 은행 혹은 회사가 부담하고, 고객과 별도의 계약을 통해서 투자상품을 제공하지 않는다. 채권과 주식이 가지는 고유위험은 투자자가 직접 부담해야 한다. 자본시장을 통한 금융을 직접금융이라고 부르는 이유다. 자금조달 유가증권이 그대로 투자유가증권으로 활용된다. 유가증권이 발행되고 자본시장에서 유통되는 구조다. 은행의 간접금융과는 확연히 다르다.

은행 지점은 대부분 단순한 예금과 대출업무만을 수행한다. 대출이 연체되거나 회수 불능일 때 문제는 심각하다. 은행원이 유동성을 중요한 지표로 보는 이유가 여기에 있다. 미래의 성장성보다는 현재의 유동성이 더 중요하다.

우리나라 자본시장은 2018년에 65주년을 맞았다. 한국도 향후에 미국이나 서구처럼 투자은행의 기능이 점점 강화될 것이다. 4차 산업혁명 시대, 전통적인 대출을 통한 자금조달보다는 유가증권을 통한 자금조달이 점점 많아질 것이다. 기업의 미래 불확실성이 커지는 상황에서 미래 흐름을 읽어내는 힘은 직접금융에서 더 강력한 수단으로 작용될 가능성이 크다.

현재 한국의 증권회사는 은행과 달리 회사 수가 많다. 총 40개가 넘는다. 감독원 입장에서는 미국 골드만삭스나 JP 모간에 버금 가는 거대한 투자은행으로 연합하기를 원하지만 실행은 쉽지 않다. 회사마다 대주주가 다르고 경영전략이 다르기 때문이다. 이러한 점을 고려하여 정부당국은 초대형 증권회사에 더 많은 기능을 부여하는 정책을 시행하고 있다. 초대형 투자은행은 자본금 기준 4조 원이 넘는 경우에 해당한다. 발행어음을 통해서 투자자에게 단기 확정금리 상품도 제시할 수 있다. 물론 예금처럼 원금이 보장되지는 않는다. 향후 투자은행의 업무 영역은 더욱 커질 것으로 예상한다. 독일과 미국이 그러하듯 말이다. 투자은행은 실물경제와 투자증권시장의 접합부문에서 금융의 꽃 역할을 할 것이다.

빅픽처 앞으로 금융회사는 어떻게 될까?

대형과 중소형 증권회사 수익성이 확 벌어질 것으로 진단된다. 그 이유는 정부의 금융투자업 구조조정 추진방안을 보면 확실하다. 발행어음 기능을 대형사에만 부여하는 차별적 정책 등을 확대할 것이다.

가장 중요한 투자결정

인생에서 가장 중요한 결정이 무엇인가? 투자는 모름지기 돈으로만 하는 것이 절대 아니다. 중요한 투자는 본인의 인생 전체를 걸어야 한다. 직업이 바로 그러하다. 하루 8시간을 일하고도 모자라서 집에 와서 자기계발을 해야 한다. 이론적 능력뿐만 아니라 실무적 능력도 필요하다. 2030의 경우 현재 돈보다는 시간 투자의 방향성이 더 중요하다. 직업 선택은 생각보다 쉽지 않다. 내가 좋아하고 잘하는 교집합을 찾아야 한다. 이것을 찾았다면 하면 절반 이상은 했다고 볼 수 있다.

투자의 시각에서 직업은 무엇인가? 직업은 재능과 시간을 지속적으로 쏟는 분야다. 가장 효율성이 높은 분야를 선택해서 지속적으로 투자해야 한다. 자본주의 사회에서 시간 대비 효율성이 높은 분야가 좋다. 그렇게 하려면 본인이 좋아하는 분야를 선택하는 것이 유리하다.

내적 자아와 자신의 직업이 완전 일치하는 사람은 다르다. 일을 통해서 희열을 느낀다. 온종일 집중한다. 궁금증이 몰입하게 만들고, 호기심이 일과 자아를 하나로 만든다. 반면, 어쩔 수 없이 직업을 택한 사람은 어떠한가? 점차 틈새가 벌어진다. 틈새는 점점 커져 한쪽은 날개를 달고, 다른 쪽은 붕괴된다. 작은 차이가 결과를 뒤집는다. 최선을 택할 수 없다면 차선이라도 선택해야 한다. 죽지 못해 직업을 선택한 사람은 숨겨진 스트레스 유발인자에 의해 천천히 절망감에 빠져든다. 내면적 자아를 무시한 직업 선택은 인간을 파멸로 이끈다. 아래의 그림은 내적 자아와 직업의 일치 여부가 주는 희열과 절망의 정도를 표시한 것이다.

사람의 운명을 결정짓는 요소가 무엇인가? 시간투자를 어디에 하느냐에 달려있다. X축을 시간이라 하고 Y축을 희열과 절망감이라고 하면 내적자아와 직업이 일치하는 사람과 그렇지 않은 사람의 차이는 시간이 흐를수록 더욱 벌어진다. 인생을 절망감으로 채우고 싶은가? 희열로 채우고 싶은가? 시간투자의 방향성에 달려있다. 2030세대는 시간투자의

| 내적자아와 직업의 일치 여부가 주는 희열과 절망감

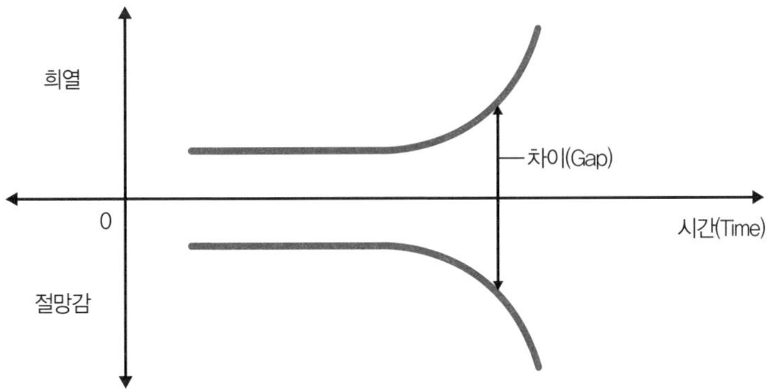

방향성이 중요하다. 세월이 흐를수록 그 대상은 조금씩 달라진다. 저축금액이 쌓이면 축적 자산의 투자방향성이 중요해진다.

대출을 받으면 아끼게 되는 효과

자산관리에서 중요한 요소가 있다. 나이가 들어감에 따라 시장노출 위험을 점차로 줄여가야 한다. 투자자산의 운용을 위험감소 차원에서 접근하는 논리는 중요하다. 위험이 커지면 예전의 성과가 모조리 없어진다. 나이가 들어가면 손실 회복은 쉽지 않다. 시중에 나와 있는 펀드 중에 은퇴시점이 다가옴에 따라 주식 비중을 점차로 줄여 채권으로 운용하는 상품이 있다. 연금적 성격의 자산은 이런 접근이 중요하다. 주식을 통해 번 수익을 점차 채권으로 돌림으로써 변동성을 줄여 나가는 것이다. 만기가 다가옴에 따라 채권투자 비중은 커지고 주식투자 비중은 점점 줄어든다. 위험을 점차로 줄여감으로써 수익을 지키는 전략이다. 여기에 중요한 투자시각이 숨겨져 있다.

생애 주기를 전체적으로 보면 현금흐름이 넘치는 시기가 있다. 이 시기는 현금흐름 관리가 핵심이다. 기업과 개인의 현금흐름 관리방법을 비교해보자. 개인의 경우 투자결과가 확실한 곳에 투자를 먼저 하고 현금흐름을 여기에 맞춰 살림을 꾸려가는 방법이 있다. 대출을 크게 받아 아파트를 구입한 후, 대출 통장을 남편에게 주면 잔소리하지 않아도 남편의 생활이 바뀐다. 담배와 술을 줄이고 이전과는 완전히 다른 모범적 생활인으로 모습을 바꾼다. 정말일까? 우스갯소리이지만 사실이다. 이를 일컫는 전문적인 용어가 있다. '부채를 통한 자본재조정(LR, Leveraged Recapitalization)'이다. 부채를 일으켜서 투자를 먼저 하면 현금흐름은 부채 때문에 악화된다. 그렇다면 좋은 점은 무엇인가? 소비성향이 줄어든다는 점이다. 이런 상황을 의도적으로 만들어 알뜰하게 살림을 하는 사람이 있다. 궁색한 상황을 극복하면 부는 축적된다.

기업의 경우 어떠한가? 개인과 같이 구조조정이 가능할까? 서울대 최종학 교수 저서 《숫자로 경영하라》는 적절한 예시를 보여주었다. 실드에어(Sealed Air)라는 미국 회사는 특이한 방법으로 구조조정을 시행했다. 어떻게 했을까? 회사 경영에서 의도적으로 현금흐름을 악화시키는 방법이다. 가능할까? 실드에어의 주요 생산품은 파손방지용 완충비닐이다. 이사를 할 때 혹은 유리제품을 취급할 때 주로 사용하는 파손방지용 완충비닐의 제조와 판매가 회사의 설립목적이다.

의도적으로 현금흐름을 악화시킨 방법이 재미있다. 1989년 주가가 45달러인데 주당 40달러의 배당을 실시했다. 회사가 쌓아둔 잉여금이 없어 배당재원은 은행 대출을 통해 전액 마련했다. 은행 대출을 회사가치와 버금가는 금액만큼 실시했다. 결국 빚을 내 주주에게 배당을 실시한 꼴이다. 배당계획을 발표하자 주가는 상승했다. 실드에어 주가는 약 10% 상승해 50달러였다. 실제 배당을 실행하고 난 후 주가는 어떻게 됐을까? 부채가 회사가치를 한계 상황으로 만들었다. 대출금의 이자를 부담해야 하는 회사는 재무적으로 벼랑 끝에 내몰렸다. 성과급 지급기준도 불가피하게 수정해야 했다. 비용도 전반적으로 축소 조정해야 했다. 방법이 없었다. 주가는 급락했다. 10달러까지 추락했다. 회사는 절벽 위에 매달려 있었다.

실드에어 최고경영자는 왜 이런 이상한 결정을 내렸을까? 멍청한 걸까? 일단 자신이 대주주였으므로 배당을 통해 상당한 현금을 손에 쥘 수 있었다. 그는 의도적으로 회사의 현금흐름을 위기상황으로 만들었다. 위기상황에서 기업은 살아남기 위해 성과급 제도의 변경을 포함한 대규모 구조조정을 단행했다. 다행히 경영 효율성은 좋아졌다. 최종 결과는 무엇일까? 매년 대출금 이자와 원금을 조금씩 분할상환 하는 데 성공했다. 마침내 이전의 재무제표 건전성을 회복했다.

가계와 기업의 경영은 투자 측면에서 유사한 점이 많다. 이 경우는 성공한 사례다. 물론 실패한 기업도 많다. 냉혹한 구조조정을 견디지 못하고 사라진 기업은 무수히 많다. 기업은 설립, 상장, 상장폐지, 파산의 과정을 거친다. 인생과 동일하게 순환한다.

소주병의 작은 기포들이 순식간에 터졌다. 모조리 사라졌다. 문득 창밖으로 관악산 끝자락이 시야에 들어왔다. 산자락은 고도가 높아질수록 희미하게 보였다. 어느새 칙칙한 운무가 산을 뒤덮고 있어 푸르스레한 윤곽 정도만 확인할 수 있었다. 하늘을 보니 금방이라도 비가 쏟아질 태세였다. 소주 한잔을 입에 털어 넣었다. 나는 문학을 하고 싶었다.

"아들아, 요즘 밥은 잘 먹고 지내지?" 어머니의 전화로 정신이 번쩍 들었다. 졸업은 현실이었다. 4학년 2학기 때 졸업 후 진로를 놓고 많은 고민을 했다. 직장생활을 할 것인가, 유학을 갈 것인가, 문학을 할 것인가. 결정을 더 이상 미룰 수는 없었다. 나에게 직장생활은 패배로 느껴졌다. 유학을 가는 것도 만만치 않았다. 문학을 하면서 입에 풀칠할 수 있을까?

나는 결정시기를 미루면서 현실과 타협을 시도했다. 그래, 일단 유학도, 문학도 직장생활을 하면서 시기를 조정해보는 것이 어떨까? 유학을 가겠다고 하면 집안에 말릴 사람은 없었지만 형편상 갈 수 있는 처지는 아니었다. 직접 생활비와 학자금을 마련하면서 공부해야 했다. 생계는 모든 것의 우선이었다. 결국 31년 동안 금융과 자본시장에서 일했다. 31년이라는 시간을 직장생활에 투자했다.

빅픽처　기업의 성과급 지급기준은 정당한가?

'부채를 통한 자본 재조정', 창의적 적용이 경영을 차별화시킨다.
배당 정책과 회사채 발행은 회사의 현금흐름과 경영성과를 탈바꿈시킨다.

CHAPTER 12

투자대상을 명확히 하라

간단한 원리로 큰돈을 벌 수 있다

다들 어려운 기법으로 큰돈을 벌 수 있을 거라 생각하지만 사실 그렇지 않다. 종이 한 장 차이가 인생을 가른다. 대형사건이 발생하면 투자자들은 호들갑을 떤다.

갑자기 여기저기서 국민카드 채권을 찾았다. "국민카드 채권 있어요?" 질문이 쇄도했다. 도대체 무슨 일이 발생한 것일까? 한 사건의 발생은 시장을 완전히 바꿔 놓았다. 2002~2003년 금융시장은 불안했다. 카드회사의 신용도 하락과 밀접하게 관련 있었다. 카드 사용자들이 카드대금과 현금 서비스를 상환하지 못했다. 연체 인원이 300만 명을 넘었다. 경기를 살리기 위한 무리한 내수확대가 화근이었다. 저소득층 신용이 문제가 돼 사태는 걷잡을 수 없을 정도로 확대됐다. 채권의 원금 상환이 제대로 될까? 연체금액이 문제였다. 연체자가 상환하지 못하면 카드회사는 방법이 없었다. 그 금액을 고스란히 떠안아야 했다. 연체금액만큼 유상증자를 해야 했다. 유상증자 능력이 없으면 방법은 없었다. 카드사의 신용등급 강등이 불가피했다. 채권소지자는 불안해졌고 헐값에 채권을 팔고 싶어 했다.

먼저, 카드회사의 비즈니스를 자세히 살펴볼 필요가 있다. 카드회사는 채권 발행을 통해 자금을 조달하고, 이용자들에게 할부 혹은 현금서비스를 제공한다. 이를 통해 수익을 획득하는 구조다. 또한 가맹점으로부터 카드사용액의 가맹수수료를 받는다. 만약 카드 사용자가 연체를 하면 어떻게 될까? 수익이 줄어든다. 벌어놓은 잉여금이 없으면 자본금을 털어서라도 연체금액을 메워야 한다.

채권투자로 이 당시 큰돈을 번 사람은 어떻게 벌었을까? 카드회사의 신용도 급락은 산업 전체의 위기감으로 치달았다. 채권 유통시장의 어려움이 발행시장으로 옮아갔다. 채권이 발행될 수도 없었다. 자금조달이 힘들어지자 카드회사는 다급해졌다. 자금조달에 빨간불이 켜지면 사업을 할 수 없었다. 극단적인 위기 상황이었다. 탈출구를 찾아야 했다. 그러던 중 국민카드 채권가격이 급등했다. 왜일까?

한 건의 대서특필 기사는 상황을 완전히 뒤집어 놓았다. 순간적으로 국민카드 채권이 시장에서 없어졌다. 즉, 품절된 것이다. '국민은행과 국민카드 합병결정'으로 그 많던 채권이 시장에서 모조리 자취를 감췄다. 매수호가를 아무리 올려도 살 수가 없었다. 여기저기서 국민카드 채권을 찾았고 가격은 더 올랐다. "발표가 나기 전에 살 걸." 후회해도 아무 소용이 없었다.

합병계획이 발표되자 채권가격은 급등했다. 많은 투자자가 매수세력으로 돌변했다. 이미 시장에 가격이 반영돼 있었다. 매수와 매도가 새롭게 균형점을 찾았다. 발표 전만 하더라도 그 채권을 매도하지 못해 안달인 상황이었다. 합병계획은 모든 것을 흔들어 놓았다. 합병 호재로 매도세력이 감쪽같이 사라졌다. 국민카드 채권이 국민은행 채권으로 바뀌자 시장이 뜨거워졌다. 가격이 급등했다. 왜일까? 발행회사의 신용도가 완전 달라졌기 때문이다. 발행기관의 신용도는 채권가격에 있어 대단히 중요하다. 신용도가 좋을수록 채권가격은 올라간다. 회사채의 신용도는 채권가격을 좌우한다.

회사채 신용도 기준

AAA	원리금 지급확실성이 최고 수준
AA	원리금 지급확실성이 매우 높지만 AAA등급에 비해 다소 낮음
A	원리금 지급확실성이 높지만 장래의 환경 변화에 따라 다소 영향을 받음
BBB	원리금 지급확실성이 있지만 장래의 환경 변화에 따라 저하 가능성이 있음
BB	원리금 지급능력이 현재에는 문제 없으나 투기적 요소가 존재함
B	원리금 지급능력이 부족해 투기적임
CCC	원리금의 채무불이행이 발생할 요소를 내포하고 있음
CC	원리금의 채무불이행이 발생할 가능성이 큼
C	원리금의 채무불이행이 발생할 가능성이 극히 큼
D	현재 채무불이행 상태에 있음

자료 : 한국기업평가

채권가격을 쥐락펴락하는 위험을 알 필요가 있다. 정부가 발행하는 채권에는 없고 회사발행 채권에만 가산되는 위험이 있다. 신용위험은 채권발행에서 가산금리를 결정하는 중요한 역할을 한다.

정부에서 발행하는 국고채는 가산금리가 없다. 정부는 부도위험이 없기 때문이다. 회사채는 국고채보다 가격이 낮다. 일반적으로 신용위험에는 부도위험이 녹아 있다. BBB등급 이상의 채권을 '투자등급채권', 그 미만의 채권을 '투기등급채권'이라고 한다. 투자를 결정할 때 '투자등급채권'과 '투기등급채권'은 차원이 다르다. 투자적격을 좌우하는 합격의 커트라인인 만큼 매우 중요하다.

신용도 급락으로 카드사는 어려워졌다. 발등의 불을 끄기 위해 신용도를 높일 수 있는 방안을 찾기 시작했다. '유상증자를 할까? 대주주가 유상증자 재원이 없으면 어쩌지?' 그렇다면 방법은 제한된다. 회사를 매각하고 경영주체를 바꿔야 한다. 채권 발행회사의 신용도 급락은 자주 발생한다. 금융시장은 반복되기 때문에 과거는 우리에게 통찰력을 제공한다.

신용도에 따른 가산금리는 경기 상황에 따라 변동한다. 경기 상황이 좋지 않을수록 부도위험과 가산금리가 오른다. 채권가격은 하락한다. 가산금리가 내려가면 반대현상이 발생한다. 채권가격이 상승한다. 왜 채권 펀드매니저가 부도위험의 추세를 볼까? 채권가격과 관련 있기 때문이다. 가산금리의 흐름과 패턴을 운용전략에 반영해야 한다. 가산금리가 오르락내리락하면서 채권가격은 패턴을 그린다. 그 추세를 읽어야 가산금리 변동에 따른 채권거래 양도차익을 챙길 수 있다.

그렇다면 부도위험을 가능한 배제하고 싶다면 어떻게 해야 할까? 방법은 있다. 투자등급채권에만 투자하는 것이다. 경기가 나쁠 때는 투자등급 중 가장 낮은 등급인 BBB채권을 조심해야 한다. 왜 그럴까? 투기등급으로 강등될 위험이 있기 때문이다. 투기등급으로 강등되면 채권의 원리금 상환능력은 악화되고 채권가격이 급락한다. 이렇게 시장이 경색되면 매수자는 실종된다. 채권의 환금성이 극도로 제한된다.

반대로, 경기가 회복되면 어떻게 될까? 통화량이 증가하면서 부도위험은 줄어든다. 채권의 신용등급이 상향 조정된다. 잘 고르면 가격은 급등한다. 기업을 잘 선별하면 회사채 신용등급이 오른다. 신용등급 상향 조정에 의한 추가수익을 얻고 싶다면 신용등급이 오를 가능성이 있는 채권을 구입하면 된다. 단, 주식종목 고르듯 신중해야 한다.

다시 카드회사 채권의 유동성 위기상황으로 돌아가자. 어떤 회사의 경우 유상증자 조치를 취해야 했다. 앞서 말했듯 대주주가 유상증자 능력이 없으면 회사를 매각해야 한다. 유상증자 권한을 제3자에게 넘기면 대주주는 변동될 수 있다. 제3자가 유상증자를 단행하면 회사는 매각되고 신용도는 회복된다.

회사의 자금조달이 어렵다면 어떻게 해야 할까? 채권발행이 가능한 수준으로 신용도를 올려야 한다. 시장의 의심을 신뢰로 전환시켜야 한다. 이를 위해서 무엇이든 해야 한다. 시기를 놓치면 시장은 붕괴된다. 거침없이 오르는 매도세력의 우위는 시장붕괴로 나타난다. 적어도 시장의 붕괴는 막아야 한다.

빅픽처 회사 합병 정보를 먼저 알았다면?

합병에 따른 신용등급 상향 채권에 집중하라.
신용도가 상향되는 회사의 업종과 관련된 유가증권도 주목하자.

대형사건이 터졌을 때 시장 반응에 집중하자

어떻게 해야 채권투자로 큰돈을 벌 수 있을까? 대형사건이 발생하면 한번 붙어볼 생각을 해야 한다. 채권가격은 급락한다. 이런 상황에서 시장의 과잉반응 여부를 관찰해야 한다. 실제 상황을 점검하고 투자의 적기인지 따져봐야 한다.

쉬운 예를 하나 들어보자. 1997년 시장금리는 30%까지 치솟았다. 외국인 자금이 썰물처럼 일순간 빠져나갔다. 무자비한 금융시장의 경색에 대책은 없었다. 기업들은 쓰러졌고 구조조정이 불가피했다. 재무비율이 불량한 순서대로 모조리 항복했다. 이런 때가 투자 적기라 판단한 사람이 있었다.

"30% 금리는 최고 수준이지. 더 금리가 오르면 내 손에 장을 지진다."

자신 있게 말했다. 공포의 시기에 울림은 없었다. 금리가 하락할수록 수익이 발생하는 상품에 투자를 단행했다. 금리선물에 소유자금 90%

정도를 투자했다. 시장금리 30%면 아무리 훌륭한 기업이라도 버틸 수 없었다. 삼성전자도 감내하기 힘들었다. 그러나 그는 현재의 비정상적인 시장의 흐름이 일시적일거라고 장담했다. 결국 장담은 현실로 정확히 입증됐다. 금리가 하락할수록 투자자산의 가격이 급등했다.

미래에셋 박현주 회장은 보유자금을 둘로 나눴다. 금리선물에 대략 90%, 주식에 대략 10%를 투자했다. 생각해보자. 바닥이 어디인지를 모르는 상황에서 쉬운 결정은 아니었다. 바닥이 여기인가 싶으면 더 빠지고 매일이 충격의 연속이었다. 그럼에도 불구하고 투자를 단행했다. 시간이 흐르면서 금리는 계속 떨어졌고 금리선물은 가격이 급등했다. 주식시장도 점차 상승했다. 그가 종자돈을 취득한 방법이 무엇인가? 누구는 파생상품 운용으로 돈을 벌었다고 한다. 하지만 아니다. 돈을 번 방법은 아주 간단하다. 그는 단지 비정상적 시장을 읽었을 뿐이다. 이게 전부다.

원리는 간단하다. "대형이벤트가 발생하면 시장은 과잉반응 한다." 이때 수익의 기회를 잡는 것이 중요하다. 실제 상황으로 돌아가보자. 대형사건이 발생하면 어떤가? 실제 이상으로 시장이 급랭해지고 수요세력은 움츠린다. 이런 기회를 잡아야 한다. 비정상적으로 떨어진 투자대상에 집중해야 한다. 이후 정상시장으로 복귀하면 가격이 급등한다.

시장금리와 채권의 상관관계는 중요하다. 과연 시장금리가 오르면 채권가격이 상승할까? 혹은 하락할까? 채권가격은 금리, 즉 채권수익률과 부(否)의 관계다. 채권은 한마디로 정부 혹은 회사가 발행하는 약식의 차용증서다. 차용증서에는 매년 이자가 얼마인지, 복리인지, 단리인지 조건이 명시된다. 이자지급 방법도 분기마다 혹은 연마다 주는 이표채가 있고, 만기에 한꺼번에 주는 할인채가 있다. 할인채는 일반적으로 만기 지급금액의 할인을 통해 발행되고 유통된다.

금리와 채권가격을 알아야 투자대상이 보인다. 여기서 예를 들어 보자. 발행금리 5% 회사채가 시장에 유통된다. 발행 후 시장금리가 10%로 상승했다고 하자. 채권가격은 어떻게 될까? 5% 회사채 채권가격은 하락한다. 금리가 10%로 올랐기 때문에 발행금리 5% 회사채는 인기가 없다. 매수세가 감소하고 매수세 하락만큼 가격이 떨어진다. 시장금리가 3%로 내렸다면 이 채권은 어떻게 될까? 채권가격이 오른다. 5%를 받을 수 있는 채권이라 인기가 좋다. 인기는 가격 상승을 뜻한다.

채권투자의 핵심은 금리가 높을 때 즉, 금리하락 가능성이 있을 때 투자하는 것이다. 그러면 이중으로 돈을 번다. 채권가격 상승수익과 이자수익이 동시에 발생한다. 만기까지 채권을 투자한 사람은 어떠한가? 투자할 당시의 금리, 즉 채권수익률로 수익이 확정된다.

여기서 5% 회사채를 다시 상기해보자. 채권 만기가 3년인 채권과 5년인 채권이 있다고 하자. 금리하락의 경우, 어느 채권 가격이 더 상승할까? 금리가 3%로 내렸다면 만기가 5년인 채권과 3년인 채권 중 어느 채권의 가격상승폭이 더 클까? 정답은 '만기가 5년인 채권이 더 오른다'다. 가격의 상승폭이 더 크다. 왜 그럴까? 시장금리보다 높은 이자를 장기간 받을 수 있는 채권이 더 유리하기 때문이다. 만기기간이 장기일수록 채권의 매력은 더 좋아진다. 시장금리가 하락할 기미가 보일 때 만기가 장기인 채권을 구입해야 한다. 단기인 채권보다 더 많은 시세차익을 얻을 수 있다. 전문가의 말로 바꿔 말해보자. "채권만기 잔존기간이 길수록 채권가격 민감도는 높다." 채권만기가 길수록 채권가격은 더 오르거나 더 내린다. 가격의 민감도가 다르기 때문이다.

2018년 5월, 10년물 미국 국채금리(Treasury Bond Yield Rate)가 3%를 넘었다고 한국 언론은 난리법석을 떨었다. 10년물 국채금리가 왜 이렇게 민감한 것일까? 금리가 인상되는 흐름일 때 제일 민감한 채권은 만기가 긴 채권이다. 민감도가 높아 변동성이 커지는 효과가 나타난다. 금리 인상 효과가 1인데 실제로는 2가 나타난다. 금리인상으로 채권가격 하락 위험을 기피하는 현상이 집중된 결과다.

발행금리가 변동하는 채권이 있다. 이런 채권투자는 시장금리 변동에 따른 채권가격 변동위험을 줄일 수 있다. 투자자의 요청에 의해 보통 발행되는데 발행 빈도수는 많지 않다. 변동금리채권(Floating Rate Note)은 발행금리가 시장에 맞춰 변동한다. 금리상승 시기에는 채권이자도 상승해 투자자 입장에서 유리하다. 금리상승 시기에 채권에 관심 있는 투자자는 변동금리채권을 매수하면 좋다. 금리상승에 의한 채권가격 하락을 미연에 방지할 수 있다. 일반적으로 채권이라고 하면 확정금리채권(Fixed Income Note)을 말한다. 발행시점에 금리가 확정되는 채권이다.

빅픽처　금리가 변동될 때 감지되는 최초 신호

금리인상 시기 : 발행금리가 낮고 만기가 긴 채권의 수익률이 급상승
금리인하 시기 : 발행금리가 높고 만기가 긴 채권의 수익률이 급하락

채권투자 세부전략

투자환경을 이해하는 데 가장 중요한 두 가지 요소가 있다. 나는 '금리'와 '경기'를 꼽고 싶다. 금리는 금융시장에서 중요하다. 시장의 큰 사건이 발생하거나 불길한 상황이 예측될 때 금리부터 이상기류가 형성된다. 급등할 수도 있고, 장단기 금리가 일정한 차이 혹은 스프레드를 두지 않고 바로 동일한 수익률로 채권가격이 형성되기도 한다. 불길한 징조다.

금리의 일반적 특징을 알고 있을 필요가 있다. 장기 수익률이 높고 단기 수익률이 낮은 것이 일반적이다. 자금시장의 변동성이 확대되면 어떻게 될까? 불확실성은 시장을 왜곡한다. 금리하락에 대한 추종세력이 증가하면서 장기 국고채 가격이 급등한다. 금리가 역전된다. 이러한 상황이 주는 신호는 무엇일까? '시장이 정상적이지 않다'다. 우리는 이 신호를 알아채야 한다.

채권투자의 적기는 언제인가? 대형사건이 발생할 때라고 말했다. 이때 시장에 집중해야 한다. 채권투자의 적기는 바로 이런 때다. 이상기류 형성에 의한 특이사건이 발생하면 긍정적인 생각을 해야 한다. 큰돈을 벌

수 있다고 자신감을 가져야 한다. 긍정적 생각은 기회를 엿보게 하기 때문이다.

그렇다면 채권투자를 통해서 큰돈을 번 사람이 있을까? 많다. 미국의 빌 그로스(Bill Gross)는 전설적인 채권투자자다. 누가 채권을 안전자산이라고 하는가? 그러나 그는 채권을 통해서 엄청난 돈을 벌었다. 원리만 알면 우리도 큰 수익을 얻을 수 있다. 그는 시장이 과잉반응할 때 과감하게 투자했다.

1987년 미국 검은 월요일(Black Monday)과 1997년 동아시아 위기가 그런 경우다. 2003년 카드회사 유동성 사건과 2008년 글로벌 금융위기도 유사하다. 시장은 과잉반응하여 원금을 잃을 수 있는 충격에 휩싸였다.

시장은 주기적으로 혼돈에 빠지기 때문에 투자자는 사이클을 읽어야 한다. 충격에 빠진 시장은 더욱 가속적으로 비정상적인 상황을 만들어낸다. 언론은 연일 역사적 사건이라 떠든다. 그러나 결국 시간이 지나면 정상적인 상황으로 복귀한다. 대형사건이 발생하면 투자자는 최악을 대비한다. 투자자산으로 현금이 최고라는 생각을 하게 된다. 그리곤 유혹에 빠진다. 유가증권의 가격은 급락한다. 불확실성이 불안을 만들고, 불안은 더욱 현금을 선호하게 만든다. 투자자산의 매도세가 밀려오면 채권수익률이 급등한다. 기회는 바로 이런 때다. 공포심에 마음을 졸이고 움츠릴 때 우리는 가슴을 펴야 한다. 시장의 치유력은 대단해서 곧 균형을 회복한다. 생태적 유지본능은 우리가 생각하는 그 이상이다.

경기침체기에도 정부발행 채권가격은 떨어지지 않는다. 가격이 떨어지지 않지만 가격흐름을 주시해야 한다. 국고채와 우량회사채 가격은 굳건하게 버틴다. 아무리 경기가 안 좋아도 정부가 부도날 이유가 없기 때문이다. 우량회사의 부도위험은 지극히 낮다. 그렇지만 상황이 다른 경우가 있다. 경기의 불확실성이 더 커지면 감내할 수 없는 상황이 발생한다. 신용위험에 의한 가산금리가 확 벌어진다. 우량회사채와 국고채 가격폭이 사상 최대로 커지는 것이다. 이 시기에는 어떻게 해야 할까? 망설이면 기회는 도망간다. 공포에 떨면 수익은 사라진다. 우량회사채를 꽉 붙들어야 한다. 매수해야 할 적기다.

혼합채권(Hybrid Securities) 혹은 주식연계채권(Equity Linked Securities)은 어떠한가? 매수가치가 더 높다. 참고로 혼합증권 혹은 주식연계채권은 크게 신주인수권부사채(BW, Bond with Warrants), 전환사채(CB, Convertible Bond), 교환사채(EB, Exchangeable Bond)가 있다. 자세한 사항은 뒤의 13장을 참고하자.

큰 사건 발생으로 시장이 왜곡되면 가격이 낮아지는 비정상적 과잉반응이 발생한다. 이때가 채권 매수 적기라고 말했다. 그럼 회사채는 어떠할까? 회사마다 신용위험이 다르다. 재무의 안정성과 수익성이 상이하다. 불안정성과 이에 따른 왜곡된 시장이 비적절한 가격을 만든다. 저가 매수의 기회다. 타이밍과 회사 선택이 핵심이다. 대형사건이 모든 산업에 동일한 영향을 주지 않는다. 업종에 따라 영향이 덜 미치는 업종이 있기 때문에 회사를 선별할 필요가 있다. 영업이익은 어떤지, 부채상환 능력은 괜찮은지, 매출액이 충격적으로 감소할 때 감내기간은 어느 정도인지면밀하게 분석해야 한다. 급격한 충격으로 심리적 과잉현상이 나타난다. 과잉반응의 실체는 추후에 확인된다. 시장은 실제보다 과잉반응한다. 실제가 1이면 가격변동은 2 혹은 3만큼 발생한다.

동일한 채권투자지만 자세히 보면 다르다. 어떤 사람은 금리의 방향성에 투자한다. 금리가 하락하면 가격은 오른다. 어떤 사람은 신용위험에 투자한다. 부도위험 흐름에 가격이 출렁이고 실제 이상으로 가산금리가 벌어진다. 부도위험을 보여주는 가산금리 폭을 주의 깊게 보면 출렁이는 가격의 틈새가 보인다.

개인도 증권사의 객장에서 채권거래가 가능하다. 채권거래를 통해 주된 수익을 얻는 금융기관이 많다. 그만큼 채권은 우리나라에서 중요한 투자대상이다. 이제는 개인도 채권투자로 수익을 확대해야 한다. 그런 때가 이미 되었다. 비장한 무기의 미사용은 누구를 탓할 수 없다. 오로지 본인이 결정했기 때문이다.

빅픽처　채권투자 적기는 언제인가?

대형사건에 의해 시장이 과잉반응 할 때다.
시장이 공포에 전율할 때 어깨를 펴고 기회를 엿보자.

CHAPTER 13

채권과 주식의 하이브리드를 이해하라

글로벌 금융위기가 터지자 시장은 급속 냉각됐다. 2009년 3월, 기아자동차는 유동성 위기에 빠졌다. 신규 투자가 증가하는 상황에서 글로벌 금융위기가 상황을 최악으로 만들었다. 긴급 수혈자금이 필요했다. 정상적인 상황이라면 필요금액은 큰돈이 아니었다. 하지만 당시는 금융위기로 인해 내부자금이 말라버렸다. 유동성 위기를 해결하지 못하면 끝이었다. 4,000억 원을 어떻게 조달해야 할까?

맑은 하늘에 날벼락이었다. 저 멀리 미국에서 발생한 금융위기가 우리나라에 몰아붙인 위력은 대단했다. 회사들은 살얼음판을 걸어야 했고 자금부족 현상은 극에 달했다. 경색된 환경에서 자금조달 방안을 강구하지 않으면 건실한 글로벌 회사도 어쩔 수 없었다. 유상증자를 할지 회사채를 발행할지 차별적인 방안이 필요했다.

위대한 회사도 유동성 위기는 있다. 투자시장이 긍정적이라면 해결은 간단하다. 일반적인 상황에서 기업의 자금조달 수단은 주식 아니면 채권이다. 보통 유상증자를 통한 자금조달이면 충분하다. 그러나 시장이 완전히 달라지면 상황도 확연히 달라진다. 자금줄이 묶여 꼼짝할 수가 없다. 시장이 어려워지면 선호 1순위는 현금이 된다.

차별화된 조달 수단으로 투자자를 압도해야 했다. 전통적인 주식과 채권으로는 도저히 불가능했다. 비장의 무기를 활용했다. 미션을 수행할 투자증권을 선택해야 했다. 어떤 무기가 적당할까?

비장의 무기를 찾아라

전통적인 주식, 채권 모두 답이 아니었다. 주식과 채권의 단점을 보완한 증권이 가능성이 있었다. 우선 투자자에게 매력적인 조건을 제시해야 했다. 그러나 얼어붙은 시장에 투자자는 없었다. 투자은행 혹은 증권회사는 조건에 신경을 곤두세웠다. 개선된 투자조건으로 승부를 걸어야 했다. 시장이 반응하지 않으면 자금조달 실패다.

신주인수권부사채, 워런트(Warrant)는 분리형, 자금조달 규모 4,000억 원, 표면이자율 1%, 채권만기수익률 5.5%, 채권만기 3년, 3년 이내 신주발행 청구권 행사, 행사가격은 기준주가의 5% 할증 수준인 6,880원.

투자시장은 결정을 요구했다. 투자할 것인가? 우선 검토해야 했다. 분명한 것은 최악의 시장 상황이었다. 글로벌 금융위기로 종합주가지수가 900 포인트까지 폭락했다. 이런 엄동설한에 무슨 투자? 긴장됐다. 시장은 물었다. 과연 기아자동차가 망할 회사인가?

많은 사람들이 말한다. "현대자동차그룹처럼 수익계열사가 잘 되어 있는 국내그룹은 없다"고. 맞는 말이다. 국내시장 경쟁자가 없는 아주 독보적인 그룹이다. 시장점유율 역시 거의 독점 수준이다. 미국과 유럽시장에서는 점유율을 점차 확대하고 있다. 기아자동차는 현대자동차그룹의 핵심회사다.

한 코스닥회사의 CFO가 100억 원 회사채 발행을 원했다. 이 회사는 한류를 통해 꾸준히 성장하고 있었다. 주된 사업에 부수적으로 발생하는 지적재산권으로 사업 다각화를 추구한다고 했다. 영화 〈아바타〉의 열기로 주식시장에도 3D 사업 관련 테마주 열풍이 불었다. 앞서 말했듯, 자본시장을 통한 자금조달 방법은 기본적으로 두 가지다. 하나는 채권이고 하나는 주식이다. 채권은 회사가 발행하는 약식 차용증서다. 투자자에게 증서를 교부하고 일정 금액을 빌려준다. 빌려주는 대가로 이자를 받는다. 주식은 다르다. 주식은 재무제표의 자본금에 해당한다. 주식회사의 주권임을 표시하고 발행한다. 기업은 기본적으로 이 두 가지 방법으로 자금을 조달한다.

그러나 시장이 어려워지면 전통적인 두 가지 방법은 소용이 없다. 왜일까? 투자의 매력도가 부족하기 때문이다. 이런 때는 주식과 채권의 혼합형 증권을 발행한다. 기능을 서로 섞으면 투자 매력이 올라간다. 발행회사는 살기 위해 투자조건을 대폭 개선한다. 투자자는 개선된 투자조건을 빠르게 알아보고 달려들어야 한다. 달려들지 않으면 기회는 금세

사라진다. 기회를 포착할 수 있는 실력을 길러야 한다. 코스닥회사의 회사채 발행은 투자조건이 맞지 않았다. 현실성이 없어 발행을 거부했다.

주식과 채권의 특성을 어떻게 혼합할까? 채권에 이자 외에 다른 권리가 추가된다. 주식과 연계된 권리다. 채권과 주식의 혼합을 통해서 새로운 증권으로 전환된다. 지금은 채권이지만 시장이 좋아지면 주식으로 전환될 수 있다. 투자조건이 확 달라졌다.

기아자동차는 드디어 결심을 했다. 몸을 낮췄다. 신주인수권부사채를 발행하겠다고 동의했다. 사람들이 몰려들었다. 지인은 5억 원으로 공모에 참여하고 싶어 했다. 경쟁이 세면 아픔도 컸다. 추가로 5억 원을 더 마련해야 했다. 신용대출을 받고 가족에게 돈을 빌렸다. 그는 간절히 기원하는 마음으로 청약 마감 날짜를 기다렸다. 마감이 되자 오히려 마음이 놓였다. 예감이 예사롭지 않았다.

매력적인 투자수단

자금조달을 위해 선택한 무기는 신주인수권부사채다. 신주인수권부사채가 무엇일까? 투자자는 행사가격으로 주식발행을 청구하고 발행회사는 청구에 따라 무조건 발행해야 한다. 이 증권은 채권 기능과 신주발행청구권을 동시에 갖고 있는 혼합증권이다. 신주발행청구권은 신주인수권을 통해 행사할 수 있다. 신주발행청구권을 행사할 경우, 워런트를 제시해야 한다. 청구를 받은 발행회사는 정해 놓은 행사가격에 맞춰 신주를 발행해 교부한다.

상법에 따르면 증권회사는 분리형 BW와 비분리형 BW 모두 발행 가능하다. 분리형 BW는 워런트를 채권과 분리하여 유통시킬 수 있다. 비분리형은 상호 분리가 허용되지 않는다. 자본시장과 금융투자업에 관한 법률에서 분리형 BW 발행을 최근 금지시켰다. 왜 그럴까? 대주주가 저가 발행하면 상속이나 증여수단으로 남용될 수 있기 때문이다. 특별법 우선 원칙에 의거 현재 분리형 BW는 발행할 수 없다. 한마디로 신주인수권부사채는 채권과 신주인수권이 결합된 증권이다. 참고로 기아자동차가 발행하려고 하는 증권은 분리형 BW였다.

행사가격이 주당 5,000원인데 현재 주가가 1만 원이라면 당연히 신주인수권을 행사해야 한다. BW 액면가격이 50억 원이라고 하면 발행 청구가 가능한 주식 수는 100만 주다. 권리를 행사하여 주식시장에 그냥 매도만 해도 100억 원이다. 추가 50억 원을 수익으로 확보할 수 있다. 수익률 기준으로 100%다. BW의 투자 매력이 이런 점이다.

주당가치가 행사가격 이상이면 무조건 돈을 번다. 채권에 부여되는 이자 외에 주식 매수에 따른 이익을 향유할 수 있다. 반대로 주가가 4,000원이고 행사가격이 5,000원인 BW는 신주인수권을 행사할 실익이 없다. 만기까지 주가 상승을 기다릴 수 있다. 만기가 돼도 주가가 행사가격 이하면 어떻게 해야 할까? BW 투자자는 선택해야 한다. 채권원금만 상환받는 방법과 채권 원금으로 신규 주식을 소지하는 방식 중 어느 방식이 좋은지 말이다.

BW는 매력적인 투자수단이다. 권리를 행사하지 않으면 안정적으로 이자를 수령할 수 있다. 권리를 행사하면 주식으로 변경돼 더 높은 이익을 추구할 수 있다. 이런 점에서 BW는 우량회사가 불안정한 시장에서 사용하는 무기다. 혹은 단순한 회사채로 투자자를 만족시킬 수 없는 중견회사일 때 사용한다. 일반적으로 BW 발행조건은 투자자와 발행자가 협의하여 결정한다. 회사가 소지하고 있는 부동산이나 대주주 소유회사 주식에 저당권 혹은 질권을 통해 담보권이 설정되기도 한다. 대기업은 무담보로 발행된다.

투자자가 중도에 BW를 회사에 매도할 수 있을까? 그럴 수 있다. 일정 기간 경과 후 발행회사를 상대로 매도청구권(Put Option)을 행사할 수 있다. 권리자가 매도청구를 하면 상대방은 반드시 매수를 해야 한다. 일반적으로 BW 만기가 5년인 경우, 3년 혹은 2년 경과 후에는 BW를 다시 매도할 권리를 투자조건에 명시할 수 있다. 발행회사 입장에서는 채권과 권리를 매수하는 것이므로 재무제표상 채권에 해당하는 부채가 없어진다. 이를 다시 다른 사람에게 양도하는 경우 부채가 다시 발생하고 신주인수권이 타인에게 양도된다. 지분 과반수에 해당하는 신주인수권은 경영권도 타인에게 양도된 것으로 본다. 신주인수권 매수자는 언제든지 신규 주식발행을 통해서 경영권을 확보할 수 있기 때문이다. 특히 기업인수 및 합병에서 이런 방식을 많이 사용한다.

투자자의 매도청구권과 상응해서 발행회사는 매수청구권(Call Option)을 갖는다. 매수청구권이 무엇인가? 매수를 청구하면 상대방은 반드시 매도를 해야 한다. 이런 투자조건은 협의를 통해서 결정된다. 공모인 경우, 채권발행 주관회사가 발행회사와 협의를 한다. 기아자동차는 매수청구권과 매도청구권이 첨부되지 않았다. 시장 상황을 감안하여 조건을 붙인다. 사모인 경우 투자자와 발행회사가 직접 협의하여 투자조건을 결정하며 매도청구권과 매수청구권이 자주 상호 교환된다. 참고로 50인 이상의 사람들에게 투자를 권유하는 경우를 '공모'라 하고 그렇지 않은 경우 '사모'라고 한다. 자본시장과 금융투자업에 관한 법률에서 정하고 있다. 공모는 투자자 보호를 위해 규제가 강화된다.

신주인수권부사채와 유사한 형태를 가진 다른 혼합증권(Hybrid Securities)을 살펴보자. 전환사채는 주식으로 전환되는 전환권을 부여한 증권이다. 발행할 때 전환가격을 미리 정해 놓는다. 전환 전에는 통상적인 채권이지만 주식으로 전환되면 더는 채권이 아니다.

교환사채는 채권 기능과 교환권, 즉 회사가 보유한 다른 상장 유가증권으로 교환권을 부여한 증권이다. 추가로 부여된 권리 때문에 투자자에게 유리하다. 이자도 받고 추가 권리행사를 통해 별도 수익을 확보할 수 있다. 채권투자의 밋밋한 단순성이 보완된 형태다. 이자만 받는 형태보다 훨씬 수익이 좋다. 신주발행청구권, 전환권과 교환권이 각각 투자자로 하여금 돈을 벌게 해준다.

전환사채와 교환사채는 신주인수권을 전환권과 교환권이 대신한다. 전환사채는 채권이지만 주식으로 전환할 수 있는 증권이다. 여기서는 전환권이기 때문에 분리형과 비분리형 이슈가 생기지 않는다. 주식의 가치가 채권보다 높다고 판단되면 일정한 전환가격을 기준으로 전환 가능하다. BW에서는 신주인수권부증권이라서 행사가격이라 부르고 전환사채에서는 전환가격이라고 부른다. 채권에서 주식으로 전환할 때 주당 기준가격을 의미한다.

전환사채만의 고유한 특징이 있다. 의무전환사채(Mandatory Convertible Bond)는 주식으로 반드시 전환돼야 한다. 미전환 시 원리금 상환청구권 자체가 소멸한다. 만기 내에 반드시 주식으로 전환되는 특성 때문에 발행회사 입장에서는 재무적 안정성을 전환 전에 보장받는다. 이런 점을 발행회사는 선호한다. 전환사채도 매수청구권이 있다. 전환사채가 미전환 상태로 잔류되는 것을 방지하고자 발행회사는 전환사채를 다시 매수할 수 있는 권리를 갖는다.

교환사채는 교환권이 부여된 채권이다. 채권소지자는 발행회사가 보유하고 있는 다른 상장증권과 교환을 청구할 수 있다. 교환권이 행사되도 전환사채나 신주인수권부사채와는 달리 자본금이 증가하지 않는다. 교환사채는 특정 보유주식을 교환대상으로 자금을 차입한 후 주가가 교환가격 이상으로 상승하면 교환 가능하지만, 주가가 교환가격 이상으로 상승하지 않으면 현금상환 의무를 부담한다. 교환대상 주식이 2개 이상인 것을 OPERA(Outperforming Equity Redeemable in Any asset) Bond라고 한다. OPERA Bond는 투자자 입장에서는 교환대상 주식 중 가격이 더 오른 주식을 선택할 수 있다. 이런 점에서 통상의 교환사채보다 유리하다.

혼합형 증권을 이해하기 위해서는 투자자 입장으로 채권을 바라봐야 한다. 투자자 수요에 부응하기 위해 여러 형태의 증권이 탄생했다. 혼합형 증권은 신주발행청구권, 전환권, 교환권이 결합돼 있다. 채권의 어떤 문제를 해결하기 위해서일까? 채권은 기본적으로 만기에 상환해야 한다. 원금을 마련하지 못하면 채권소지자는 원금 회수에 문제가 발생한다. 원금 회수의 문제를 해결하기 위해서 다양한 형태의 혼합형 증권이 개발됐다. 그렇다면 만기에 원금을 상환해야 하는 의무를 없앨 수 있을까? 주식으로 주면 된다. 그것이 BW와 전환사채다. 다른 회사 주식으로 줘도 된다. 상장된 다른 회사 주식으로 상환하는 것이 교환사채다.

모든 투자는 포인트가 있다. 신주인수권부사채, 전환사채, 교환사채도 마찬가지다. 금융에선 채권과 주식의 성격을 동시에 지닌 투자를 메자닌 투자라 한다. 메자닌(Mezzanine)이란 건물 1층과 2층 사이에 있는 중간층을 뜻하는 이탈리아 말에서 유래한다. 메자닌 투자의 핵심은 무엇인가? 이것을 알아보자.

빅픽처 기능이 혼합된 매력적인 투자수단

전통적인 채권 + 신주인수권 → 신주인수권부사채
전통적인 채권 + 전 환 권 → 전환사채
전통적인 채권 + 교 환 권 → 교환사채
전통적인 채권 + ㅇ ㅇ 권 → ㅇㅇ사채

메자닌 투자의 핵심

청약 결과가 발표됐다. 긴장된 마음으로 주목했다. 청약경쟁률이 생각보다 낮았다. 그래도 다행이었다. 10억 원을 청약해서 1억 3,500만 원어치를 배정받았다. 개인투자자들의 청약경쟁률은 7.4:1. 10대 1이 넘는 치열한 경쟁률을 예상했다. 10억 원을 청약했으나, 최종적 투자금액은 줄어들었다. 청약배정이 끝난 직후 가족과 금융기관으로부터 빌린 돈은 바로 돌려주었다.

채권투자는 원금 상환에 문제가 있다면 투자조건이 아무리 좋아도 아무 소용이 없다. 메자닌 투자도 마찬가지다. 담보채권은 일반적으로 기업소유 부동산이나 대주주 소유 지분을 담보로 발행된다. 발행회사 신용도가 기준 이하인 경우, 투자자는 일정 담보를 요구하지만 대기업은 일반적으로 담보 없이도 발행 가능하다.

메자닌 투자의 핵심은 채권으로 발행된다는 점이다. 주식으로 전환되거나 변경될 권리가 있다. 이런 점에서 해당 기업의 개별 주식종목을 반드시 검토해야 한다. 해당 기업 시가총액이 얼마인지, 하루 거래량은 얼마인지, 현재 전환되지 않은 CB 혹은 행사되지 않은 BW의 잔량이 많지는 않는지. 개별기업의 시가총액 혹은 거래량의 제약으로 유동성에 문제가 있을 수 있기 때문이다. 시장을 통해 주식을 현금화할 수 없다면 골치거리다. 물론 대안은 있다. 주식 블록딜(Block Deal)을 통해 대량의 주식을 상호 거래할 수 있다. 블록딜은 대량의 주식을 장외에서 거래하는 것이다. 거래 상대방을 물색해야 하고 거래가격 혹은 물량을 협상해야 한다.

주식연계증권 혹은 혼합형증권의 발행목적은 중요하다. 일반적으로 발행기업이 공시하는 데 정확한 설명이 누락될 수 있다. 정확한 발행목적을 알려면 재무제표 분석을 해야 한다. 새로운 사업에 진출하려는 목적이 있을 수 있다. 시장 불확실성이 예상돼 기업이 현금유동성을 미리 확보하려는 경우가 있다. 혼합형증권 투자는 주식가치가 올라갈 것이라는 방향성에 투자하는 것이다. 이 때문에 발행목적은 대단히 중요하며 성패를 좌우한다.

기아자동차는 역시 달랐다. 1억 3,400만 원이 10억 원을 넘었다. 2년이 지나자 9배 이상 상승했다. 지인은 워런트를 행사하여 신주발행을 청구했다. 주식시장 활황 덕분에 9배의 수익을 확보했다. 자금을 빌려준 가족들에게 거하게 저녁을 샀다. 시장에서 주식을 직접 매입한 투자자들은 어떠한가? 주식 투자자도 9배 이상 가격이 오를 때까지 기다린다면 큰 수익을 거둘 수 있다. 하지만 주식투자 특성상 기다리기는 쉽지 않다. 9배 이상 오를 때까지 기다릴 수 있는 투자자는 많지 않다. BW투자는 이런 점에서 주식투자와 조금 다르다.

지인은 기아자동차 주가 상승 여부에 확신할 수 없었다. 하지만 망할 회사가 아니라는 점은 확신했다. 3년 후 만기 시 5.5%도 비교적 높은 이자였다. 3년 이내에 주가가 상승한다면 시세차익도 가능했다. BW투자는 주식시장을 봐가면서 청구권을 행사한다. 메자닌 투자의 큰 장점이다.

요약해보자. 시장이 경색될 때 우량기업이 메자닌 투자로 자금을 조달한다. 시장이 좋을 때는 반대로다. 재무구조가 취약한 기업은 메자닌 투자로 자금조달을 시도한다. 메자닌 투자증권은 채권이지만 주식으로 전환된다. 수익이 주식시장과 연계돼 결정된다.

50인 이상인 자에게 투자를 권유하는 경우 공모라 한다. 그렇지 않은 경우는 사모다. 주식발행, 채권발행, 펀드투자를 권유할 때 공모와 사모의 기준에 따라야 한다. 공모는 투자자 보호 때문에 규제가 엄격하지만 사모는 그렇지 않다.

청구권은 어떤 자산을 특정한 시기에 미리 정한 가격으로 매수하거나 매도할 수 있는 권리계약을 말한다. 크게 두 가지로 구분된다. 매수청구권과 매도청구권이다. 매수청구권은 어떤 자산을 장래의 특정한 시기에 미리 정한 가격으로 살 수 있는 권리다. 매도청구권은 어떤 자산을 장래의 특정한 시기에 미리 정한 가격으로 팔 수 있는 권리다. 개념 이해 정도면 충분하다.

빅픽처 메자닌 투자에 대해 알아보자

주식시장을 검토해야 하는 이유

거래량이 적으면 자금회수에 문제가 생긴다. 때문에 일일 거래량을 점검해야 한다.

예상주가가 전환가격 혹은 행사가격보다 낮다면 투자가치가 없다. 현재와 미래의 주가를 분석해야 한다.

메자닌 증권 발행회사의 신용도를 결정하는 요소는?

아이러니하게도 시장이 발행회사의 신용도를 결정한다. 시장상황이 경색이냐 혹은 활황이냐에 따라 발행기업이 사용하는 투자수단은 확 달라진다.

경색시장	대기업 혹은 우량기업이 메자닌 증권 발행
활황시장	중견기업이 메자닌 증권 발행

핵심 포인트는 '시장이 부정적일 때 발행회사의 신용도는 대폭 상승한다'는 점이다.

CHAPTER 14

리서치로 버텨라

충격적인 보고서였다. 회사의 재무적 핵심지표가 상세히 설명돼 있었다. 이 보고서가 시장에 나간다면 과연 어떻게 될까? 현재 주가에 대한 의견은 압권이었다. 시장의 통념을 완전 뒤집어 보고 있었다. 이런 경우 센터장의 결재는 시장의 변동성을 확대하는 결정적 계기가 된다. 결재와 동시에 정보는 선을 타고 흘러갈 것이다. 이 정보는 시세 판을 흔들 수 있었다. 매수 혹은 매도. 누구는 피를 흘리고 누구는 안도를 하게 될 것이다. 결정을 내려야 했다. 수정을 지시하든지, 결재하든지.

차이가 수익을 가른다

기업을 분석하지 않고 투자하는 사람은 투자가 아닌 투기를 하는 것이다. 가치투자의 창시자인 벤자민 그레이엄이 말했다.

“투자란 철저한 분석을 통해 원금을 안전하게 지키면서 만족스러운 수익을 확보하는 것이다. 그렇지 않다면 투기가 분명하다.”

기업을 잘 알지도 못하는데 어떻게 투자할 수 있을까? 그러나 이런 사람이 의외로 많다. 남의 말에 너무 쉽게 휘둘린다. “이렇게 좋은 기업이 없어. 사자마자 계속 주가가 올라. 지금 2배 됐다니까. 역시 선택을 잘 했어. 아마 이번 주에도 더 갈 것 같은데.” 친구의 말에 그저 매수한다. 어떤 사업을 하는지는 관심 없다. 종목 검토는 안 하면서 상승에 대한 기대는 하늘을 찌른다.

왜 이러는 것일까? 우리나라 사람들은 사행성 측면에서 어느 나라 국민에 뒤지지 않는다. 한국인의 이러한 주식투자 유형을 듣더니 외국인은 깜짝 놀랐다. 이 외국인의 묘한 표정이 머리에 생생하다. 한국인이 다 그런 건 아니지만 유별나게 ‘감’에 의한 투자를 좋아한다. 왜 그럴까? 분석해보자.

전문가는 주요 원인으로 우선 투자와 금융 교육의 부족을 꼽았다. 역사적으로 보면 한탕주의가 만연한 근대화 과정도 무시할 수 없다. 열심히 일해서 번 돈보다 부동산 개발 정보에 의한 투기가 더 빨랐다. 가슴 아픈 역사도 한몫했다. 투자보다 투기를 좋아하는 나름의 이유가 있다. 문화적 현상으로 자연스럽게 자리 잡고 사회의식으로 굳어진 걸까? 만약 그렇다면 개인의 책임보다 사회의식에 대한 비판이 앞서야 한다. 부동산 개발 정보에 소외된 ‘한풀이’에 기인한 것일까? 반대로 수혜를 입은 경험에 의해 자연스럽게 체득된 걸까?

주식투자는 돈을 잃을 수도 있고 반대로 수익을 낼 수도 있다. 이것은 분명하다. 기관투자자는 어떻게 할까? 기관투자자는 수익 획득 확률이 훨씬 높다. 왜 그럴까?

기관투자자는 증권회사의 리서치를 신봉한다. 기관투자자의 투자 프로세스를 보면 리서치로 시작해서 리서치로 끝난다. 연초가 되거나 대형사건이 터지면 기관투자자는 바빠진다. 최고의 이코노미스트가 시장을 어떻게 보는지 알아보기 위해 브리핑을 요구한다. 거시적인 경제동향, 금리동향, 주식시장, 통화 및 금융시장을 완전히 파악하고 나서야 산업별 영향을 듣는다. 감에 의한 투자는 없다. 철저하게 분석한다. 현명한 투자자가 누구일까? 간단하다. 객관적인 정보로 우뚝 서라. 이기는 투자의 지름길이다.

이런 기관투자자의 태도는 증권회사의 리서치 능력을 성장시킨다. 시장이 변곡점에 있으면 의견이 갈린다. 어떤 사람은 금리가 오른다고 하고 어떤 사람은 딴 얘기를 한다. 누구를 믿어야 할까? 의견 차이는 시장의 불확실성에 기인한다. 의견이 다르면 우리는 투자를 망설인다. 시장을 정확하게 읽을 줄 아는 사람은 유능한 사람이다. 그렇다면 누가 맞을까?

늘 완벽한 사람은 없기 때문에 증권회사는 유능한 리서치 인력을 많이 확보해야 한다. 리서치 능력은 법인 영업에서 대세를 가른다. 주식중개 영업은 여기에 달려있다. 베스트 이코노미스트와 애널리스트를 많이 확보해야 한다. 이코노미스트와 애널리스트의 예리한 판단과 시각을 통해 기관투자자는 시장을 파악하고 투자를 단행한다. 주식과 채권투자의 비중과 방향을 결정한다.

코스닥 회사 재무최고책임자(CFO)에게서 연락이 왔다. 직원 편에 회사 경영자료를 많이 보낸다고 했다. “우리 회사 리서치 보고서 좀 잘 부탁합니다. 저번 보고서 때문에 곤욕스러웠어요.” 지난 분기 보고서에 회사주가는 흔들렸다. 지금은 어느 정도 회복하고 있었다. 그런데 이때 찬물을 끼얹으면 어떻게 될까? 시장은 급변한다. 시황판은 파란색으로 바뀌고 거래량이 뚝 떨어진다. 충격적인 리서치 보고서는 날아가는 주가를 단번에 추락시킨다. 결재를 해야 하는데 자꾸 망설여졌다.

산업이 먼저다

기업분석이 무엇인가? 일반적 방식은 거시적인 시각에서 출발한다. 현재의 경제적 상황이 회사의 매출액과 이익에 어떤 영향을 주고 있는지 잣대를 들이댄다. 경제적 상황과 매출액을 비교 분석한다. 영업이익률 추이도 본다. 영업이익률은 많은 정보를 함축하고 있다. 영업이익을 매출액으로 나누어 산출하지만 그 이상의 정보를 갖고 있다. 기술력이 빈약한 회사는 영업이익률만 봐도 금방 알 수 있다. 그런 회사들은 영업이익률이 높지 않다.

회사분석에서 가장 중요한 것은 산업분석이다. 산업분석은 해당 산업의 특징을 알려준다. 산업을 이해하지 못하고 어떻게 회사의 수익성과 자산가치를 이해할 수 있을까? 어느 산업에 속했느냐에 따라 기업분석의 방법은 완전히 달라진다.

회사의 우량 여부를 판단하는 최고 기준은 산업이다. 산업마다 경제 동향과 경기순환에 따른 기업실적의 변동성이 완전히 달라진다. 경기가 1 변하면 4만큼 변하는 산업도 있다. 변동성이 더 큰 산업도 있고, 어떤 산업은 경기 부침에 관계없이 꾸준히 성과를 내기도 한다. 산업이 주는 변동성은 크다. 변동성은 불확실성을 의미하고, 경제요소가 붕괴될 때 실적 악화 정도를 의미한다.

산업의 특성이 수주를 통해서 매출이 발생하는지, 기계장치 활용으로 수익을 창출하는 산업인지, 정확하게 이해해야 한다. 수주를 통해서 매출을 확보해야 한다면 매년 연초 제로베이스에서 매출액이 시작된다. 수주 산업의 경우, 일감을 미리 확보해야 회사인력도 제대로 활용될 수 있다. 수주가 중간에 중단된다면 내부 고용인력은 손 놓고 쉬어야 한다.

건설회사가 대표적이다. 신문에 따르면 모 건설회사는 가구당 7,000만원을 이사비용으로 지급하는 마케팅을 하고 있다. 아파트 재건축은 분양 위험이 거의 없는 프로젝트다. 증가하는 세대 수만큼 일반분양을 해야 한다. 입지도 너무 좋고 새 아파트라는 프리미엄까지 가세돼 경쟁률이 100:1을 넘어섰다. 건설회사들의 수주 경쟁은 도를 넘었다. 수주 중단은 곧 죽음이기 때문이다.

LPG 발전소는 어떠한가? 매출을 일으키려고 영업에 전력투구할 필요가 없다. 발전소에서 생산된 발전량은 모두 전력거래소에 판매된다. 한국전력에 송전만 하면 된다. 발전소는 LPG를 저가로 구입해서 효율이 높은 발전설비를 구축하면 된다. 건설회사와 비교하면 얼마나 편한 산업인가. 물론 산업의 특성을 심도 있게 비교하자면 장단점을 거론할 수 있다. 건설산업과 달리 발전산업은 많은 자본이 필요하다. 산업마다 평균적인 자기자본수익률(Return On Equity)은 다르다. 자기자본수익률은 '당기순이익/자기자본×100'으로 계산한다. 자기자본 1을 통해서 얼마나 많은 이익을 창출하는지 보여준다.

어떤 사업은 평균적인 ROE가 20%인 업종도 있다. 어떤 산업은 5%도 미치지 못한다. 같은 매출이라 하더라도 수익을 창출하는 능력과 방법이 다르다. 개별 기업의 주가 분석에서 가장 중요한 것은 업종이다. 동일한 자본금과 유사한 규모의 자산을 소유한 회사라도 업종이 다르면 수익성 측면에서 많은 차이가 있다.

주식시장에서 가장 각광받는 회사는 어떤 회사인가? 항상 변함없이 큰 수익을 내는 회사다. 그렇다면 꾸준히 큰 수익을 내는 회사는 어떤 회사인가? 시장을 주도하는 회사다. 시장을 주도하는 회사는 이익률이 꾸준하다. 원재료 가격이 오르면 가격에 반영된다. 가격 인상에도 시장은 둔감하다. 즉, 가격 인상에 저항감이 없다. 큰 수익은 독점에서 나온다. 그러나 독점은 불가능하니 차별적 상품 경쟁력을 통해서 시장을 주도해야 한다. 상품 경쟁력을 확보하면 독점과 유사한 효과를 볼 수 있다. 가격을 올려도 수요에 변동이 없다. 오히려 수요가 증가하기도 한다. 가격을 올리면 더 오를 수 있다는 우려에 가수요가 발생하기 때문이다.

기업분석 리서치 보고서는 많은 내용을 포함한다. 산업분석은 기본이다. 현재 비즈니스 영역의 세계적 추세를 보여준다. 예리한 리서치 보고서는 상승하는 주가를 거꾸로 추락시킨다. 하락하는 주가의 흐름을 완전히 돌려 놓기도 한다. 영향력이 굉장하다. 그러나 요즘 이러한 보고서들이 나오지 않는다고 한다. 객관적 정보를 다뤄야 할 애널리스트와 이코노미스트들이 주관적인 보고서를 쓰는 건 아닌지 의구심이 든다. 기업분석 보고서는 개별 기업의 내재가치 분석을 통해서 현재주가가 낮은지, 높은지, 의견을 보여줘야 한다. 보통 3단계로 나누는 데 매수, 중립, 매도로 구분해 의견을 제시한다.

앞서 말한 충격적인 보고서 결재는 쉽지 않았다. 리서치 보고서는 그냥 나오는 것이 아니다. 담당자가 잠을 설치며 피와 땀으로 쓴 자료였다. 목에 칼이 들어와도 옳은 것은 옳다고 해야 한다. 리서치 보고서가 죽으면 리서치 센터는 존재 이유가 없다.

주식시장은 돈과 관련된 시장이다. 틀린 정보는 곧바로 돈의 흐름을 왜곡한다. 이 보고서의 탁월성과 차별성은 명확했다. 승부수를 던진 보고서였다. 최근 5년간 미국시장 흐름을 명확하게 보여주고 있었다. 영문자료까지 모조리 조사범위에 포함돼 있었다. 보고서는 해당 산업의 미래 흐름을 정확하게 겨누고 있었다.

결재를 해야 했다. 마음을 먹었다. 결재시스템으로 들어가 문서를 찾았다. 지금 클릭을 하면 기업분석보고서는 회선을 타고 주식시장에 충격을 줄 수 있다. 파장은 불가피했다.

빅픽처 ROE가 높은 회사의 투자가치

ROE는 회사 자본이 효율적으로 사용될수록 올라간다. 수익률을 좌우하는 결정적 요소는 업종이다. 업종이 좋으면 수익률이 좋다. 그룹 경영에서 좋은 업종의 기업을 탐내는 궁극적인 이유가 여기에 있다. 수익률이 좋으면 왠지 모르게 끌린다.

동일한 업종이라도 ROE는 천차만별이다. 왜 그럴까? 그 이유는 다양하다. 자기자본의 효율적 집행에 문제가 있어 생산원가가 높거나, 기술이 부족해 추가비용이 소요되거나, 마진을 충분히 부가할 수 없는 제품인 경우 모두 ROE 수준이 저조하다. 결국 ROE 수준은 산업, 기술력 혹은 경쟁력 수준이 만드는 기업의 핵심지표다.

회사가치평가의 핵심

회사가치를 어떻게 평가할까? 투자자는 알고 있어야 한다. 일반적으로 회사가치는 수익성을 기준으로 평가한다. 수익성의 기준은 '회사가 순이익을 얼마나 잘 내느냐'다. 반면 '돈이 되는 자산을 얼마나 가지고 있느냐'로 평가하기도 한다. 자산가치로 기업을 보는 방법이다. 회사를 상속하거나 증여하는 경우 세법 규정에 따라야 한다. 상속세 및 증여세법에 의거 주당가치를 계산해 세금을 납부해야 한다. 이러한 법률적 기준이 존재하지 않는다면 정부와 국민들 간에 불필요한 다툼이 많이 발생할 수 있다. 만약 수익을 많이 내는 회사라면, 상속 혹은 증여 시 자산가치로 평가할 것을 요구할 수 있다. 반면, 자산가치가 훌륭한 회사라면, 수익적 가치를 주장하여 세금을 줄이고 싶을 것이다. 회사의 지분을 상속 및 증여하는 경우, 3개년간 평균 자산가치와 수익가치를 일정비율로 반영해야 한다. 비상장회사는 여기에 맞춰 세금을 내야 하고 산식에 따라 주당가치를 계산한다.

EV/EBITDA 배수는 순이익을 감안한 현금흐름 평가방식이다. 수익성으로 회사를 평가하는 방법 중 가장 중요한 방식은 주가수익비율이다. 자산가치로 평가하는 방식 중 가장 중요한 방식은 주당순자산비율이다. 이 세 가지가 가장 중요하며 반드시 알고 있어야 한다.

EV/EBITDA 배수는 전통적인 기업 평가방식이다. 이 방식을 들여다보면 인간의 기업인수에 대한 심리를 그대로 읽을 수 있다. 인수에 따른 현금흐름을 중심으로 평가한다. 인수에 들어간 현금흐름을 회수하는 데 소요되는 연수를 배수로 산정한다. 간단히 말해서 100억 원의 현금흐름이 발생하는 기업을 1,000억 원 주고 인수하면 10배라고 말한다. 여기서 현금흐름의 기준은 일반적인 방법과 다르다. 철저하게 인수주체 회사입장에서 소요되고 취득되는 현금흐름이 기준이 된다.

2009년 1월, 신문은 '처음처럼' 인수자가 선정됐다고 긴급뉴스를 쏟아냈다. 롯데칠성이 '처음처럼' 인수자가 됐다. 인수가격은 EBITDA의 13.3배라고 공개됐다. 인수가격 적정 여부에 논란이 일었다. 한 기업을 사고파는 것이니 이견이 많을 수 있다. 보는 시각에 따라서 가격은 달라지기 때문이다. 《숫자로 경영하라》에서 제시한 사례를 통해 정확하게 EV/EBITDA 배수를 이해해보자.

EV/EBITDA 배수는 EV를 EBITDA로 나눈 값이다. EV가 무엇인가? 기업가치(Enterprise Value)를 말한다. 즉, 인수주체 기업이 지급한 현금흐름이다. 인수가격에 해당하는 현금흐름은 무엇일까? 단지 인수가격만 의미할까? 그렇지 않다. 피인수회사의 부채도 인수하기 때문에 부채도 현금흐름에 합산하다. 부채와 달리 피인수회사가 소지한 현금은 인수주체 기업입장에서 보면 인수 후 차감되는 현금흐름이다. 결국 인수주체 기업입장에서 지급된 현금흐름은 '인수가격 혹은 시가총액 + 부채총액 - 현금성자산'을 의미한다. 인수를 위해 희생된 현금흐름이다.

EBITDA는 이자비용, 세금, 감가상각비, 무형자산상각비 차감 전 이익(Earnings Before Interest, Tax, Depreciation and Amortization)이다. 결국 피인수회사가 가져다 주는 현금흐름을 희생된 현금흐름으로 나누어 소요연수를 계산한 값이 EV/EBITDA 배수다. 매수자 입장에서 기업에 대한 총 지급금액을 생각해야 한다. 지금도 기업 인수가격 산정 시 많이 활용하는 방식이다. 여기서 배수는 회사를 인수할 때 지급한 금액을 피인수회사의 경영에서 나오는 현금으로 회수되는 연수를 의미한다.

13.3년은 어떻게 해석해야 할까? EV, 즉 인수가격 현금흐름을 EBITDA로 나눈 값이다. 소요기간은 추정연수에 불과하다. 인수회사 롯데칠성 입장에서는 기존 다른 사업부문과 함께 한 회사를 이뤘다. 인수자 롯데칠성 입장에서 배수는 의미를 잃었다. 롯데칠성은 상장회사로서 자금조달 방법이 많다. 유상증자, 회사채 발행 등 다양한 방법이 있다. 또한 기존 다른 사업부문과 충분한 시너지 효과로 13.3년에서 훨씬 더 단축될

수 있다. 인수가격을 분석하는 데 의미는 있지만 적정 가격을 가늠해보는 지표로서 참고만 하자.

주가수익비율(PER)은 무엇인가? 현재 주가를 주당 순이익으로 나눈 배수다. PER는 철저하게 투자자 입장에서 원금을 회수할 수 있는 연수로 생각하면 이해가 쉽다. 현재 주가로 주식을 매수할 때, 회사가 주당 순이익을 창출하는 데 걸리는 연수를 의미한다. A전자의 주가가 3만 원이라고 하고, 주당 순이익을 3,000원이라고 하면 10배가 산출된다. 여기서 10을 A전자의 PER라고 한다. 총 발행주식수를 100만 주 라고 하면 시가총액 300억 원, 순이익 30억 원이 될 것이다. 그래서 '시가총액/순이익' 이렇게 계산하는 방식을 써도 숫자는 동일하다. PER는 한마디로 현재 주가에 해당하는 순이익을 창출하는 소요연수를 의미한다.

주식가격이 1년 동안의 순이익에 해당하면 PER는 1이다. 일반적으로 업종에 따라 많은 차이가 난다. 회사가치는 연간 창출하는 순이익을 기준으로 평가하는 대표적인 방식이다. 같은 업종이라도 기업마다 PER는 다르다. 보유기술과 순이익 창출능력이 모두 다르기 때문이다. 보유기술과 경쟁력이 차별적일수록 PER가 높다. 일반적으로 진입장벽이 높은 바이오 기업의 PER가 높다. 바이오 기업은 신약을 개발하기 위해서 동물실험과 임상실험을 포함해 다양한 검사를 진행해야 한다. 소요기간이 길고 진입장벽이 높다. 기술과 진입장벽이 높은데 PER가 낮은 회사가 있다면 주목해야 한다. 저평가 기업이라는 것이 별거 아니다.

주당순자산비율(PBR)은 무엇인가? 현재 주가/주당 순자산 혹은 주당시장가격/주당 장부가치로 산출된다. 한마디로 주식가격을 회사의 보유 자산으로 평가한다. 보통주의 주당 가치를 평가함에 있어서 시장가격과 장부가치의 괴리 정도를 평가하는 지표다. 회사의 시가총액을 장부가치로 나눈 값이다. 그렇다면 왜 회사주가가 장부가치와 동일하지 않을까? 상호 동일하면 PBR은 1이다. 그런데 왜 1이 아닐까? 그 이유는 자산의 효율적 이용도가 다르기 때문이다. 주가가 자산가치보다 높다는 것은 자산가치의 효율성이 높다는 의미다. 즉, 회사의 경쟁력이 자산가치의 단순한 합, 그 이상이라는 의미다.

빅픽처　PBR이 0.5인 회사를 분할 매각한다면?

외국에서 종종 사용되는 효율적인 자산운용 전략이다. 회사지분 100%를 M&A 하여 자산별 분할 매각하는 방식이다.
PBR이 0.5인 경우, 분할 매각하면 투입금액의 2배를 회수할 수 있다. 왜냐하면, PBR이 0.5라는 의미는 기업가치가 소유자산 합계 1/2이라는 말이기 때문이다. 부동산 회사라면 그 효용성은 더욱 크다. 부동산별로 분할하며 매각할 수 있다. 부동산 A, 부동산 B, 부동산 C로 분할 매각하면 회수금액은 이론상 2배다.

리서치 보고서의 행간을 읽어라

결재시스템에 들어가 문서를 찾았다. 작성자는 벌떡 일어나 책상 앞으로 다가왔다. 기업분석 보고서를 수정했다고 했다. 수정 보고서를 기준으로 결재하면 된다고 말했다. “왜?”라는 질문과 동시에 그는 설명했다. “투자회사를 통해 자료를 받았는데 너무 냉정하면 앞으로 힘들 것 같아요. 나중을 생각해서 약간 수위를 조절했어요.”

그가 수정했다던 보고서를 보았다. 적정주가에 대한 의견은 ‘매도’에서 ‘중립’으로 수정돼 있었다. 미국시장에 대한 검토내용은 그대로였다. 미국시장은 대기업 중심으로 재편되고 있었다. 단일기업은 점점 경쟁력이 약화됐다. 갑자기 점유율이 뚝 떨어졌다. M&A는 산업을 송두리째 변화시키고 있었다. 한국의 경우 어떠할까? 대기업 중심으로 시장이 재편되면서 단일기업이 설 땅은 없어지고 있었다. 대기업 시장점유율은 점차 증가해 80%를 넘어서고 있었다. 우선 자금력과 자금조달 비용 측면에서 비교할 수 없었다. 풍부한 자금력과 낮은 조달금리는 대기업의 수익성을 월등하게 개선시켰다. 중소기업은 결국 시장에서 점차 입지가 작아질 가능성이 컸다. 상장회사는 단일회사였다. 숫자는 분명히 말하고 있었다. 미국시장 분석은 한국시장을 바라보는 근거가 됐다.

해당 산업의 주요 경쟁자와 경쟁능력, 핵심지표, 수익지표, 성장지표, 시장점유율과 상품의 차별성을 찾아내는 과정이 기업분석이다. 외국의 발전과정을 통해 국내산업의 흐름을 읽고 예측한다. 현재 주가에 대한 의견을 통해 보고서를 마무리한다. 그런데 요즘 매도의견을 내는 보고서가 전혀 없다고 시장은 불평한다. 그 이유를 정확히 알아야 한다. 그래야 리서치 보고서의 활용도를 높일 수 있다.

증권회사가 매도의견을 주저하는 이유가 무엇일까? 첫 번째 이유는 매도의견을 내면 해당 기업의 도움을 받기가 어렵기 때문이다. 리서치 업무를 하려면 해당 기업을 탐방하고 CFO를 지속적으로 만나야 한다. 기업의 재무적 자료는 그냥 생기지 않는다. 정기적으로 공시되는 자료만으로는 불충분하다. 현재 주가가 과대평가됐다고 보고서를 낸다면 향후 해당 기업에서 도움을 받을 수 없다.

두 번째 이유는 매도의견은 펀드 운용회사들이 좋아하지 않는다. 매도의견을 내면 주가는 흔들리면서 펀드의 기준가격이 저하된다. 운용회사의 펀드매니저들은 매도의견에 과민반응한다. 펀드매니저로부터 주식 중개 주문을 받아야 하는 증권사 입장에서도 곤욕스러운 상황이다.

이러한 상황에서 투자자는 알아야 한다. 리서치 보고서의 행간을 읽어야 한다. 해당 기업 주식에 대해 '매수' 의견을 냈다면 근거가 있을 것이다. 근거를 자세하게 살펴보면 결론은 매수지만 매수가 아닌 이유를 보고서에서 발견할 수 있다. 현재가격이 매수가격의 폭을 벗어났다면 매수의견이어도 다시 검토해야 한다. 논리로 내세운 근거를 엄격하게 적용하면 '매도' 보고서다. 행간의 의미를 자세히 보면 보인다. 기준을 엄격하게 적용하라. 보고서 내용은 우회적으로 표현된다.

CHAPTER 15

주식투자, 변동성을 활용하라

주식시장은 특이하다. 수요공급의 법칙이 그대로 적용되지 않는다. 일반상품의 수요공급 원리는 명확하다. 상품가격의 상승은 수요의 감소를 야기시키거나 공급의 확대를 초래한다. 수요가 감소하거나 공급이 확대됨으로써 시장은 즉시 새로운 가격을 형성한다. 이것이 시장 원리다.

주식시장은 어떨까? A라는 주식종목이 상승했다고 하자. 다른 사람의 관심으로 주가가 더 오를 수 있다. 매도세력을 형성했던 매물이 슬그머니 사라지면서 관망세로 돌아선다. 매수세가 증가하는 현상이 나타난다. 어떻게 해석해야 할까? 인간의 심리가 불확실성을 확대시킨 것이다. 이런 현상이 항상 발생하지는 않는다. 시장의 반응은 상황에 따라 다르다. 이런 주식시장에서도 수익을 꾸준히 내는 방식이 있다. 그 방식을 알아보자.

과연 그러면 주식시장의 변동성을 어떻게 활용해야 할까? 이런 고민이 투자형태를 가른다. 변동성을 활용해 돈을 버는 방식은 두 가지다. 하나는 주식시장의 방향성에 투자하는 것이다. 오를 것으로 판단되는 투자자산을 선택한다. 방향이 맞으면 큰 수익을 얻고 방향이 틀리면 큰 손해를 입는다. 위험을 회피하는 방법은 없을까?

또 하나는 투자자산의 일시적인 가격 불균형 현상을 활용하는 것이다. 불균형으로 가격이 내린 자산을 매수하고 가격이 오른 자산을 매도한다. 불균형 시장이 다시 균형으로 돌아오면 매수자산은 오르고 매도자산은 가격이 내려간다. 이를 차익거래(Arbitrage Trade)라고 한다. 차익거래는 가격의 일시적 불균형을 활용한다. 틈새를 공략하여 위험의 증가 없이 차익을 확보할 수 있다. 솔깃하지 않은가?

불균형이 수익을 만든다

차익거래를 본격적으로 들여다보자. 위험의 증가 없이 수익을 확보하는 전략은 정말 매력적이다. 투자자산 가격 왜곡 현상을 통해 수익을 챙길 수 있다. 예를 들면, 일반적으로 현물과 선물의 가격 차이를 활용한다. 일시적 불균형을 활용해 수익을 버는 것이다. 위험부담 측면에서는 방향성 투자보다 유리하다.

차익거래의 대표적인 형태가 무엇일까? 현물 투자 풀(바스켓)과 선물 간 거래다. 현물과 선물의 가격 왜곡이 발생할 때마다 조금씩 수익을 확보한다. 코스피 200 선물과 코스피 200을 구성하는 현물로 투자 풀을 구성한다. 선물가격은 현물가격에 맞춰 산출된 이론가격과 상응해야 한다. 하지만 현실은 그렇지 않을 수 있다. 어떤 때는 실제 선물가격이 산출된 이론가격보다 높다. 이런 경우, 높은 가격을 형성하는 선물을 팔고 현물을 산다. 현물가격이 선물보다 고평가될 때 어떠한가? 거꾸로 한다. 현물은 팔고 선물은 산다. 이 전략은 현물과 선물의 시장가격 괴리를 추구한다. 일시적인 시장의 불균형을 활용하고 시장이 다시 균형으로 돌아오면 수익을 얻는다. "수익기회는 시장의 왜곡에서 발생한다." 이 점이 중요하다.

컴퓨터 프로그램에 미리 차익거래가 가능한 현물투자 풀과 선물의 이론가격을 입력시켜 놓아야 한다. 이론적으로는 수익이 발생하나 거래비용을 감안하면 손해인 경우가 있다. 이때는 차익취득에 따른 거래비용을 추가로 고려해야 한다. 현물과 선물의 괴리현상은 일시적으로 생겼다가 사라진다. 균등가격을 유지하려는 시장의 힘에 의해 없어졌다 사라진다. 틈새를 활용해 돈을 벌어야 한다.

정확한 이해를 위해 용어를 확실하게 파악해야 한다. 코스피 200과 주가지수선물에 대한 부가적 설명이 필요하다. 코스피 200이 무엇인가? 대표적인 주식 200개 종목으로 산출하는 시가총액 방식의 주가지수다. 한국 종합주가지수 200 혹은 코스피 200이라고 한다. 한국을 대표하는 주식 200개의 시가총액이 1990년 1월 3일 기준으로 얼마나 변동됐는지를 나타낸다. 증권거래소가 1994년 6월 도입했으며 상장종목 수의 20%밖에 되지 않으나 전 종목 시가총액의 70%를 차지한다. 하지만 어떠한가? 종합주가지수의 움직임과 거의 일치한다. 코스피 200 주가지수선물은 대한민국의 코스피 200 주가지수를 대상으로 하는 선물거래다. 대한민국의 최초이자 최대의 선물시장이다.

주식운용의 방식은 다양하다. IT기업에 투자하는 경우를 가정해보자. IT산업에 속하는 기업 A, B, C, D, E, F의 내재가치를 분석했다. 분석 결과 A기업, B기업, C기업은 저평가돼 있고, 반면 D, E, F기업은 내재가치 대비 고평가돼 있다는 투자정보를 입수했다. 저평가돼 있는 가격만큼 수익을 확보하기 위해 두 가지 접근이 가능하다. 개별주식 A기업, B기업, C기업을 매수한다. 가장 간단한 방식이다. 이런 단순한 주식종목 매수는 IT산업의 주가변동 위험에 그대로 노출돼 있다. 한국 IT산업의 주가변동 위험을 제거하고 싶다면 A, B, C기업은 매수하고, 한국 IT산업 상장지수펀드(ETF)는 공매도 할 수 있다.

혹은 D, E, F기업 주식을 공매도 하는 전략을 쓸 수 있다. 이러한 공매도 거래를 병행하는 이유는 IT산업 주가에 버블이 꼈다고 판단한 경우다. IT산업의 주식투자 위험은 제거하고 A, B, C기업의 투자수익 확보에만 초점을 맞춘다. 단순한 방향성 투자보다 투자의 과녁을 정확하게 조정할 수 있다. 공매도는 주식을 소유하지 않는 상태에서 주식을 매도하는 전략이다. 기관투자자가 소지한 주식을 빌려서 매도하고 추후 매수하여 주식을 돌려주면 된다. 매도금액과 매수금액의 차이가 수익이다. 이 점은 동일하다. 주식을 빌려서 매도하므로 수수료가 추가로 발생한다. 자세한 전략은 2장을 다시 참고하길 바란다.

빅픽처　주식투자, 위험을 부담하지 않고 할 수 있을까?

차익거래는 전형적인 무위험 거래다. 불균형을 활용하여 누적적으로 수익을 확보한다.
방향성 투자는 방향이 맞을 때 큰돈을 벌고 틀릴 경우 많은 것을 잃는다.

대가의 주식투자 비법

가치투자 창시자로 널리 알려진 벤자민 그레이엄은 주식투자 비법을 공개했다. 주식 비중의 확대와 축소를 통해 수익을 확보하고, 포트폴리오 구성을 통해 주식시장의 변동성을 극복하는 것이다.

"주식과 채권에 각각 50%씩 비중을 두는 방법이 손쉬운 전략이다. 그러나 시장에 따라 그 비중을 25~75% 사이에서 조절하는 편이 좋다. 예를 들어 약세시장 바닥에서는 주식 비중을 75%까지 높이고, 채권은 25% 보유한다."

한마디로 약세시장에서 주식 비중을 확대하고 상승시장에서 주식 비중을 축소시키는 전략이다. 일반적으로 많은 사람들은 약세시장에서 매도하고, 상승시장에서 매수하는 형태를 보인다. 가치투자 전문가는 거꾸로 하는 게 올바른 투자라고 얘기한다. 수익이 무엇인가? 매도가격에서 매수가격 차감으로 생기는 것이다. 수익을 극대화하려면 매도가격을 높이고 매수가격을 낮춰야 한다. 매수가격을 낮추려면 가격이 저렴할 때 매수해야 한다. 그렇다면 주가가 낮을 때가 언제인가? 주식시장 침체기나 세계적으로 대형사건이 발생하여 시장이 붕괴되기 직전이다. 이때가 주식을 매수해야 할 적기다.

일반인들의 주식투자 매수시기를 보자. 반대로 한다. 막상 시장붕괴가 염려돼 가장 매력적인 가격이 됐을 때는 오히려 주식을 '투기적'이라고 인식한다. 반대로 시장이 과열돼 거품이 있을 때는 '합리적 투자시기'라고 착각한다. 인간의 심리가 현명한 판단을 가로막는 꼴이다.

시장이 활황일 때 탐욕에 눈이 먼다. 주식시장이 무한정 상승할 거라는 욕심에 객관성을 잃게 된다. 하락시장에서는 공포감에 '이놈의 주식 이제 그만해야지'라고 말한다. 투매현상이 발생한다. 극도의 공포심은 생존본능이 만든다. 생존본능은 인간 DNA에 새겨져 있기 때문에 이를 극복하기란 쉽지 않다. 그러나 생존본능을 이해하면 극복할 수 있다. 투자의 성공은 인간 심리를 이해하는 것부터 시작된다고 앞서 설명했다.

"투자하려면 인간의 본성에 역행하라." 가치투자 대가의 말이다. 저가매수로 주식단가를 낮추는 것이 주식투자의 정석이다. 저가매수를 하는데 인간의 본성이 방해가 된다면 본성도 버려야 한다. 그러나 본성을 버리며 투자하는 것은 매우 어렵다. 대안으로 나온 방식이 정기적으로 일정한 금액을 투자함으로써 평균 매수단가를 낮게 유지하는 것이다. 이 방법은 어디까지나 대안이다. 최고의 방법은 심리적 본성에 역행하여 저가에 주식을 매수하는 방법이다.

빅픽처 본성과 이성의 간극을 투자시스템으로 극복하자

주식시장 침체기 : 주식 비중을 75%, 채권 비중 25%로 유지
주식시장 활황기 : 주식 비중을 25%, 채권 비중 75%로 조정
조정효과 : 활황일 때 주식을 매도하는 효과 발생

어떤 상황에서도 수익을 올리는 포트폴리오

포트폴리오를 구성할 때 가장 중요한 것이 무엇인가? 주식과 채권의 상관관계다. 일반적으로 주식시장이 활황이라는 얘기는 기업의 이익창출 능력이 최고이고 경기가 활황임을 의미한다. 이미 주식시장은 고점을 찍었을 가능성이 크다. 정부는 기업의 높은 성장성과 물가를 감안하여 금리를 상향 조정한다. 기준금리가 올라가면 채권가격은 내려가고 주식가격은 오른다.

경기는 순환한다. 활황국면이 있으면 하락국면이 있다. 경기가 부정적으로 변화되면 돈에 대한 수요가 줄어든다. 이는 금리하락 시그널이다. 금리가 하락하면 채권가격은 상승한다. 투자자산의 가격동향은 어떠한가? 주식가격의 하락과 채권가격의 상승이 동시에 발생한다. 서로 상반된 효과로 투자자산의 움직임이 반대로 나타난다. 주식가격이 오르는 상황에서 채권가격은 하락한다. 반대로 채권가격이 상승하면 주식가격은 하락한다. 주식가격이 1 상승할 때 채권가격이 동일하게 1 하락하면 상관관계는 −1이라고 한다. 상관관계는 정확하게 −1 혹은 +1 이렇게 되지

않는다. 플러스 상관관계는 투자자산에 따라 0에서 +1의 사이에서 결정된다. 마이너스 상관관계는 어떠한가? 0에서 −1의 사이에서 결정된다. 방향성이 다르면 −부호를 띄고, 방향성이 동일하면 +부호를 띈다. 숫자가 클수록 강도는 높아진다.

예를 들어, 상관관계가 −0.5값인 경우 한 투자자산이 1이 상승할 때 다른 투자자산은 0.5만큼 가격이 하락한다. 부호는 가격 움직임의 방향성, 숫자는 변동성의 강도를 보여준다.

핵심은 마이너스 상관관계일 때, 포트폴리오의 가격 변동폭을 축소시킨다는 것이다. 투자자산의 결합이 변동성을 축소시킨다. 긍정적인 효과다. 투자자산 주식과 채권은 상관관계가 마이너스다. 포트폴리오를 구성할 때 핵심이 무엇인가? 투자자산의 상관관계를 통해 변동성을 축소시켜야 한다. 변동성을 축소하면 포트폴리오 안정성은 올라간다.

가장 이상적인 포트폴리오는 어느 상황에서나 수익을 추구할 수 있는 투자자산 결합이다. 경기가 좋으나 나쁘나 항상 꾸준한 수익을 창출한다. 금리가 하락하거나 상승하거나 상관없다. 이러한 자산결합이 가능할까? 포트폴리오를 잘 결합하면 꾸준한 수익을 추구할 수 있다. 적어도 변동성을 최소화시킬 수 있다.

안전한 투자는 투자자산의 상호관계를 파악하는 것에서 출발한다. 상관관계가 마이너스로 구성된 포트폴리오는 변동성이 축소된다. 반대로 투자자산의 결합을 통해서 변동성이 확대된다면 어떻게 될까? 투자자산의 결합효과는 없어진다. 포트폴리오 구성의 합리성은 약화된다. 펀드

운용자산 배분도 포트폴리오를 구성할 때도 마찬가지다. 투자자산 간의 변동성이 상호 상쇄되고 약점을 보완해주는 자산결합이 가장 훌륭한 포트폴리오다.

빅픽처 포트폴리오 구성의 핵심전략

투자자산 간의 마이너스 상관관계는 변동성을 축소시킨다.
투자자산 간 상호 버팀목 역할은 수익의 안정성을 증진시킨다.

변동성을 확대할 필요가 있을까?

2017년 11월, S자산운용사가 새로운 상장지수펀드를 출시했다는 신문기사를 내보냈다. 상장지수펀드(ETF, Exchange Traded Fund)는 자산운용회사가 운용한다. 주식시장에서 개별 주식처럼 거래 가능하다. 새로 출시된 ETF는 국내 코스피 200지수와 미국 국채(달러자산)에 투자했다. S자산운용사는 코스피 200과 미국채권을 혼합한 ETF를 출시하면서 통상 국내 종합주가지수와 원/달러 환율은 부(否)의 움직임을 보인다고 출시배경을 설명했다.

국내 주식이 오르면 원/달러 환율은 내린다. 즉, 주식이 오를 때는 달러에 대한 원화가 강세고, 주식이 내리면 달러에 대한 원화가 약세로 분석된다고 했다. 두 기초자산에 혼합해서 투자하면 변동성은 줄어들고 안정성이 높아진다. 이를 통해 수익률이 지나치게 낮아지거나 높아지는 효과를 줄일 수 있다. 투자자산의 상관관계가 부(否)라면 상대자산 가격이 하락할 때 상호 버팀목 역할이 가능하다.

과연 국내 주가가 하락하면 달러가치는 상승할까? 국내 주가 하락은 주식 매도세력의 강함을 의미한다. 매도세력은 주로 개인, 외국인, 기관투자자로 구분 가능하다. 한국의 주식시장에서 외국인의 주식보유 물량은 얼마나 될까? 2017년 8월 금융감독원 자료에 의하면, 주식시장 시가총액은 1,816조 원이고, 외국인 보유물량은 33.4%인 606조 원을 보유하고 있다. 외국인이 사면 한국 증시는 오르고 외국인이 매도하면 주가는 내린다. 외국인의 움직임을 잘 보면 주식시장이 보인다.

시장상황은 변한다. 한국보다 미국 주식시장이 더 좋아지면 외국인 자금은 이동한다. 주가는 내려가고 돈은 달러로 환전된다. 원화는 매도, 달러는 매수다. 달러는 강세이고 원화는 약세인 상황이다. 결국 외국인 자금이 빠져나가면 한국 주가는 하락한다.

외국인 자금은 빠져나갈 때 주식과 원화 매도세력을 구성한다. 이는 주식 하락 요인으로 작용한다. 주식시장에서 유출된 자금은 달러로 환전돼 미국 증권거래소로 이동된다. 원화약세와 달러강세로 새로운 국면에 들어선다.

새로운 ETF를 출시한 S자산운용사는 코스피 200과 미국국채(달러자산)의 과거 역사적 데이터를 활용하여 코스피 200과 미국국채의 상관관계를 증명했다. 하나의 자산이 하락할 때 상대 자산이 상승한다는 상관관계를 통해 변동성 축소 현상을 정확하게 검증했다. 변동성 축소 현상은 가격이 상승할 때 덜 오르고 가격이 하락할 때 덜 빠진다. '투자자산 가격 흐름이 안정적이다'라는 말과 동일하다.

변동성이 확대되는 경우를 살펴보자. 예를 들어, 1억 원의 자산배분을 다음과 같이 했다고 하자. 한국주식에 40%, 홍콩주식에 30%, 원자재에 30%를 투자했다. 금액으로 전환하면 한국주식 4,000만 원, 홍콩주식 3,000만 원, 원자재 3,000만 원 투자로 나타난다. 투자의 분산화는 외형적으로 그럴듯하다. 주식의 경우 한 국가에 집중적으로 투자되지 않고 두 국가에 분산됐다. 투자자산도 골고루다. 주식과 원자재로 배분됐다.

목표로 했던 변동성은 줄었을까? 원자재 가격은 세계 경기에 민감하게 변동한다. 경기가 부정적일 때 원자재 가격은 폭락한다. 경기가 살아나면 주식 이상으로 원자재 가격이 폭등한다. 그럼 홍콩주식과 원자재 가격의 변동성이 한국주식과 마이너스 상관관계라고 말할 수 있는가? 그렇지 않다. 부(否)의 관계가 아니라 정(正)의 관계다. 포트폴리오 투자자산 간 상호 변동성을 축소시키는 긍정적인 효과보다 부정적인 효과가 크다.

합리적인 포트폴리오를 구성하기 위해서는 투자자산 가격 변동방향이 중요하다. 방향이 동일 혹은 유사하다면 변동성 축소효과는 없다. 앞서 예시로 든 세 자산이 형성한 포트폴리오는 어떠한가? 경기와 동일한 방향으로 움직인다. 상관관계가 플러스다. 한 자산의 가격이 내리면 다른 가격도 내린다. 방향이 동일하고 변동성은 확대된다. 포트폴리오의 안정화는 마이너스 상관관계가 만든다. 투자자산 간의 상관관계를 항상 주목해야 한다.

빅픽처　안정적인 수익을 추구하는 포트폴리오 구성방법

플러스 상관관계 예 : 한국주식 40%, 홍콩주식 30%, 원자재 30%
마이너스 상관관계 예 : 한국주식 40%, 미국채권(달러표시) 30%, 한국채권 30%

부동산시장에서 돈 버는 기술은 무엇일까? 소지한 권리를 활용하는 것이 매우 중요하다. 내가 현재 소지한 권리가 무엇인지 아는 것.
투자는 여기에서 출발한다. 권리의 행사는 바로 현금이다. 기관투자자는 왜 돈을 벌고 개미들은 왜 돈을 잃는가? 돈 버는 체계적 기술이 부족하기 때문이다.

PART Ⅳ

돈의 흐름을 읽는 기술

CHAPTER 16

주택시장을 꿰뚫어라

직원들이 웅성거렸다. 서로 얼굴을 쳐다보면서 결정을 미루는 눈치였다. 미분양이 발생했다는 사실에 놀라워했다. 누군가의 명확한 설명이 필요해 보였다. 과연 미분양 이유는 뭘까?

한국 주택시장, 특히 서울은 독특하다. 이것을 정확히 분석하고 있는 사람은 많지 않다. 중국의 주식시장도 마찬가지다. 핵심을 정확히 알고 있는 사람이 많지 않다. 나라마다 주식시장이 동일할 것이라고 그저 단정할 뿐이다. 그러나 조금만 생각하면 다르게 보인다.

중국의 주식시장은 사회주의 국가를 이해하는 것에서부터 출발해야 한다. 사회주의 국가의 특징은 모든 것이 인민의 생활수준에 맞춰져 있다. 상장기업의 실적을 합리적 시각에서 주주에게 돌리려는 태도를 국가 시스템이 거부한다. 국가 입장에서 보면 인민의 임금상승률이 우선이다.

저임금을 노리고 진출한 많은 기업들이 다른 나라로 발길을 돌리려는 의도가 여기에 있다. 좋은 기업 실적을 주주가 누리기 보다는 피고용인이 누린다. 상대적으로 높은 경제상승률은 허울에 불과하다. 달성한 순이익은 재투자로 유도하고 배당보다는 인민을 위한 일자리 창출에 쓰인다. 기업이 배당과 재투자를 자율적으로 결정할 수 없다. 국가체제의 영향은 생각보다 크다.

빅픽처 시장의 국가별 특수성

중국 주식시장 : 배당과 재투자 정책에서 중국 정부의 입김은 생각보다 크다.

한국 주택시장 : 가수요의 이해, 변동성을 억압하는 정부규제의 효과, 사용가치와 교환가치로 구분하여 가치평가를 차별화시키는 창의적인 투자전략이 성과를 가른다.

주택시장, 빅픽처를 그려라

한국 1980년대와 1990년대도 상황은 마찬가지였다. 기업들이 정부에 잘 보이면 엄청난 성장을 이룩했다. 정부의 전폭적인 지원 여부가 회사 성장을 결정했다. 정부의 지원을 통해서 기업은 문어발식 경영을 했지만 전혀 문제되지 않았다. 한국의 고성장 뒤에는 정부의 지원이 있었다. 당시 기업들은 경쟁력을 높이기보다는 정부가 주는 특혜에 혈안이 돼 있었다. 기업의 실질적 경쟁력이 향상될 리 없었다. 이는 80년대와 90년대 우리나라 주가를 보면 그대로 드러난다. 실적이 별 볼 일이 없으니 주가도 오르지 않았다.

본격적으로 주가가 오르기 시작한 시기는 IMF 이후부터다. 기업은 그때부터 정신 차리고 실질적 경영을 했다. 경영 차별화에 성공한 기업들은 주가가 달랐다. 경영 개선의 첫 번째 신호는 주가였다. 주가는 상장회사의 모든 것을 말해준다. 사력을 다한 회사들은 글로벌 회사로 우뚝 섰고, 변화에 제대로 적응하지 못한 기업들은 매각됐다. 중국 주식시장과 한국 기업을 왜 큰 틀로 봐야 할까? 큰 틀에서만 정확히 보이기 때문이다. 한국의 주택시장도 마찬가지다. 큰 틀에서 보면 약간의 변동성은 작은 차이에 불과하다.

사람들은 주택시장에서 가수요를 비판한다. 그러나 모든 시장에는 가수요가 있다는 것을 인정해야 한다. 주식시장도 순기능과 역기능이 있다. 순기능은 기업에게 장기적으로 안정적인 자금을 제공하고 투자자에게는 투자수단을 제공한다. 이러한 순기능을 무시하면 주식투자는 개인에게 도박이나 다름없는 역기능만 가진 투자수단이다.

만약 가수요 투기세력이 없다면 주식시장은 기능을 제대로 수행하지 못한다. 주식가격의 변동성이 적어지고 거래량은 축소된다. 주식시장의 거래량 축소는 시장의 비활성화 현상으로 나타난다. 일정한 거래량이 있어야 매수와 매도가 적정하게 형성된다. 현물주식의 현금화도 쉬워진다. 주택시장도 마찬가지다. 가수요는 거래 활성화의 윤활유 역할을 한다.

요즘 사모펀드(Private Equity Fund)는 경영권 취득을 통해서 기업가치를 올려준다. 기업가치가 올라가면 지분을 다시 매각하거나 상장을 통해 큰 돈을 번다. 그러나 많은 사람들이 사모펀드의 긍정적 역할을 무시한다. 한마디로 '기업 사냥꾼'으로 낙인찍는다. 사모펀드가 존재하지 않는다면 그 부작용은 크다. 사업 시작은 감히 엄두도 내지 못할 것이다. 벤처캐피털의 지원을 받아 성장한 기업들은 일정한 단계에서 거의 동일한 입장에 봉착한다. M&A를 통해 기업을 매각할 것인지, 아니면 기업공개(IPO)를 단행할 것인지 결정해야 한다. 이런 생태계를 끊어버리면 기업가는 사업을 시작할 수 없다. M&A와 기업공개를 다른 시각에서 바라본 문제의식이다. 예컨대 응용소프트웨어 제조회사 오라클은 많은 기업들을 인수했다. 이를 상대편 회사 주주입장에서 바라보자. 기업공개보다는 회사매각을 통해 이익을 획득했다. 2000년대 초 닷컴 버블 붕괴현상이 발생했을 때, 기업매각은 긍정적인 역할을 했다. 이런 대기업은 산업에 큰 활력소를 제공했다. 오라클에 회사를 매각하고 새로운 단계로 진입할 수 있기 때문이다.

우리나라 주택시장은 딜레마에 빠져있다. 가계부채가 1,450조 원인 상황에서 고금리 정책은 더 이상 불가능하다. 금리의 탄력적 운영보다 제한적 운영에 초점을 맞출 수 있다. 금리의 변동성이 확대되면 한국 가계는 위기에 빠질 수 있다. 절제된 금리정책이 불가피하다. 이렇게 되면 수혜자는 누구일까? 기업은 이득을 볼 수 있다. 통화량을 통한 경기 조절은 주식시장에 영향을 준다. 금리보다는 통화량의 직접적인 조절을 통한 경기순환 통제는 인플레이션 혹은 물가와 관련이 깊다. 통화량 증가와 금리정책은 투자를 어렵게 하는 요인으로 작용할 수 있다. 금리는 낮지만 실제 통화량 증가는 그 이상이 될 수 있기 때문이다. 주택시장과 주식시장은 이런 점에서 좋은 기회를 맞았다. 예전의 상황과는 확실히 다르다.

가계부채를 감안할 때 금리는 박스권에서 움직일 가능성이 크다. 가계가 무너지는 순간 한국 경제는 곤두박질칠 수 있기 때문이다. 금리가 박스권을 벗어나면 시장은 위험하다. 가계가 유동성 위기에 빠지면 단기적으로 취하는 조치는 뻔하다. 부채를 줄여야 하기 때문에 보유 부동산의 매각이다. 매각물량이 쏟아지면 주택시장은 급속하게 추락한다. 정부 입장에서 금리를 높게 유지할 수 없는 궁극적인 이유다. 더구나 주택시장은 서울과 지방의 체감온도가 다르다. 동일한 서울이라도 강남과 강북의 주택 수요는 다르다. 정부는 과연 어떤 정책을 취할까?

2008년 말 아파트 분양시장이 얼어붙었다. 수도권 미분양 아파트는 누적적으로 증가했다. 수요와 공급이 불일치할 때 금융상품은 위력을 발휘한다. 나는 미분양 아파트의 관리처분 수익권을 편입하는 부동산 펀드를 만들었다. 20~30% 할인된 가격에 미분양 아파트를 매입하는 구조였다. 경기가 좋아지면 매각을 단행할 계획이었다. 자산운용협회는 차별성을 인정하여 배타적 독점권을 업계 최초로 9개월 허용했다. 건설회사의 존폐가 걸린 일이었다. 지방 아파트는 할인된 가격으로 매입이 가능했지만 수도권은 쉽지 않았다. 건설회사는 지금 이 위기만 버티면 된다는 생각이었다. 가격협상과 동시에 시장상황이 바뀌기를 기다렸다.

빅픽처 금리변동 예측은 투자의 핵심

향후 정책적 측면에서 기준금리 조정정책보다는 통화량의 직접조정을 통한 경기순환적 통제가 유력하다. 금리의 절제된 정책은 통화정책의 변혁이다.

정책변환의 사유는 정부차원에서 가계부채 1,450조 원을 관리해야 하기 때문이다.

주택시장의 특수성

지인은 미분양 사유가 궁금했다. 아파트 건설현장을 방문한다고 하자 직원들이 따라나섰다. 정부는 당시 월드컵 개최 준비에 한창이었다. 인천공항이 완공됐고, 서울과 인천공항 간 고속도로도 막 개통됐다. 건설현장은 영종도였다. 인천공항 배후 도시로 영종도에 새로운 아파트를 건설하고 있었다. 현장에 방문하니 청약예금 가입에 상관없이 호수를 골라서 살 수 있었다. 계약을 하면 42평 아파트를 분양 받을 수 있었다. 중도금 이자도 건설회사가 부담했다. 입주 시 담보대출을 통해 중도금과 잔금을 치를 수 있었다.

영종도 아파트 현장 소재 분양사무소에서 42평 아파트를 분양 받을까? 질문을 던졌다. 잔금기일 전에 분양권 양도로 시세차익을 확보할까? 주택시장이 아무리 침체해도 이 지역의 미분양은 도저히 이해할 수 없었다. 계약서 사인과 계약금 지급이 순식간에 이루어졌다. 3,000만 원으로 상호 계약을 확실히 하자고 했다. 투자의 성공, 분명 모르는 일이었다. 하늘을 올려다보니 금방이라도 비가 올 듯 했다. 직원들의 투자의사도 약간씩 달랐다.

가격흐름에서 주식과 부동산은 유사하다. 거의 동일한 그래프를 그린다. 한 번의 대세상승이 있으면 후에 오는 것은 대세하락이다. 산봉우리가 높으면 골짜기도 깊고 경사가 가파르다. 역사적으로도 시장 패턴은 유사했다. 대부분의 폭락사태는 직전의 대세적인 폭등 후에 발생했다. 가장 최근이라 할 수 있는 2008년 글로벌 금융위기 시기, 1990년 일본의 부동산 버블시기를 보자. 시장은 명확히 보여준다. 직전의 폭등 후에 따르는 것은 가격조정이다. 불가피한 현상이다. 한국에서 2000년도 이후 대폭적인 상승현상을 보인 적이 있는가? 대세적인 상승이라고 할 만한 사건이 없었다.

참여정부 시절(2002~2007년)을 떠올리는 사람도 있을 것이다. 참여정부 시절, 부동산시장을 보자. 그 당시 언론은 부동산이 폭등했다고 요란을 떨었다. 언론은 대서특필로 호들갑 떨었지만 실제는 아니었다. 언론의 '한탕주의'가 만들어낸 허상이었다. 다만, 분명한 점은 상승 에너지를 충분히 내재시키면서 에너지를 차분히 발산하고 있었다. 한국 부동산은 꾸준히 가격이 오르기는 했지만 상대적으로 '대폭등'이라고 할 만한 대세 상승은 없었다. 진보와 보수를 막론하고 모든 언론이 입을 모아 그렇

2000~2006년 OECD 주요국의 실질 주택가격 상승률

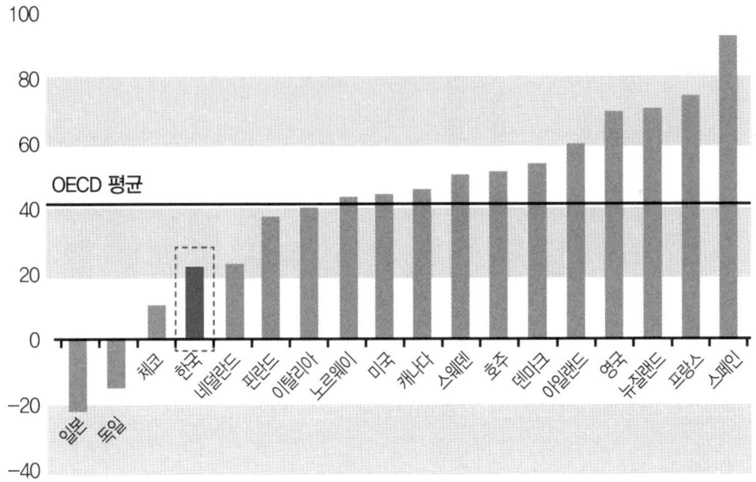

출처 : OECD Economic Sureys

게 성토했던 부동산 가격은, 사실 다른 나라에 비해서는 상대적으로 매우 안정적인 흐름을 보여줬다. 이것은 어떤 기준으로 보아도 명확하다.

OECD 주요국가의 2000년부터 2006년까지 실질 주택가격 상승률은 많은 내용을 함축한다. 이 당시는 돈이 넘쳐나는 시기였다. 유동성이 흘러 넘쳐 글로벌 부동산 경기는 말 그대로 대호황 그 자체였다. OECD 국가의 평균 실질 주택가격 상승률, 무려 42%에 다다랐다. 버블이 심각했던 스페인의 성장률은 어떠한가? 심지어 90%가 넘었다. 하지만 한국 시장을 보자. 언론이 그렇게 성토했던 상승률은 21%, OECD 평균의 절반에 불과했다.

| 주택담보대출 규모의 국제 비교

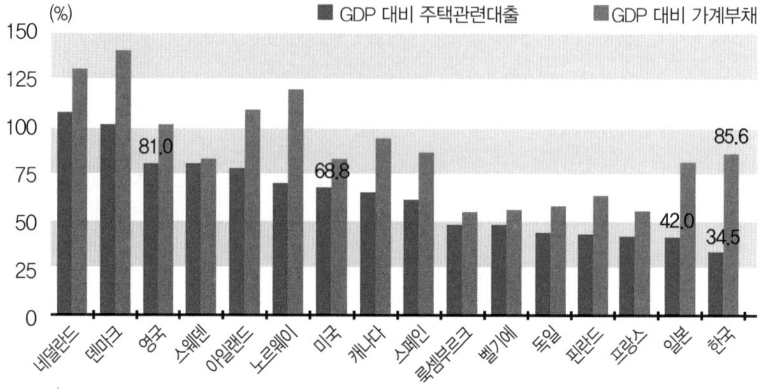

2012년 말 기준, 한국은 2013년 말 기준.
자료 : 국토연구원(2014).

부동산시장과 금융은 연관성이 더욱 커지고 있다. 세계적으로 동일한 기조다. 고가의 부동산, 담보대출 없이 주택 매수는 불가능하다. 가계는 주택을 담보로 돈을 빌리고, 은행은 또박또박 이자를 챙긴다. 편하게 돈을 버는 은행이 부럽지 않은가? 확실한 담보가 있으니 원금손실에 대한 우려도 없다. 부동산이 활황일 때 은행의 수익성은 치솟는다. 감독당국이 착취행위를 금지한다. 가계대출 증가에 금융기관도 단단히 한몫했다. 금융이 발달한 나라에서 GDP 대비 주택담보대출비율은 매우 높다. 덴마크나 네덜란드는 GDP의 100%가 넘는다. 영국은 81%, 미국도 70%에 달한다.

이에 반해 아직 한국은 주택담보대출비율이 GDP의 34.5% 수준인 것이 위안이라면 위안이다. 실제는 이것보다 높다. 여기에 또 다른 변수가 숨겨져 있기 때문이다. 한국에만 존재하는 전세제도가 바로 그것이다. 전세보증금은 부동산시장에서는 거대한 '사적 금융' 역할을 한다. 전세보증금을 통해 이자 부담이 없는 레버리지 전략을 사용할 수 있다. 이 전세금 규모는 생각보다 거대하다. 대출 관련 담보인정비율에 유효한 한국 전세보증금은 79조 원(2013년 기준) 정도다. 이 전세보증금을 합산한 실질적인 담보인정비율을 계산하면 한국의 평균 담보인정비율은 약 59%다. 다른 나라에 비해 결코 높은 수준은 아니다. 더구나 무이자 차입이다. 안정성은 높아진다.

주택시장의 상승신호는 뭘까?

한국의 주택시장은 특이하다. 또한 주택시장만큼 국가가 강력하게 관여하는 대상도 거의 없다. 이유는 이미 설명했다. 관여한다고 상승의 힘이 시장에서 완전히 사라지는 것은 아니다. 정부가 상승의 힘을 억압하면 시장은 숨을 죽인다. 내부에 조용히 힘을 비축한다. 이것이 주택시장의 전형적인 흐름이다. 누르면 하락하는 듯 보이지만 실제는 용수철처럼 눌려있다. 적당한 시기를 만나면 눌려진 용수철은 힘껏 튕겨 나간다. 발휘되는 힘을 어떤 사람들은 버블이라고 예단한다.

잘못된 예단은 많은 것을 잃을 수 있다. 한국 부동산시장의 전형적인 특징을 정확하게 이해해야 한다. 억눌린 힘의 발산을 버블이라고 진단한다면 전후가 바뀐다. 한국 부동산시장을 올바르게 읽지 못한 결과다. 버블의 용어를 생각해보자. 눌려진 힘의 발산을 버블이라고 한다면 시장을 거꾸로 읽었다. 방향성의 빗나감은 전체 투자시장의 흐름을 왜곡한다.

최근 2~3년간 주식과 부동산시장 중심으로 돈의 흐름을 따라가보자. 저금리와 경기 회복 기미로 주식시장이 먼저 움직였다. 부동산시장도 에너지를 서서히 준비하고 있었다. 2017년 초반부터 주식은 본격적인 상승세를 탔다. 역사적 최고점에 도달하자 추가적인 힘을 기다리고 있었다. 2300~2500을 왔다 갔다 하면서 상승과 하락을 반복했다. 불안하다 생각되면 빠지고 "이거 추가 상승 가능성이 있는데" 생각하면 올랐다. 주식시장이 이러면 대안은 무엇일까? 돈은 방향을 스스로 찾는다. 채권시장은 대안이 될 수 없다. 금리상승이 입구에 떡 하니 버티고 있기 때문이다. 채권투자는 적절한 타이밍이 아니다. 이런 경우, 부동산시장이 대안이 된다. 항상 이런 때 부동산은 활황이었다. 결국 어떠한가? 2017년 8.2대책을 필두로 정부는 시장을 억누르고 있다. 수요를 누르고 자금 줄을 틀어막고 있다. 그러면 시장은 움츠린다. 과연 한국의 주택시장은 어디로 가고 있는가? 주택시장이 주춤해지면 투자자들은 규제가 덜한 대상을 또다시 찾는다. 주택 대신 부동산 유형을 달리한다. 즉, 상가로 돈 흐름이 바뀐다.

주택은 생활에 필수 불가결한 재화다. 필수재인 동시에 주택은 한국에서 중요한 투자자산이다. 이러한 특징은 주택시장을 이해하는 데 매우 중요하다. 주식시장이 과도하게 상승한다고 할 때 상대적 박탈감은 없다. 시세차익을 누리지 못한다는 아쉬움은 누구나 있을 수 있다. 그렇다고 상대적 박탈감까지는 아니다. 주택은 어떠한가? 생활의 안정을 위협할 수도 있다. 정부와 가계가 주택시장에 민감한 이유가 여기에 있다.

일반적인 자산가치는 두 가지로 분류된다. 사용을 통해서 이득을 얻는 사용가치가 그 한 가지다. 나머지 가치는 객관적으로 평가받는 교환가치다. 일반적인 재화는 이 중 한 가지에 비중을 둔다. 휴대폰을 구매하는 이유는 사용가치를 누리기 위한 것이다. 교환가치는 거의 없다고 봐야 한다. 불가피하게 중고품으로 매각이 불가피할 경우, 교환가치를 따져보게 된다. 즉, 특수한 경우에만 교환가치를 생각한다.

주택은 좀 독특하다. 재화를 구매할 때 사용가치와 교환가치를 동시에 생각하는 재화다. 주택은 가격이 급등할 때 자산재의 성격을 그대로 드러낸다. 사용가치보다 교환가치가 더 중요하다. 생활에 필수적인 재화이면서 투자대상이기 때문이다. 투자상품은 사용가치보다 교환가치가 더 중요하다. 주식증서가 아무리 많아도 증서 그 자체는 종이조각에 불과하다. 그럼에도 불구하고 우리가 주식을 사는 이유는 더 비싼 값에 되팔려는 뚜렷한 목적이 있기 때문이다. 사용가치가 아니라 투자목적으로 금과 원자재를 매수하는 이유다. 주택도 동일하다. 투자대상이 되면 가수요든 실수요든 중요하지 않다. 수요의 증가는 가격을 강력하게 인상시킨다. 투자대상이기 때문이다. 투자의 쏠림은 시장을 과잉 반응하게 한다.

투자상품에서 한계효용 체감 법칙은 쓸 데가 없다. 전혀 적용되지 않는다. 지금 주가가 한창 올라가는 중이면 주가 상승은 효용을 그대로 증가시킨다. 사용가치의 경우 재화의 한 단위 구입을 통해 만족이 이루어지면 그 다음 재화의 수요 강도는 약화된다. 한계효용 체감 법칙 때문이다. 한계효용이 체감되는 효과는 교환가치가 중요한 자산재에는 적용되지 않는다. 한계효용 체감보다 체증이 맞다. 주택이 투자대상으로 전환될 때 수요가 공급을 쉽게 추월하는 이유가 여기에 있다.

주택의 가수요를 문제 삼기보다 원활한 주택 공급을 통해서 주택이 투자대상으로 전환되지 않도록 관리해야 한다. 주택 가격이 큰 폭으로 등락하면 사람들은 불안해 한다. 정부의 통제로 가격이 자유롭게 오르지 못하기 때문에 상승의 힘을 비축하고 있다가 결국 폭발한다.

다들 갭(Gap) 투자에 대해 한 번쯤은 들어봤을 것이다. 갭 투자는 전세보증금을 이용하는 투자방식으로서 부동산 교환가치와 사용가치를 활용한다. 여기서 사용가치는 전세보증금, 교환가치는 부동산 시세다. 교환가치와 사용가치가 유사할 때 두 가격의 갭은 거의 존재하지 않는다. 시세와 전세보증금은 유사하다.

갭이 벌어지는 것은 어떤 경우인가? 교환가치가 상승할 때 갭이 확대된다. 결국, 핵심은 저평가된 교환가치 부동산을 발굴하여 투자하면 갭 투자는 성공한다. 이를 위해서는 주택의 가치분석을 차별화해야 한다. 모방은 다른 사람의 추격에 불과하다.

초과수요가 값을 올린다

2030대 입장에서 집값을 보면 조바심이 날 수 있다. 그렇지만 희망을 버려서는 안 된다. 모든 투자시장에는 변곡점이 있다. 멀리 보고 묵묵히

걸어가야 한다. 그러면 반드시 기회는 온다. 목표를 향해 꾸준히 가는 것이 목표 달성의 지름길이다.

KB국민은행의 전국 주택가격지수를 보면 1986년을 100이라고 하면 2014년은 약 270이다. 전국 주택가격이 30년 동안 평균 2.7 배가 올랐다는 것을 의미한다. 물론 수십 배 오른 곳도 있고, 하나도 오르지 않은 곳도 있을 수 있다. 이 자료는 전국 주택가격의 평균이다. 그런데 이것은 명목가격이다.

그렇다면 물가상승률을 감안하면 어떨까? 다음으로 물가상승률을 감안한 전국의 실질 주택가격지수를 보자. 1986년 실질가격을 100으로 보면 실질 주택가격지수는 75에 불과하다. 즉, 물가상승률을 감안하면 한국의 전국 평균 주택가격은 30년 동안 오히려 25% 하락했다. 좀 의외

전국 주택가격지수 추이 기준 : 1986년 1월=100

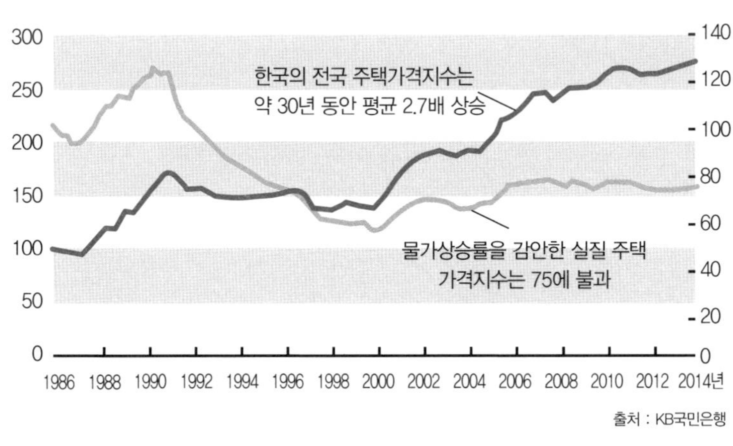

출처 : KB국민은행

라고 느껴지는가? 그렇게 느낄 수 있다. 전국 평균이기 때문에 어떤 곳은 많이 올랐고 어떤 곳은 하락을 면할 수 없었다. 주택은 자산이다. 실물자산이기 때문에 물가상승률만큼 가격이 인상하는 것이 일반적 특성이다. 하지만 감가상각 대상이기도 하다. 이론적으로는 감가상각률만큼 내리고 물가상승률만큼 올라야 맞다. 현실은 어떠한가? 아파트 재건축 시장을 보자. 감가상각은 의미 없다. 용적률 증가와 위치의 차별성이 모든 요소를 좌우한다.

서울 주택 부족은 1980년대가 더욱 심각했다. 밀려드는 서울 인구를 감당하기에 역부족이었다. 과도한 인구 유입은 주택가격을 상승시켰다. 주택가격 상승은 신도시를 개발하는 정책으로 나타났다. 신도시 개발과 함께 중요한 정책이 토지의 고밀도화다. 이 정책에 따라 다세대 주택, 다가구 주택이 등장했다. 폭발적으로 증가하는 인구를 감당하기 위해서 택지공급의 증가와 토지의 고밀도화 전략이 필요했다.

2018년, 서울의 주택문제는 여전히 심각하다. 수도권과 서울의 주택문제 해결을 위해 정부는 향후 어떤 정책을 펼칠까? 서울은 더 이상 신규택지가 없다. 주택공급을 늘리기 위해 고밀도 활용전략이 필요하다. 택지공급 부족을 사용공간의 고밀도화로 극복해야 한다.

통일이 이루어지면 서울의 인구집중은 더 심화될 가능성이 있다. 상상해보자. 서울의 인구집중을 막기 위해 통일정부는 과연 어떤 정책을 펼까? 어떤 이는 1국가 2체제를 말한다. 어떤 이는 거주와 이주에 대한 강력한 규제를 거론한다. 서울의 인구집중이 중단될까? 통일은 역사적

대사건이다. 부동산시장을 송두리째 바꾸어 놓을 수 있다. 역사적 사건에 따라 부동산시장은 지속적으로 변동해왔고 앞으로도 그럴 것이다.

수도권의 주택시장을 바라보는 시각은 명확하다. 선호지역과 비선호지역 간 가격 격차는 더 심화될 것이다. 주택의 매수를 보는 시각도 이제 변해야 한다. 가격이 오르는 곳, 가격이 유지되는 곳, 가격이 내리는 곳으로 급하게 재편될 수 있다. 수요가 많은 지역은 초과수요로 가격이 상승한다. 수요가 적은 곳은 가격이 유지되거나 낮아지는 현상으로 나타난다. 수요가 감소되는 곳은 가격이 하락한다. 주택가격 하락은 걷잡을 수 없다. 수요가 감소하는 지역에서 주택은 더 이상 투자대상이 아니다. 사용가치가 바로 가격이다. 가수요는 없다. 시장은 현실보다 민감도가 더 빠르다. 실제 수요가 1만큼 감소하면 시장은 3만큼 반응한다.

초과수요는 여러 요인에 의해 발생한다. 위치가 가장 중요하다. 서울의 1세대 아파트는 이제 내구기간을 다했다. 1세대 아파트는 대부분 위치가 좋다. 1급 거주지역으로 형성될 가능성이 크다. 이제 2030의 경우 맞벌이는 기본이다. 교통의 편리한 지역에 시선을 집중해야 한다. 도심 아파트, 역세권 아파트가 선호되는 이유가 바로 여기에 있다. 출퇴근 시간이 너무 길면 거주 수요를 감소시킨다. 서울 중심권과의 출퇴근이 50분 이내여야 한다. 1시간을 넘어서는 안 된다. 건축기술도 고려대상이다. 이제 20평대 아파트도 건축기술 발달로 예전과 확연히 다르다. 20평대 신규 아파트도 예전의 30평대 아파트와 생활면에서 대동소이하다. 1인 가구의 증가와 1인 자녀가구 증가는 소형아파트에 대한 초과수요를 만들 것이다.

주택 매수시기는 언제가 좋은가? 정부는 부동산시장에 관심이 많다. 과열이면 내놓고 걱정이고 침체되면 속으로 걱정한다. 지금은 부동산시장의 과열 진압에 정책의 초점이 맞춰져 있다. 시장이 완전히 바뀌면 어떻게 될까? 주택가격 상승에 대한 흐름이 완전히 바뀌면 정부는 반대로 고민을 한다. 규제를 거꾸로 풀기 시작한다. 장기간의 주택경기침체를 가만히 둘 수 없기 때문이다. 주택경기가 침체되면 건설경기의 하락으로 직결된다. 건설경기 하락은 일반 서민의 고용과 직결되는 지표다. 정부는 일자리 창출과 건설경기의 부양을 위해 규제를 하나둘 풀기 시작한다. 분양권 거래중지를 다시 허용하고 중도금 대출 규제를 완화할 것이다. 침체한 주택경기를 풀어야 건설경기도 살아나고 경제성장도 이루어지기 때문이다.

주택 매수는 역발상으로 해야 한다. 주택시장이 극도로 침체될 때가 주택 매수 적기다. 중요한 지표 중에 하나가 '경매낙찰가율'이다. 이 지표가 언론에서 역대 최저가라고 떠들어 될 때 매수 적기다. 경매는 금융기관이 담보로 취득한 부동산을 입찰 참가자에 소유권을 넘기는 제도다. 시장이 극도로 침체된 경우, 경매의 낙찰가율이 최저가를 형성한다. 위축된 시장에서는 경매를 통한 부동산 매수자도 적어지고 금액도 낮아진다. '경매낙찰가율' 최저는 밤이 깊다는 얘기다. 바로 주택 매수 적기다.

지인은 분양계약을 체결하기 전에 많은 것을 조사했다. 인천공항에 근무하는 상주인원은 대략 3만 명에 육박했다. 대기업 신설에 버금가는 인구였다. 인구의 유입은 새로운 주택수요를 창출한다. 더구나 공항 고속도로 통행료는 당시 9,000원이었다. 공항 근무 인원의 10%만 매수를 해도 3,000가구였다. 그는 도저히 이해할 수가 없었다. 주택시장이 아무리 침체에 빠졌어도 이런 지역의 미분양은 도저히 이해할 수가 없었다.

전화벨이 울렸다. 딱 3개월이 지나자 부동산중개소에서 전화가 왔다. 분양권을 9,000만 원에 매수하길 원하는 고객이 있다고 알려줬다. 그는 영종도 아파트 분양계약을 한 후, 바로 옆에 있는 부동산중개소에 들렀다. 분양권 가격이 3배가 되면 연락을 달라고 했다. 정확히 3개월 지나자 분양권 가격이 3배 올랐다고 했다. 일부 사무실 동료는 국제고등학교 설립 소문에 입주까지 분양권을 소지하고 있었다. 국제고등학교 설립 소문에 분양권 가격은 치솟았다. 입주 임박 시점에 가수요 매물이 쏟아졌다. 분양권 가격은 급락했다. 시장을 꿰뚫는 자와 꿰뚫지 못하는 자의 결과는 확연히 달랐다.

빅픽처 주택시장의 급속한 재편에 주목하라

주택시장은 새로운 형태의 분류를 강력하게 요구하고 있다. 가격상승 지역, 가격유지 지역, 가격하락 지역으로 급속하게 재편될 예정이다.

CHAPTER 17

권리를 현금화하라

중소기업 직원임에도 거대한 부를 이룬 사람이 있다. 어떻게 그는 거대한 부를 이룰 수 있었을까?

중소기업 CFO인 지인은 컴퓨터 앞에서 매도 키를 눌렀다. 올라가던 주식이 주춤했다. 새로운 매물의 등장으로 가격대별 매수물량 숫자가 깜짝 튀어 올랐다. 매수세가 꺾일까 걱정이었다. 던진 매도 숫자가 하나씩 줄어들었다. 다행이었다. 그는 직장생활의 모든 짐을 내려 놓고 아내와 여행을 떠났다. 피곤했던 직장생활이 삐쭉 얼굴을 내밀었다. 중소기업은 박봉이었다. 거대한 부를 이룬 방법이 기적적이다.

주식은 권리의 결합

주식이 소유한 권리를 보면 많은 것을 알아챌 수 있다. 주식은 크게 두 개의 권리가 있다. 배당청구권과 의결권이다. 차별적 이해가 투자를 가른다. 주식은 종류마다 두 개의 권리가 다르게 주어진다. 의결권이 없는 대신 배당청구권이 보통주보다 1% 높으면 우선주라고 한다. 배당청구권보다 의결권에 비중을 더 둔 차등의결권주도 있다. 차등의결권주는 의결권이 복수로 주어진다. 현재 우리나라의 경우 우선주 형태만 도입돼 있다. 차등의결권 제도도 도입할 만한 가치가 있어 도입방안을 검토하고 있다고 들었다.

차등의결권 제도는 보통주식에 부여된 의결권 수를 가변적으로 조정한다. 경영권에 관심 있는 주주들에게는 배당에서 불이익을 받는 대신 더 많은 의결권을 받을 수 있다. 거꾸로도 가능하다. 배당에 관심 있는 주주는 복수의결권주보다 우선주를 선호한다. 투자자는 선호도에 입각해 주식을 선택할 수 있다.

미국에선 이미 공개된 회사가 주식을 두 종류로 변경 발행할 수 있다. 회사가 주주총회를 통해 정관변경을 결의한다. 변경된 정관에 근거해 회사는 두 종류의 주식을 발행한다. 예컨대 A형, B형 두 종류의 주식을 발행한다. A형 주식은 기존의 보통주와 동일한 속성을 가진다. B형 주식은 복수의결권을 인정한다. 동시에 B형 주식은 A형 주식으로 전환할 수 있다. A형 주식은 B형 주식으로 전환이 제한된다. 정관을 변경한 후 이사회 의결에 의거해 회사는 B형 주식을 전 주주들에게 주식배당으로 지급한다. 그러면 주주들은 선호하는 주식으로 전환이 가능하다. 일반적 주주들은 B형 주식을 A형 주식으로 전환한다. 의결권에 관심 있는 주주들은 어떠한가? B형 주식을 선호한다. 경영권에 관심 있기 때문이다. 경영진과 그 우호 주주들은 B형 주식을 보유할 것이다.

투자의 측면에서 보자. M&A 이슈가 있는 경우, 복수의결권 주식가격이 더 상승할 가능성이 크다. M&A 이슈가 있는 주식은 가격상승에 거침이 없다. 일반적인 상황에서는 배당에 관심이 많다. 주주의 성향과 시기에 따라 선호주식은 달라진다. 결국 선호도에 따라 주식의 종류가 달라진다.

현재 우리나라에서는 복수의결권주에 관심이 많다. 이유가 무엇일까? 가업의 상속에 따른 경영권 유지가 어렵기 때문이다. 기업주는 대를 이어서 가업을 유지할 수 없다고 불만이다. 오랫동안 대주주로서 경영권을 유지할 수 없다면 회사를 매각해야 한다. 최악의 경우, 사업중단 사례도 발생한다. 일자리 창출 측면과 투자자 입장에서 선택의 폭을 넓히는 제도가 좋다. 유연한 제도로 의견을 수렴할 필요가 있다.

빅픽처 시장 흐름을 타면 수익률은 커진다

투자의 핵심은 권리의 적절한 선택과 행사다.
M&A이슈 혹은 의결권 확보가 매우 중요한 시기는 차등의결권주가 유리하다.

달러가 약세일 때 투자심리는 어떻게 변할까?

달러에 대한 금 교환권은 인간의 불안한 심리를 그대로 보여준다. 예전에는 '금 1온스당 35달러' 기준으로 교환됐다. 물론 현재는 그렇지 않다. 교환권의 역사적 배경을 정확히 알아야 금값이 보인다. 제도 기원을 보면 현재 가치변동의 원천적 근원을 파악할 수 있다. 금은 현재 원유와 마찬가지로 하나의 상품이다. 금은 전통적인 금본위제에서뿐만 아니라 제2차 세계대전 전후 달러 기축통화제도 도입 초기, 모든 화폐가치의 기준이었다. 달러 기축통화가 사실상 시작된 브레턴우즈 협정(Bretton Woods Agreements)에서도 기준은 '금 1온스당 35달러'였다.

미국은 불가피한 이유로 교환정지를 선언했다. 베트남 전쟁에 소요되는 재원확보를 위해 많은 달러가 필요했다. 달러 발행을 증가시킨 미국은 금과 달러의 교환을 정지했다. 이를 통해 금과 달러의 일정한 교환가치가 끊어졌다. 더 이상 교환권은 인정되고 있지 않다. 권리가 사라지면 불안은 증가한다. 달러가치가 떨어지면 인간은 사라진 교환권을 생각한다.

기축통화로서 달러가치가 불안해질 때마다 금값은 대체로 상승했다. 반면 미국 경기가 회복되면 달러가 강세를 띈다. 그러면 금값은 더 이상 상승세를 보이지 않는다. 미국 경기가 달러의 가치를 지켜주리라 믿는다. 교환권을 다시 망각한다. 미국이 양적 완화를 종료할 수 있다고 발언한 뒤 금값이 폭락했다. 많은 사람들은 양적 완화로 달러가치 폭락을 우려했다. 금값이 오르면 불안하니 산다. 인간의 심리는 불안과 공포 시각에서 해석해야 한다. 화폐는 약속에 불과하기 때문이다.

달러는 금으로 더 이상 교환되지 않는다. 달러를 마구 찍어내면 사람들은 불안하다. 이런 현상은 시장에 바로 반영된다. 달러가 약세이면 금값이 오르는 이유다. 도대체 금리인상이 뭘까? 간단히 말하면 돈의 값이 올라가는 것이다. 미국 돈의 값이 올라간다는 건 기축통화로서 달러의 지위가 확고해진다는 것을 의미한다. 달러가치가 강세로 가면 금값은 대체로 약세를 보일 수밖에 없다. 일시적으로 약간의 기복은 있을 수 있다.

큰 흐름으로 보자. 달러가 강세로 당분간 추세를 만들 가능성이 크다. 위기를 겪고 나면 위치가 더욱 공고해 지는 것이 세상의 이치다. 달러의 가치가 불안해질 때 혹은 세계 경제가 붕괴위험에 빠질 때 달러는 약세를 보인다.

교환권 등식의 역사적 배경을 알면 금의 가치변동의 흐름을 정확하게 이해할 수 있다. 정확하게 알아야 인간의 불안 심리가 보인다.

빅픽처　달러가 약세라면? 혹은 강세라면?

달러가 약세로 전환되면 투자자들은 달러의 잃어버린 교환권을 상기한다. 이런 현상이 발생하면 금값이 상승한다. 투자시장에서 불안한 마음은 숨길 수가 없다. 미국 경제의 역사적 붕괴가 예상될 때 혹은 세계 경제흐름이 미국 중심에서 이탈할 때, 달러화는 폭락하고 금값은 폭등한다.

미국 경제(무역수지와 재정지출 포함)가 전반적으로 살아나면 반대로 바뀐다. 미국의 기준금리가 올라가고 달러화가 강세로 전환된다. 금값은 하락한다. 글로벌 투자자금이 미국으로 집중되면서 투자자금이 썰물처럼 사라진다. 이런 때 어떤 일이 벌어질까? 미국 시장은 활황을 맞게 되고 글로벌 시장은 침체된다. 유동성 축소로 증권가격이 서서히 하락한다. 투자자가 미국 경기와 기준금리를 주시해야 하는 궁극적 이유다.

오피스 건물, 가격변동 요소

A 자산운용회사 부동산투자본부장인 지인은 오피스 건물매입에 사활을 걸었다. 이번에도 입찰에 떨어지면 가능성은 없었다. 오피스 건물을 매입하여 높은 가격에 매도해야 했다. 그는 오피스 건물 가격 흐름에 능통한 사람으로 나름의 시각을 갖고 있었다. 그러던 중 기다리던 메일이 왔다. 빌딩 입찰에 초청하는 중요한 메일이었다. '이번에 반드시 낙찰을 받아야지.' 그는 결의를 다졌다.

먼저, 오피스 건물의 가격변동 요소를 정확히 알아둘 필요가 있다. 왜냐하면 이런 것이 보여야 투자의 큰 틀이 완성되기 때문이다. 이 시장은 외국자금, 대기업, 기관투자자들이 들락거리는 시장이다. 큰돈이 거래되기 때문에 투자시장의 상황과 밀접하게 관련 있다. 가장 중요한 것은 시중의 유동성이다.

예시를 통해서 빌딩의 가격변동 흐름을 파악해보자. 역삼역 근처에 있는 강남파이낸스센터는 최상급 빌딩이다. 이 건물의 매각과정을 보자. 1995년 5월, 현대산업개발은 현대그룹의 강남 신사옥 목적으로 해당 건물을 착공했다. 그러나 착공과 동시에 문제가 발생했다. 현대산업개발이 현대그룹에서 분리되면서 신사옥 사용계획이 백지화된 것이다. 이 위기를 극복해야 했다. 2001년 7월, 7,000억 원에 준공건물을 매각했다.

현대산업개발의 매각배경은 건설경기침체가 원인이었다. 경기침체로 심각한 위기를 겪는 와중에 매각은 불가피했다. 현대산업개발은 정신이 없었다. 당연히 회사의 재무건전성 유지가 정책의 최우선 순위였다. 2001년, 한국 경제는 IMF 금융위기를 완전히 벗어나지 못했다. 기업에서는 구조조정이 한창이었고 자금상황 역시 여의치 않았다. 고가로 매각하기에는 상황이 좋지 않았다. 그럼에도 불구하고 현대산업개발은 매각을 결정했다. 유동자금 확보가 우선이었기 때문이다. 매각자금을 활용해 부채비율을 크게 낮췄다.

론스타는 2001년 현대산업개발로부터 빌딩을 7,000억 원에 매입했다. 2004년 12월, 보유 3년만에 2,450억 원의 양도차익을 남겼다. 건물이 싱가포르투자청에 넘어가면서 단시간 내에 투자금액 대비 35%의 높은 수익률을 올렸다. 단기간에 높은 양도차익을 남길 수 있었던 이유는 간단하다. 현대산업개발로부터 낮은 가격에 인수했기 때문이다. 건물은 매수와 매각시기가 가장 중요하다. 건물가격은 거래시기가 결정한다. 거래금액은 시중의 유동성과 관련이 깊다. 즉, 유동성이 풍부하면 가격은 올라가고 자금이 경색되면 건물가격은 내려간다.

금리는 오피스 건물에 큰 영향을 미친다. 금리가 상승하면 채권가격이 하락하듯 빌딩가격도 하락 압력을 받는다. 금리상승은 빌딩소유자 입장에서 빌딩의 차입비용 증가로 나타난다. 투자자의 순수익은 내려가고 그만큼 투자자산 가치는 상대적으로 하락한다. 빌딩은 채권이 분기 혹은 매년 이자를 만들어내듯 매달 임대수익을 만들어낸다. 이자수익과 임대수익은 무슨 차이가 있을까? 이자수익은 돈의 값어치에 대한 대가다. 즉, 금리 변동에 따라 달라진다. 임대수익은 어떠한가? 금리와는 미세한 차이가 있다. 금리의 변동뿐만 아니라 다른 요인에 의해서 달라진다. 그것이 무엇일까? 임대수익은 오피스 건물의 사용가치에 해당한다. 사용가치는 오피스 건물의 수요와 공급에 의해서 달라진다. 경기가 부정적이면 한계기업들은 파산하거나 사업을 접어야 한다. 경기의 부정적 상황은 오피스 건물의 수요를 감소시킨다. 건물 공실 증가는 임대수익률을 하락시킨다. 공실이 증대되는 상황에서 빌딩소유자는 임대료를 낮춰야 한다. 다른 빌딩에 비해 높은 임대료는 빌딩의 임대수요를 감소시키기 때문이다. 임대료는 그 빌딩의 사용가치와 상응해야 한다. 사용가치에 상응하지 않는 높은 임대료는 공실률 증가로 나타난다. 임대료 하강 압박이 강해진다. 빌딩의 임대수익과 임대수익률은 현재 금리 수준, 빌딩 위치, 교통입지, 사용의 편리성과 복합적으로 연계되어 결정된다.

채권수익률과 빌딩 임대수익률의 결정적 차이는 무엇일까? 화폐가치 하락 측면에서 둘은 결정적으로 다르다. 채권가격과 채권수익률은 화폐의 명목가치에 불과하다. 채권수익률은 화폐가치 하락 위험에 그대로 노출돼 있다. 경제성장률만큼 증가하는 통화량 증가로 명목가치는 하락한다. 결과적으로 채권의 실질적 화폐가치는 매년 감소한다.

반면 빌딩가치는 어떠한가? 빌딩은 실물자산이고 채권은 유가증권이다. 기본적 성질이 다르다. 빌딩은 화폐가치 하락 위험보다 교통과 입지 변화에 따른 가격변동성 위험이 더 크다. 매년 하락하는 것은 건물의 '감가상각비'에 해당하는 사용가치 감소다.

예를 들면, 한 건물의 임대수익이 매년 100억 원 나오는 오피스 건물 사례를 들어 보자. 연간 임대수익률을 산출하는 공식은 '연간 임대수익/빌딩가격×100=연간 임대수익률'이다. 공식을 이용해서 건물가격을 구하면 '연간 임대수익/연간 임대수익률×100=건물가격'이다. 연간 임대수익 100억 원과 임대수익률 5% 기준, '100억 원/5%=건물가격' 공식을 사용하면, 빌딩가격은 2,000억 원으로 산출된다. 감가상각비를 감안한 실질적 빌딩 임대수익률은 어떠한가? 편의상 건물의 내용연수는 40년, 감가상각 방법은 정액법, 빌딩가액 2,000억 원 중 건물에 해당하는 분이 1,000억 원이라고 가정하자. 연간 임대수익에서 감가상각비를 차감하면 연간 수정된 실질 임대수익은 75억 원이다. 연간 임대수익 100억 원에서 매년 감가상각비로 25억 원 빼면 된다. 감가상각을 감안한 연간 실질 임대수익률은 '75억 원/2,000억 원=3.75%'다.

국제회계기준에 따르면 동일한 부동산이라 하더라도 보유목적에 따라 감가상각 적용이 다르다. 투자용 부동산은 감가상각을 적용하지 않는 반면, 기업의 일반 유형자산은 감가상각을 적용한다. 따라서 현재 한국에서 빌딩에 투자하는 기관투자자는 감가상각비가 적용되지 않는다. 기관투자자는 장기보유 목적으로 빌딩을 취득하지 않는다. 시세차익을 위해 단기간 보유하기 때문이다.

결론적으로 채권수익률은 명목수익률이다. 화폐가치 하락에 따른 실질가치 하락 위험이 그대로 노출돼 있다. 한편, 빌딩의 임대수익률은 실물자산이라서 감가상각 위험에 노출되는 것이다. 정확한 실질 투자수익률을 산출하려면 물가상승률과 감가상각을 감안해야 한다.

빅픽처　채권수익률과 임대수익률의 결정적 차이

채권투자는 화폐가치 하락 위험에 그대로 노출되는 반면, 오피스 빌딩은 이점에서 유리하다.
빌딩투자의 장점은 분명 실물자산으로서 화폐가치 하락에 대비가 가능하다는 것이다.

권리, 현금으로 굳히다

A 자산운용회사 본부장은 두근거리는 마음으로 메일을 열었다. 매입

의향서 송부에 대한 인사로 시작됐다. '제한적 경쟁입찰'에 관심을 표명해주어 감사하다는 내용이었다. 저번 메일에 회사 명의의 건물매입의향서를 송부하면서 건물에 대한 상세한 자료를 요구했었다. 입찰대상 빌딩의 상세한 내용을 첨부파일로 제공했다. '건물 상세내역'과 '임차자 현황 및 임차료 내역'을 통해 건물의 모든 것을 알 수 있었다. 첨부파일을 보던 중 이상한 점을 발견했다. 추가 검토가 필요했다.

분명 이 건물은 중심상업지역에 있는 건물이었다. 법적으로 허용되는 건축연면적은 용적률로 정해져 있다. 법적 최고용적률은 토지 가격과 밀접한 연관이 있다. 동일 면적의 땅이더라도 법적으로 허용되는 용적률이 높으면 토지의 사용효율이 증가하여 층수를 추가로 높일 수 있기 때문이다. 빌딩에서 100%의 용적률은 2개층(건폐율 50% 기준)을 추가로 올리는 것과 유사하다.

용적률은 '건축연면적/대지면적×100'으로 산출한다. 대지면적을 300평이라고 하면 100%의 용적률은 건축연면적을 300평 추가할 수 있다는 의미다. 건축연면적 300평은 건폐율을 50%로 간주할 때 2층에 해당하는 건축연면적을 추가로 높일 수 있다. 바닥면적 기준으로 1개 층은 150평이고 2개층은 300평이기 때문이다. 여기서 건폐율은 '바닥면적/대지면적'을 말한다. 대지면적에서 차지하는 건축물 바닥면적의 비율이 건폐율이다. 자료를 추가로 확인해야 했다. 분명 이상했다. 현재 건축된 건물면적이 법적으로 허용하는 건폐율과 용적률에 미치지 못했다. 스스로 질문을 던졌다. "앗, 이게 사실인가?"

긴장이 되었다. 건폐율은 현재 50%였다. 10%에 대한 권리가 아직 남아 있었다. 용적률도 아직 200% 권리가 남아 있었다. 현행 건축물의 높이제한 사항을 살펴보았다. 전혀 상관없었다. 부동산 관련 서류를 모두 다시 비교했다. 분명 허용되는 건폐율은 60%인데 현재 건폐율은 10% 낮았다. 허용되는 용적률은 1,000%인데 현재 800%였다. 토지는 '중심상업지역'이었다. 이 내용이 맞으면 입찰에서 이길 수 있었다. 망설여졌다. 입찰가격이 1억 원만 높아도 빌딩매수자로 낙찰될 수 있었다. 낙찰되면 기업의 M&A 절차와 유사했다. 우선 협상대상자로 지정되면 빌딩의 실사권한이 주어졌다. 실사권한은 매우 중요하다. 매수건물에 대한 내용을 조사할 수 있기 때문이다.

빅픽처 현실화되지 않은 권리도 돈이 될까?

현실화되지 않은 권리도 현금과 동일하다.
부동산에서 법적용적률과 실제용적률이 달라도 거래가격은 상승한다.

실사과정에서 중요한 두 가지

강남 소재의 빌딩을 소유한 또 다른 지인은 빌딩을 팔고 싶어 했다. 보통 빌딩거래는 비밀작전처럼 이루어진다. 빌딩은 작은 기업이다. 매각작업이 이루어지고 있다는 사실이 공개되는 순간 빌딩 소유자는 곤경에

처한다. 임차인 관리가 힘들어지기 때문에 매각작업은 비밀리에 추진해야 한다. 기관투자자는 빌딩투자를 선호한다. 왜 그럴까?

지인은 빌딩 매도절차에 대해서 자세히 물었다. 빌딩 매수에서 실사는 중요하다. 두 가지 중요한 측면에서 실사는 행해진다. 실사과정에서 빌딩의 치명적 하자가 발견되면 거래는 중단될 수 있다. 매수자는 하자를 이유로 가격조정에 적극적일 수 있다. 가장 중요한 것은 법적인 측면이다. 로펌을 선정해서 부동산 관련 법적 하자 여부를 종합적으로 검토한다. 빌딩의 건축물 공부와 실제 상황을 비교한다. 하자 여부를 세밀하게 대조한다. 준공 검사와 소방 검사, 승강기 검사 등은 제대로 받은 것인지, 소방 관련 법률과 비교하여 건물구조가 일치하는지, 전반적인 사항에 대한 조사를 거쳐야 한다. 빌딩소유자와 임차자의 계약서도 모두 법률적 실사 대상이다.

두 번째 중요한 사항은 빌딩의 물리적 하자 여부다. 설계도와 비교하여 현재 빌딩의 물리적 상태를 실사해야 한다. 이는 보통 물리적 실사 전문기관에 의뢰해 처리한다. 빌딩의 상수도와 하수도 부문에 하자가 있는지, 정화조를 포함한 물리적 기능에 하자가 있는지, 골조 및 구조에 문제가 있는지, 물리적 상태와 관련된 내용은 모조리 이 보고서에 언급돼 있어야 한다. 매수 후 당장 수리가 필요한 부문은 매도자와 협상해야 한다. 중요한 사항이라면 가격조정 혹은 수리를 요구해야 한다. 소유에 관한 권리를 양수할 경우, 하자 여부 검토는 매우 중요하다. 하자의 용인은 권리의 양보이기 때문이다.

빌딩을 사고 싶어 하는 본부장은 입찰서의 금액란을 공란으로 남겨놓고 다시 고민에 빠졌다. 한참을 생각했다. 올바른 선택은 성공을 보장한다. 그 반대는 추락이다. 건폐율과 용적률의 상향 조정은 추가건축이 필요했다. 추가건축비가 소요됐으며 건축기간 동안 다른 층의 사용에 지장을 주게 된다. 어떻게 해야 할까? 결정과 계산이 잘못되면 수익률은 고꾸라질 수 있다. 임대료 하락도 감수해야 했다. 이런 내용들을 펀드매니저인 본인이 모두 알고 있어야 했다.

우선 추가 건축비와 늘어나는 임대수익을 예상해 보았다. 또한 향후 5년간 연평균 임대수익률을 계산했다. 임대수익률 계산에서 공실률 예측이 필요했다. 현재 공실률은 5% 미만으로 문제가 없었다. 추가 건축이 이루어지면 장담할 수 없었다. 추가로 건축이 완료된 부문의 임대가 공실률에 영향을 줄 수 있기 때문이다. 추가 건축면적의 임대시기 추정은 수익률에 큰 영향을 끼쳤다. 6개월간 임대가 지연된다면 전체 투자수익에 미치는 영향은 적지 않았다. 금액을 높게 써서 안정적으로 낙찰을 받으려고 하면 예상 투자수익률이 걱정이었고, 투자수익률을 높이려고 하면 낙찰 여부가 우려됐다.

빅픽처 오피스 빌딩의 가격변동 요소와 거래 프로세스

오피스 건물의 가격변동 요소는 중요하다. 왜냐하면 이런 것이 보여야 투자의 큰 틀이 완성되기 때문이다. 빌딩 시장은 외국자금, 대기업, 기관투자자들이 들락거리는 시장이다. 큰돈이 거래되기 때문에 시장상황과 밀접하다. 가장 중요한 것은 시중의 유동성이다.

빌딩은 작은 기업이다. 기업 M&A 절차와 유사하다. 비밀리에 추진된다. 하자에 대한 이의제기 권리는 중요하다. 권리 포기는 언제나 결국 현금이다. 부동산 물건에서 권리 행사가 중요한 이유다.

중소기업 임원, 큰돈을 벌다

알고 지내던 중소기업 CFO와 식사를 했다. "축하합니다. 상장 후 회사가 너무 잘 나가더군요. 큰 보람입니다." 오랜만에 만나 축하인사를 건넸다. 중소기업 임원은 싱글벙글이었다. 무슨 좋은 일이 있는 것이 분명했다. "회사 상장 후 제 인생이 확 달라졌네요. 감사합니다." 2년 전 상장에 성공했던 중소기업 CFO는 감사인사로 화답했다. 유럽여행을 갔다 온 이야기로 말문을 연 그는 거침없이 많은 얘기를 했다. 상장을 하자 회사실적이 너무 좋아졌다고 했다.

상장 후 어떤 경우에는 완전히 다른 회사로 변모한다. 중국의 글로벌 기업으로부터 투자를 받기도 쉬워진다. 중국 재벌을 재무적 투자자로 받아들여 중국의 거대기업에 경영권을 매각한 기업도 있다. 회사 경영권은 중국 기업에 있지만 한국에 상장된 기업인 것이다.

성공신화는 극적이다. 구체적인 상황은 기업마다 미세한 차이가 있지만 공통적 유사성은 발견된다. 첫 번째 국내 상장을 통해 중국 매출이 확대된다. 상장을 통해 중국에서의 신뢰가 높아지기 때문이다. 두 번째 매출 확대와 함께 중국 자금이 재무적 투자자로 나서게 된다. 세 번째 한국 대주주가 중국 거대그룹에 회사경영권을 매도한다. 국내에 상장되지만 회사의 영업기반이 중국에 안착하면서 중국인에게 경영권이 양도된다. 그럼 회사는 완전히 다른 회사로 변모한다. 폭발적 성장을 한다.

중소기업 CFO는 회사 매각 후 사표를 냈다. 중국 대주주는 같이 일했으면 하는 눈치였지만 그는 새로운 길을 가고 싶었다. 상장 전 액면가로 받은 스톡옵션을 행사했다. 행사주식은 4만 주였고 행사가격은 액면가 5,000원이었다. 스톡옵션은 회사가 핵심 역할을 하는 임직원에게 일정수량의 회사 주식을 일정한 가격으로 매수할 수 있는 권리를 주는 것이다. 스톡옵션의 목적은 주요 임원에게 회사의 기업가치 제고와 성장을 위한 강력한 근로의욕 고취다. 그는 회사의 상장뿐만 아니라 재무적 투자자 유치에 많은 고생을 했다. 회사의 현재주가는 20만 원을 넘어섰다.

많은 사람은 결과만 보고 말한다. 외부에서는 달걀이 병아리로 갑자기 변신했다고 말한다. 그러나 우리는 병아리가 되기 위해 매일 조금씩 달걀이 움직인 사실을 알아야 한다. 꾸준히 떨어지는 물방울이 바위를 뚫듯 누적이 기적을 만든다. 누구나 초라한 현재에서 찬란한 미래로의 도약을 꿈꾼다. 모르는 사람들에게는 흔히 극적이고 혁명적인 사건으로 보이기도 한다. 개인은 지속적이고 누적적인 과정을 통해서 기적을 쟁취

한다. 인생에서 한 방은 결코 없다.

자산운용회사 본부장은 입찰서에 금액을 드디어 썼다. 추가건축물은 건축완료 후 1년간 임차가 이루어지지 않는다는 가정하에 수익률을 역으로 계산했다. 건축 소요기간은 1년 6개월로 잡았다. 추가로 건축물을 건설하니 5년 후 매각금액을 높이 잡을 수 있었다. 그가 다른 사람보다 높게 매수금액을 적은 이유다. 빌딩의 실제용적률을 올릴 수 있는 권리가 펀드 수익률을 높였다. 권리를 철저한 분석함으로써 빌딩매수에 극적으로 성공했다.

권리 분석에 대한 힘이 기적을 이루어냈다. 그는 인사고과 S등급을 취득했다. 병아리는 달걀에서 나오기 위해 부리로 알을 깨야 한다. 병아리는 한 방의 기적으로 절대 깨어나지 않는다.

빅픽처　월급쟁이가 부자로 거듭나는 방법

중소기업 직장인 : 권리의 행사를 통해 거부가 될 수 있음
대기업 직장인 : 변곡점에서 결정적 권리 확보가 핵심

CHAPTER 18

기관투자자를 해부하라

사회대변혁과 주식시장의 균형

인간사회의 대변혁을 초래한 사건을 보자. 사건의 뒤를 파헤쳐보면 항상 '이것'이 있다. 프랑스 대혁명 당시 루소는 자연 그대로의 세상이 더 낫다고 주장했다. 제도가 오히려 인간을 더 구속한다고 했다. 옛것을 지키려는 세력과 새로운 것을 추구하는 세력의 대결로 나타났다. 주식시장도 마찬가지다. 세력 간 대결이다. 매수가 이기면 주식시장이 현란하게 춤을 추고 매도가 많으면 주식시장은 피가 낭자하다. 두 세력은 매일 결투를 한다. 쏟아지는 매도물량을 온종일 없애느라 매수세력은 바쁘다. 매도세력은 처절한 싸움 끝에 가까스로 현금을 챙긴다.

균형은 양쪽이 팽팽할 때 생긴다. 팽팽한 세력 대결은 힘의 균등을 가져온다. 현재의 주가가 유지되는 것이다. 그러다 사건이 발생하면 균형은 파괴된다. 예를 하나 들어보자. 오늘이 수능 시험일이라고 가정해보자. 언론에서 수능이 어려웠다는 기사가 쏟아지면 살짝 균형이 흔들린다. 작년보다 어려운 문제가 구체적으로 제시되면 매수세력이 힘을 얻어 가격이 오른다. 과연 어떤 회사의 수익성이 수능 난이도와 연계될까?

어떤 사건에 의해 균형이 깨지면 매수세력은 힘을 얻고 가격은 출렁거린다. 기업의 수익성은 좋아진다. 정확하게 말하면 두 가지다. 어떤 기업의 수익성은 좋아지고 어떤 기업은 정반대다. 모든 사건은 기업의 수익성과 관련 있다.

수능이 어려워지면 오르는 주식종목이 있다. 한 사건의 발생이 주식의 매수세를 도와주기 때문이다. 수능이 어려우면 재수생은 증가한다. 재수생 증가는 회사의 수익성을 좋게 하고 주가를 올린다. 과연 어떤 회사의 수익성이 좋아질까? 바로 중고등학교 입시학원이다.

메가스터디는 중고등학생 학원이 핵심사업이다. 학원생 등록 수를 결정 짓는 수능의 난이도는 매우 중요하다. 회사의 주요한 지표다. 점점 고등학교 졸업생 인원이 줄고 있는 상황은 수익기반의 약화로 작용한다. 손주은 회장은 특단의 조치를 강구했다. 학원사업을 대체할 새로운 시장을 찾기 위해 신규사업 발굴에 나섰다.

메가스터디는 그룹의 사실상 지주회사인 교육서비스 업체다. 이 회사 PBR은 0.49배(2017년 상반기 기준, 이하 동일)에 머물러 있었다. 주가가 장부가치의 반에도 미치지 못하는 형편이었다. 그러나 부채비율은 20.7%에 불과해 재무구조는 우수했다. 현금성 자산은 1,041억 원으로서 시가총액 1,251억 원의 83%에 육박했다. 여기에 외국인의 매수세가 더해져 매수가 힘을 받았다. 외국인 세력이 집중 공략했다. 외국인의 소유지분 비율이 올라가고 있었다.

수능이 어려워지면 부동산시장도 덩달아 움직인다. 가격이 동반 상승한다. 대치동에 밀집해 있는 학원가의 수익성이 좋아지면서 대치동 소재 아파트 가격도 올라간다. 재수생 증가가 학원 수익성과 아파트 수요에 불을 지른다. 전두환 정권은 1980년 7월 30일 대학별 본고사를 폐지했다. 본고사 폐지는 학원의 수익성을 박살냈다. 경쟁력 없는 학원들이 조용히 사라졌다. 2017년, 외국어고등학교에 대한 특혜적 정책을 없앤다고 떠들었다. 이 같은 교육정책 변화는 대치동 아파트 수요를 불러일으켰다. 초과수요는 가격 상승으로 나타났다.

그렇다면 학원 매각 시 거래가격의 기준은 뭘까? 지인은 학원사업을 독특한 방식으로 한다. 그는 학원사업도 부동산사업과 유사하다고 했다. 위치와 강사진이 생명력이라고 했다. 우선 차별화된 곳에 학원을 설립하여 학생수를 대대적으로 모집한다. 이때 필요한 것이 스타강사다. 보통 수강료 80%를 스타강사가 가져간다고 했다. 스타강사는 학원 수익에 크게 도움되지 않지만 이미지 형성과 학생들을 모으는 데 결정적인 역할을 한다. 초기에는 대대적 분위기 조성으로 긍정적 이미지를 높일 필요가 있다. 스타강사가 80%를 가져가면 학원은 뭐 먹고 살까? 학원은 장소를 빌려주는 임대업이다. 2년이면 학원이 자리를 잡고 이후에는 수익은 달라진다고 했다.

스타강사는 학원 입장에서 수익성 저조를 초래하지만 학생 수는 늘어나게 한다. 즉, 인원이 늘면서 수익성은 개선된다. 학생들의 입에 오르내리면 수익성은 가속을 밟는다. 학원 경영이 탄력을 받기 시작하면 도약은 쉽다. 이렇게 되면 매각 가격이 오르는 것은 당연한 결과다.

수능이 어려워지면 정부는 걱정이다. 가계의 사교육비가 올라가면 국민 생활이 어려워지기 때문이다. 얼마 안 되는 가계소득에서 생활비와 사교육비 빼면 쓸 돈이 없다. 대출이자도 벅찬데 학원비까지 늘어나니 허리가 휘어진다. 이렇게 허리가 휘어져도 사교육비는 줄이려고 하지 않는다.

소비재 기업의 수익성은 가계소득이 좌우한다. 가계의 소비가 줄어들면 소비재 산업은 수요기반이 약화된다. 세계적인 사모펀드 KKR의 회장 조지 로버츠(George Roberts)는 한국의 소비재 시장에 수익성이 있다고 했다. 한국을 통해 중국시장을 엿볼 수 있고 통일이 되면 상황은 달라지기 때문일까? 과거 주력이었던 철강, 조선업은 현재 구조조정을 진행하고 있다. 화려했던 과거와 침체된 오늘을 통해 업종을 새롭게 조명해본다. 로버츠 회장은 구조조정 중인 한국시장에서의 투자를 늘려가야 한다고 했다.

모든 것은 변한다. 언젠가는 오늘의 영광이 큰 부담으로 올 수도 있고, 오늘의 음지가 찬란한 모습으로 변신할 수 있다. 정부의 정책은 강력하다. 교육 시장을 줄여 가계 부담을 확 줄이고 싶어 한다. 그러나 수능의 변별력이 약화되면 대학은 고심한다. 평이한 수능시험으로는 우수한 인재를 뽑을 수 없다고 하소연한다. 인재는 육성하는 것이 아니라 뽑는 것이라고 말한다.

M&A 회사의 주요 지표

학원이 바빠지고 수익이 많이 나면 사람들의 시선이 쏠린다. 팔 생각이 없느냐고 주위에서 물어본다. 잘 돌아가는 학원은 수익성이 좋다. 공격적 경영이 더 이상 필요 없다. 수비적 경영으로도 충분하다. 학생수를 늘리기 위한 공격적 경영은 오히려 수익성을 약화시킨다.

한국의 학원시장은 특이하다. 학원의 수익성이 좋아지면 초기와 달리 안정경영을 선호하는 사람으로 경영 주체가 바뀐다. 안정경영을 선호하는 사람은 매수를 통해서 용이하게 학원사업에 진출한다. 초기 공격적 경영자는 성장을 위해 스타강사를 내세웠고, 안정적 경영자는 초기의 공격적 경영 스타일을 활용하여 사업에 진출했다. 물고 물리는 모양은 어느 업종이나 존재하는 법이다.

안정적 경영자는 인수를 통해 초기의 사업위험을 회피할 수 있다. 학원 M&A 시 거래기준은 무엇일까? 학원 M&A가격은 학생 수가 기준이다. 등록 학생 수가 가격을 결정한다. 인원수가 주요 지표로 활용되는 인수대상이 또 있다. 교회다. 사찰도 신도 수가 기준이다. 인원수가 중요하기 때문에 주요 지표로 활용된다. 인원이 많으면 가격은 올라간다. 학원 등록 인원 수를 기준으로 매각은 진행된다.

지인의 입장은 분명했다. 그러면서 설립 후 단기간에 높은 성과를 낸

후 매각하는 것이 제일 좋다고 말했다. "학원이 어느 정도 정착하면 성장률은 하락한다. 그러니 성장시킨 후 빨리 매각하라." 매각이라는 반복적 행위는 그를 오늘에 이르게 한 힘이라고 했다.

그에게는 초기의 공격적 경영이 잘 맞았다. 이를 통해 목돈을 손에 움켜쥐면 힘이 솟구쳤다. 학원 초기 성장은 자신 있었다. 학원 초기 성장이 자신 있다면 게임 끝난 것 아닌가? 그는 오히려 "자신의 능력을 집중적으로 활용하는 전략이 지름길인 아닌가요?"라고 되묻고 있었다. 자신의 핵심가치에 대한 정확한 파악은 승리를 이미 결정하고 출발하는 것이나 다름없다. 본인 재능에 수익성을 정조준하는 모양새다. 자신의 잘하는 분야에 집중해야 성공 확률이 높다. 잘하는 행위를 반복하면 좋은 성과가 난다.

또 다른 지인은 30년 동안 중소기업을 경영하고 있다. 대표이사 겸 비상장회사 대주주다. 어느 날 그는 무릎을 팍 치며 벌떡 일어섰다. 증권회사의 제안서에 환호성을 지르며 감격의 눈물을 흘렸다. 증권사가 그런 제안을 했다는 것이 놀라웠다. 제안서를 이리저리 살펴보았다. 살면서 오늘처럼 기쁜 적이 없었다. '회사 상장, 언젠가는 하겠지 생각은 했지만 이렇게 가격이 높을 줄이야.' "회사가치 1조 클럽, 이제 가입하시지요?" 그의 가슴은 쿵쾅거렸다. 오른 손으로 가슴을 움켜쥐었다.

'기업가치 1조'라는 말은 가슴을 설레게 한다. 말로만 들었던 제안서의 그 말에 요샛말로 훅 갔다. 여기에 인간의 함정이 있다. 상장기업 가치가 7,000억 원에서 1조 2,000억 원 구간에 속하는 기업들의 주가수익률이 별로라는 통계가 나오고 있다. 왜 그럴까? 기업공개 목적으로 회사 가치를 검토할 때 1조 원의 욕망은 마음속에 출렁인다. 대주주도 마찬가지고 주관회사도 동일하다. 이왕이면 1조 원이라는 말에 시선이 흔들린다. 상장업무를 수행할 때는 인간의 심리를 바로 이해해야 한다. 주관회사는 상장회사 대주주가 선정한다. 회사가치 기준 '1조 클럽'에 객관성을 잃으면 투자자는 어떻게 해야 할까? 특히 기업가치 7,000억 원에서 1조 2,000억 원인 회사들이 이런 유혹에 빠지기 쉽다. 1조 원은 그렇게 쉽게 나오는 숫자가 아니다. 무심코 나오는 '1조 클럽'에 객관성은 없어진다.

결국 모든 것은 세력 간 대결이다

1750년대 프랑스로 돌아가 보자. 루소는 스위스 제네바에서 태어났다. 가난한 시계공의 아들로 태어나, 곧 어머니를 잃었다. 10세 때는 아버지마저 집을 나간다. 그 후 숙부에게 맡겨지고 공장의 심부름을 하면서 불우한 어린 시절을 보낸다. 그러한 어려움을 딛고 일어나 역사에 남는 인물이 된다. 루소는 말했다. "인간은 자유롭게 태어나, 도처에서 얽매인다." 그는 인간제도의 불합리성을 과감하게 말했다. 유럽의 당시 상황을 보면 새로운 제도가 독을 품고 있었다. 영국은 산업혁명에서앞서나가고 있었고 기술발달은 치열한 경쟁환경을 조성했다. 중상주의 체제가 들어서면서 더 많은 이윤을 남기려는 인간 경쟁은 끝이 없었다. 인간의 대변혁은 항상 이것과 관련이 있었다. 모든 제도가 인간을 위한다고 하지만 결코 그러지 않았다.

사회 대변혁의 뒤에는 항상 이것이 있었다. 혁명 당시 프랑스는 종교계층과 귀족계급이 인구의 5%도 채 안 됐지만 부는 90% 이상을 차지하고 있었다. 부를 움켜쥔 종교와 귀족계층은 사치의 극치를 이뤘다. 생활하기도 힘든 시민계급과 농민은 아우성이었다. 부의 편향이 자연상태 그대로의 인간 평등을 넘어섰다. 인간 제도는 더 이상 평등 정신을 지켜주지 못했다. 제1계급 성직자 약 10만 명, 제2계급인 귀족 약 40만 명, 시민과 농민은 약 1,800만 명이었다. 시민계급은 가난에 허덕였다. 이때 루소가 조용히 말했다. "인간의 제도는 더 이상 필요 없다." 인간이 만든 제도에 의해 사람이 구속 당하는 불평등은 필요 없다고 했다. 무슨 말일까?

모든 인간은 평등하다. 그럴 권리가 있다. 문명과 인간이 만든 제도가 이러한 불평등을 야기시켰다면, 이런 제도는 더 이상 필요 없다. 루소의 정신은 후에 프랑스대혁명의 도화선이 됐다. 사회 대변혁의 결정적인 역할을 했다. 사회의 대변혁의 배후에는 무엇이 있는가? 바로 평등에 대한 무시가 있다. 이는 사회를 바꾸고 대변혁으로 치닫게 한다. 혁명을 이끄는 강력한 힘으로 작용한다.

불평등한 양태가 보인다면 사회 대변혁은 진행 중에 있다고 봐야 한다. 보이는 것이 없다면 그 아래에서 힘을 비축하고 있는 것이다. 비축된 힘은 언젠가 폭발한다. 사회를 덮친다. 역사는 분명히 보여주고 있다.

빅픽처　인간의 탐욕, 상상 그 이상이다

회사 상장 시 시가총액 7,000억 원에서 1조 2,000억 원 구간의 초반 수익률이 저조한 이유가 무엇일까?
인간의 탐욕과 자본시장이 합쳐진 결과다.

기관투자자의 투자전략

기관투자자들은 항상 가슴속에 품고 다니고 있는 단어가 있다. 무엇일까? 그것은 '균형'이다. 균형이 깨지는 순간 뭔가 잘못되었다는 의심을 품는다. 기관투자자는 포트폴리오 투자를 기본으로 한다. 포트폴리오 투자는 여러 형태로 구성할 수 있다. 포트폴리오 구성을 위해 자산배분을 하는 순간 수익률은 결정된다. 그만큼 중요하다. 10억 원을 소유하고 있는 자산가의 포트폴리오를 보면 자산배분의 중요성은 명확해진다.

원금보존 추구형태의 자산배분은 여러 형태로 가능하다. 9억 7,000만 원을 무위험 자산에 투자했을 때 이자 혹은 수익금이 3,000만 원 생긴다고 하자. 나머지 3,000만 원은 어떤 자산에 투자하더라도 원금을 깨먹는 일은 발생하지 않는다. 왜냐하면 9억 7,000만 원에서 나오는 수익금이 10억 원을 만들기 때문이다.

여기서 '무위험자산'은 일반적으로 정기예금을 말한다. 수익이 확정돼 있는 채권투자나 환매조건부 채권도 그 대상이다. 투자결과에 따라 수익발생 혹은 손해발생으로 결과가 갈리는 것은 '무위험자산'이라고 말할 수 없다. 즉, 수익금액이 확정돼 있는 투자대상을 일컫는다. 원칙적으로 정기예금의 경우, 은행이 파산하면 문제다. 채권도 발행자가 파산하면 문제가 된다. 여기서 그런 위험은 무시된 것이다. 편의상 '무위험자산'이라고 칭하는 이유다.

주식투자 비중을 늘릴 수도 있다. 주식투자 비중을 늘리면 수익률의 변동성은 커진다. 위험을 부담한 만큼 수익률도 올라갈 수 있다. 또한 손실의 가능성도 높아질 수 있다. 10억 원 중 9억 원을 무위험 자산에 투자하고 1억 원을 주식에 투자했다고 가정하자. 2,700만 원이 무위험 자산의 투자수익률이다. 1억 원에 대해서는 수익률이 −20% 혹은 +30%로 가정하자. 주식운용에 있어서 손절매(Stop Loss) 기준을 −20%라고 가정한 것이다. 손절매는 주식을 운용하다가 손실이 일정수준에 다다르면 운용을 중단하고 원금을 회수하는 기관투자자들의 일반적인 내부규정이다.

포트폴리오의 전체 수익률은 계산해봐야 한다. 9억 원이 수익률 3.1%, 2,700만 원 수익을 창출하고, 1억 원이 2,000만 원 손실에서 3,000만 원 수익 구간으로 예상된다. 10억 원 전체 자산의 포트폴리오는 700만 원 수익에서 5,700만 원 수익이 발생할 것으로 추정된다. 수익이 구간으로 예상된다. 주식시장에서의 수익금액은 아무도 예측할 수 없기 때문이다.

주식시장의 경우, 투자기간이 길면 위험이 낮아진다. 장기간 투자하면 수익확률이 높아지고 손실확률은 훨씬 낮아진다. 이런 사실이 연구로 입증됐다. 투자위험을 거의 무력화시켜 수익을 확보할 확률이 올라간다.

손실을 본 확률이 확실하게 낮아진다. 리처드 번스타인(Richard Bernstein)은 《소음과 투자》에서 분명하게 말하고 있다. 투자기간별 손실확률과 연환산수익률을 아래와 같이 조사하여 공표했다.

| 투자기간별 손실확률과 연환산수익률

(단위: %)

구 분	1년 단위 투자		5년 단위 투자		10년 단위 투자	
	연환산수익률	손실확률	연환산수익률	손실확률	연환산수익률	손실확률
S&P 500	15.6	16.7	14.4	2.0	14.5	0.0
가치주	15.5	14.9	15.0	0.3	15.5	0.0
성장주	16.5	17.0	15.4	7.0	15.7	0.0
해외주식	15.7	21.6	15.9	0.3	15.9	0.0
소형주	17.5	23.0	18.3	1.3	18.1	0.0

여기서 중요한 것이 무엇일까? 장기투자로 갈수록 원금 손실 가능성이 낮아진다는 점이다. 10년 단위로 자산배분을 할 경우, 손실확률이 모든 주식형에서 0%였다. 1년 단위, 5년 단위, 10년 단위 투자에서 수익률은 14~18%를 달성했다. 손실확률은 1년 단위 투자에서 14.9~23.0% 높게 산출됐다. 5년 단위 투자에서 손실확률은 0.3~7.0%로 낮아졌다. 10년 단위 손실확률은 0%다. 투자하는 주식 종류가 다르더라도 10년 단위 투자의 손실확률은 0%였다.

투자기간이 장기간일수록 손실확률은 확실히 낮아진다. S&P 500, 가치주, 성장주, 해외주식, 소형주는 미국의 특정 투자회사가 사용하는 주식의 분류에 따른 투자를 말한다. 여기서 중요한 개념은 아니다. 설명하기 위한 예시에 불과하다. 어떤 유형의 주식투자를 하더라도 10년 단위 투자인 경우 손실확률은 0%다. 주식시장의 이런 점을 활용하여 투자를 하면 그 힘은 막강하다. 주식시장은 경기의 흐름을 타고 큰 파동을 그리며 움직인다. 경기는 기업의 실적을 변화시키며 주가를 변동시키는 주요 요인이다.

기관투자자의 자산배분전략은 대략적으로 다음과 같이 포트폴리오 투자를 한다. 주식형 상품에 총 운용자산의 30%, 채권형 상품에 40%, 대체상품에 30%를 투자한다. 물론 기관에 따라 구체적인 숫자는 달라질 수 있다. 원리를 설명하기 위한 예시다. 주가가 오르면 수익이 발생하면서 주식형 상품 비중이 30%를 초과한다. 초과되는 부분에 대해서 채권과 대체상품에 대한 비중이 늘어나야 한다. 반대로 주가가 하락하면 주식형 상품의 비중이 30%보다 더 하락할 수 있다. 채권형 상품과 대체상품에 있는 투자금액을 추가로 주식형 부문에 돌린다. 주식형에 추가 투자를 한다.

결국 주가가 낮을 때 추가매수를 하고 시장이 과열될 때 매각하는 효과가 발생한다. 포트폴리오 조정을 통해 주가가 낮을 때 주식투자 비중을 확대하고 주가가 높을 때 주식투자 비중을 축소한다. 주식투자의 철칙이다.

기관투자자는 여러 가지로 분류가 가능하다. 생명보험회사, 손해보험회사, 자산운용회사, 국민연금, 사학연금, 공무원연금, 군인공제회 모두 기관투자자들이다. 투자기관의 성격에 따라 기간 및 선호하는 투자형태는 모두 다르지만 한 가지 분명한 것이 있다. 가슴에 이 둘을 달고 산다는 점이다.

대체상품은 원자재, 금, 자원, 부동산, 헤지펀드와 같이 전통적인 채권과 주식 외의 투자대상을 말한다. 이들의 변동성 방향은 모두 다르다. 주식시장이 1이 변할 때 채권시장은 상관계수가 부(否)의 값을 가진다. 부의 방향성은 주식이 상승할 때 채권가격이 하락하는 경향을 보인다는 말이다. 이런 방식으로 투자자산의 상관계수를 활용하여 안정성을 증가시킨다. 자산배분은 언제 하는가? 최선과 최악의 예측을 통해 자산배분을 정기적으로 시행한다. 정기적 자산배분은 포트폴리오 투자의 뛰어난 장점이다.

기관투자자들은 수익과 함께 거기에 상응하는 위험을 생각한다. 위험의 부담률이 올라가면 수익에 대한 기대 값도 올라간다. 부담하는 위험은 동일한데 높은 수익률을 기대할 수 있을까? 합리적인 태도가 아니다. 개인투자가와 기관투자자는 평등해야 한다. 위험과 수익은 항상 같이 올라가야 한다. 투자의 중요한 원칙이다.

투자에서 위험과 수익의 균등성은 중요하다. 이 둘이 균형을 이루지 못할 때 비합리적 사고가 싹을 틔운다. 세계의 역사는 비합리적 사고의 말로를 그대로 보여주고 있다. 사회 대변혁의 배후에는 항상 이것이 도사리고 있다. 인간의 평등에 대한 도전이다. 대변혁이라는 사건은 분명히 말하고 있다. 인간의 평등성은 반드시 준수해야 할 대원칙이다. 평등이 깨어지면 큰 사건이 발생한다. 투자수익을 더 내고 싶다면 위험의 대가를 지불해야 한다. 이것은 기관투자자들이 항상 생각하는 투자원칙이다.

빅픽처 결국 자산배분이 수익을 만든다

초기 자산배분 : 주식형 자산 30%, 채권형 자산 40%, 대체투자 30%
주식시장 활황 : 주식형 자산 50%, 채권형 자산 30%, 대체투자 20%
자산 재배분 : 주식형 자산 30%, 채권형 자산 40%, 대체투자 30%
자산 재배분의 효과 : 주식형 투자로 획득된 자산이 채권형 혹은 대체투자에 추가 배분

CHAPTER 19

상장업무로 투자를 배우다

“과연 제대로 알고 투자하는 것일까?” 한국인 투자습성을 불신하는 질문이었다.

2014년 BGF리테일 상장 시 벌어진 실제사례다. 구름같이 돈이 몰렸다. 개인자금 4조 5,000억 원이었다. 일반적으로 우리는 돈이 된다고 하면 그냥 달려든다. 먼저 지르고 나서 생각한다. 결과는 둘 중 하나다. “할 수 없지 뭐.”, “역시 나는 빨라.” 투자 성공 확률을 높이려면 변해야 한다. 하나를 알더라도 정확하게 알아야 한다. 디테일에 강해야 투자에 성공할 수 있다. 우선 상장회사에 투자함으로써 돈 버는 방법을 알아보자.

BGF리테일은 초기 일본 패밀리마트 브랜드로 한국 편의점 시장에 진출했다. 경험 부족을 합작으로 극복했다. BGF리테일은 일본 기업 입장에서 보면 훌륭한 사업파트너였다. 방송국과 신문사를 소유하고 있을 뿐만 아니라 알짜의 제조업 회사도 소유하고 있는 그룹이었다. 그럼에도 불구하고 일본 기업은 고민했다. 투자자금 회수 방법이 문제였다.

돈 되는 상장기업을 고르는 방법

어떤 기업이 상장한다고 하면 투자은행 혹은 증권사는 해당 기업과 상장 주관계약을 체결한다. 상장은 한마디로 세상에 알려지지 않은 기업이 자본시장에 새롭게 나오는 것이다. 신생아가 산부인과 의사의 도움으로 세상에 태어나듯 기업도 마찬가지다. 기업이 자본시장에 나오기 위해서는 전문가의 정성 어린 손길이 필요하다.

상장 관련 주관계약을 체결한 IPO주관사는 자금조달 규모 및 형태, 상장 이유를 분석하여 주당 가격을 결정해야 한다. 그러기 위해 기업실사를 한다. 회사의 성장성, 수익성, 장애요소 등 신중하게 검토한다. 투자자 대상 수요예측을 통해 주당 가격도 결정한다. 결정된 가격에 발행주식수가 정해지면 발행규모가 산출된다. 청약을 받고 납입자금을 확인한 후 그 주식을 투자자들에게 정확하게 분배하는 역할로 상장업무는 끝이다. 그렇다면 이번 장에서 왜 상장업무를 다룰까? 이유는 간단하다. 돈 되는 상장기업을 알아채는 방법을 제시해야 하기 때문이다.

"어떻게 하면 돈 되는 상장기업을 골라낼 수 있을까?"

중요한 것은 큰돈을 버는 방법이다. BGF리테일의 일본 합작사는 투자자금 회수전략을 미리 정해 놓았다. 어떻게 해야 투자자금을 무난하게 회수할 수 있을까? 일반적으로 두 가지 방법이 있다. 기한을 명시해서 상장해야 하는 의무조항을 넣는 방법이 있다. 상장에 실패하거나 여의치 않으면 일본 기업이 매도청구권 행사조항을 계약서에 넣는 방식도 가능하다. 보통 둘 다 넣는 경우가 많다. 매도청구권은 일본 합작사가 매도를 청구하면 상대방이 거기에 반드시 응해야 하는 청구권을 의미한다. 일본 합작사의 매도청구에 한국 합작사는 매수해야 한다.

매도청구권에 대한 이행을 보장하기 위해서 담보를 잡는 경우가 있다. 매도청구권을 행사할 경우, 재무적 능력이 부족하면 행사에 지장을 받기 때문이다. 매도청구권은 상대방 합작파트너에 행사할 수도 있고 합작투자회사를 상대로 할 수 있다. 양 당사자에게 모두 행사할 수 있다. 계약서에 이런 내용을 명확하게 명시해야 한다.

상장회사 투자를 시행할 때 핵심이 무엇일까? 상장을 하는 이유를 분석하는 것이 가장 중요하다. 상장 이유를 알면 그 회사의 모든 것이 보인다. 다양한 목적이 있을 수 있다. 가장 중요한 목적이 무엇인지, 그 의중을 정확히 파악해야 한다. 대부분의 회사는 기업상장 추진 시 외부에 유리한 모습으로 비춰지기를 바란다. 상장의 실제 이유가 숨겨지는 이유이기도 하다. 그러나 그 의중을 정확하게 꿰뚫지 못하면 돈을 벌 수 없다. 《IPO주식투자》라는 책에서는 상장 이유에 대한 자세한 분석을 보여주고 있다.

상장으로 투자자를 공개 모집하는 경우, 목적은 세 가지 중 하나다. 기존 발행주식을 신규 투자자에게 교부함으로써 투자자를 공모하기 위해서다. 이런 구주매출을 통한 투자자 모집은 납입자금이 기존 주주에게 지급된다. 기존 주주가 상장을 통해 주당가치에 해당하는 투자자금을 수령하고, 해당 주식은 신규 투자자에게 교부된다. 결국 이 경우 납입자금이 회사로 입금되는 것이 아니고 기존 주주에게 지급된다. 구주를 파는 기존 주주의 매도사유를 유심히 봐야 하는 이유가 여기에 있다. 신규투자자의 납입금이 투자자금 회수 용도로 쓰이기 때문이다. 누구는 주식을 팔고 누구는 산다. 상장에서 이런 일이 벌어진다.

두 번째는 신규로 주식을 발행하기 위해서다. 이 경우, 구주주의 이탈은 전혀 이루어지지 않는다. 주식의 신규발행을 통해 투자자만 증가하는 형태다. 신규로 주식이 발행되면 기존 주주의 투자자금 회수가 발생하지 않아 자금이탈 문제는 없다. 그러나 여전히 신규자금을 통해 무엇을 하려고 하는지, 유심히 봐야 한다. 상장 이유에 대한 분석은 어느 경우에나 필요하다.

세 번째는 구주매출과 신규발행이 동시에 이루어지기 위해서다.

빅픽처　가장 대박이 터질 확률이 높은 상장형태

신규사업 진출을 목적으로 신규 주주를 모집하는 형태를 주시하라. 일반적으로 구주매출은 기존 주주의 투자자금 회수사유에 대한 분석이 생명이다.

구주매출 과연 어떻게 볼 것인가?

기본적으로 구주매출을 시장에서 부정적으로 보는 이유가 있다. 구주를 대량으로 소지하고 있는 대주주 혹은 특수관계인이 주식을 매각하는 경우는 주목의 대상이 된다. 기존 대주주가 매각하는 주식을 신규 투자자가 매수하는 형태이기 때문에 정보 비대칭이 발생할 수 있다. 기존 대주주가 매도하는 이유가 무엇인지, 왜 그 대주주나 특수관계인의 주식을 신규 투자자가 매수해야 하는지, 그 사유를 정확히 분석해야 성공투자 가능성을 높일 수 있다. 회사 말대로 고성장이 예상되면 대주주나 특수관계인이 지금 주식을 매도하지 않고 높은 성장을 이룬 후 매도하는 것이 이성적인 판단이다. 고성장이 예상된다고 하면서 기존 대주주나 특수관계인이 구주매출에 사활을 거는 기업이 종종 있다. 뭔가 이상하지 않은가? 이성적으로 이해가 안 간다. 그런 기업을 구별할 줄 알아야 한다.

기업의 상장 후 주가추이를 보면 많은 것을 알 수 있다. 통계에 의하면 상장 후 첫 일주일 정도는 구주매출 기업과 신주모집을 실행한 기업의 수익률은 큰 차이가 없다. 하지만 시간이 지날수록 구주매출은 신주모집 대비 수익률이 저조한 것으로 나타나고 있다. 이 자료의 의미를 되새겨볼 필요가 있다. 구주매출 당시에는 회사가치를 높이기 위해 노력했을 수 있다. 구주의 소유자가 최대주주나 주요주주일 경우 그 개연성은 커진다. 회사에 입김이 강한 주주들이기 때문에 실적을 부풀리거나 투자설명 시 향후 실적을 확대하여 발표할 가능성이 크다. 공모 당시에는 투자자들이 익숙하지 않기 때문에 실적 전망을 회사의 주장대로 받아들일 수 있다. 추후 회사에 관한 리서치가 활발하게 이루어지면 상황은 달라진다. 회사 실제가치의 진실이 드러난다.

BGF리테일의 경우 구주매출이었다. 일본 합작사는 투자자금 회수를 위해 합작계약서에 상장 의무조항을 명시했다. 2014년 7월 말까지 상장을 완료하지 않으면 일본 패밀리마트 회사에 위약금을 포함한 여러 보상을 해줘야 하는 조항을 약정했다. BGF리테일은 상장 추진 이유를 분명하게 공시했다. 모집된 자금 전액은 구주를 인수하는 데 사용된다고 했다. 조심해야 하는 구주매출이었다. 기존 주주는 주주명부에서 빠지고 이번 공모를 통한 주주들이 대체되는 것에 불과했다.

그럼 이런 생각을 할 수 있다. 상장을 하지 않고 BGF리테일 혹은 관련 대주주가 해당 주식을 매수하는 것은 어떠한지, 상장을 통하지 않고 일본 기업에 자금을 바로 상환하는 것은 어떠한지. 이것도 방법이 될 수 있다. 상장을 통해서 투자자금을 돌려주는 것이 아니라 BGF리테일이 자사주로 주식을 매입하는 방법이다. 아니면 관련 대주주가 소유지분 보유를 높이는 방법도 있을 수 있다. 일본 기업 입장에서는 투자자금 회수가 목적이다. 상장을 통하든 자사주를 매입하든 상관 없다.

회사의 기업상장 목적은 자금조달이 가장 많다. 회사가 자금조달을 주된 목적으로 삼았을 경우 향후 회사 성장을 위한 투자계획을 보유하고 있다. 대부분 그렇다. 자금조달 규모는 최소 수백억 원에서 수천억 원을 초과하기 때문에 시너지가 날 수 있는 회사를 인수하거나 관련 회사를 설립하기도 한다. 혹은 사업부를 신설하여 신규사업을 개척하기도 한다. 제조업이라면 기존설비 대체 및 신규 공장 신설을 위해 대규모 자본적 지출을 위한 투자를 필요로 한다. 이윤창출에 필요한 시설, 장비, 토지, 건물 취득을 위해 대규모 자금이 필요하다.

기업상장은 일반적으로 구주매출이 주된 이유는 아니다. 회사주식의 신규발행을 통해 성장에 필요한 자금을 확보하는 것이 일반적 상장 이유다. 이런 경우 시장의 시각은 긍정적이다. 물론 기존과 별개의 영역에서 새로운 확장을 시도하는 기업이라면 성공률을 판단할 수 없다. 상장이 실패하기도 한다. 시장에 확신을 주는 데 실패했기 때문이다. 제대로 된 회사라면 기존사업과 충분히 시너지가 날 것으로 예상되는 신규사업을 선정한다. 공모자금으로 마련한 강력한 자금력과 경영진의 노련한 경영기술의 조합은 강력한 힘을 발휘한다. 과감하게 신규사업에 도전할 수 있다. 이것이 원래 기업금융이고 자본시장 존재 이유다.

빅픽처 상장의 본질적 가치가 무엇일까?

기업금융의 본질적 가치와 동일하다. 공모자금으로 마련한 강력한 자금력과 경영진의 전문적 경영기술의 조합으로 신규사업에 과감히 도전하는 행위다.

상장 이유에 대한 치밀한 분석

"어떻게 하면 상장회사 청약을 통해 돈을 벌 수 있을까?"

주위 많은 사람들이 질문을 던진다. 신규사업을 위한 신주발행이라고 하더라도 여전히 신중해야 한다. 오랫동안 계획한 사업의 현실화를 위해서 기업상장을 선택한 것인지, 무늬만 자금조달 기업상장이고 속내는 다른 이유인지, 정확히 봐야 한다. 급조된 논리로 상장을 선택했다면 그것을 눈치채지 못할 주관회사가 있겠는가?

요즘 중국시장을 겨냥해서 상장을 준비하고 있는 회사가 늘어나고 있다. 현재 중국은 기업상장 시 많은 시간이 걸린다. 이런 상황에서 한국의 상장기업은 신뢰의 보증수표가 될 수 있다. 중국 기업과 거래하는 한국 입장에서는 이 점이 상장의 주요 목적이 되기도 한다. 어떤 경우에는 상장이 중국시장 매출 확대에 결정적인 역할을 하기도 한다. 이런 상장은 회사의 주가에 긍정적인 역할을 한다.

상속세 혹은 증여세를 줄이기 위해 상장하기도 한다. 겉으로 내세우는 상장 목적과 실제 상장 목적이 다르다. 비상장법인은 상속세 및 증여세법에서 정한 산식으로 평가한다. 평가의 핵심 잣대는 소유자산과 수익성 위주다. 상장법인은 주식을 상속할 경우 평가기준일 전후 2개월간 최종시세의 평균가액으로 평가한다. 회사가 상장돼 시가로 평가되면 상속세 및 증여세법에서 정하는 방식보다 세금이 줄어드는 경우가 종종 발생한다. 법인 내부에 잉여금이 많아 순자산가치가 높은 기업들도 있다. 이런 경우 상속세를 줄일 수 있다. 상속세 혹은 증여세를 줄이기 위해 상장을 준비한다면 상장 직후 주가가 높을 이유가 없다. 반대로 생각하면 실제 상속이 완료된 후 억눌렸던 호재가 쏟아질 수도 있다. 상장 시에는 저가의 주가를 유지하다가 소정의 목적을 달성한 후 주가 상승에 주효한 기업정보를 쏟아낸다면 탄력을 받을 수도 있다. 시장을 혼탁하게 만드는 행위다.

사실 상장의 절차를 통과하기 위해 엄격한 요건을 갖춰야 한다. 법에서 정하는 절차를 엄격하게 통과해야 한다. 상장을 준비하는 기업은 상장요건에 부합하게 지배구조, 경영, 재무, 회계, 내부통제 회사전반에 대한 정비를 대표 주관회사 및 지정감사인, 법무법인과 함께 수행한다. 향후 안전하게 심사를 통과하기 위해서 감추어진 내부의 불안요소들을 전반적으로 검토한다. 대표 주관회사가 회사의 조력자로서 일차적인 정비를 마친 후 한국거래소가 상장 적격성에 맞추어 강도 높은 심사를 추가 진행한다. 한국거래소의 승인 이후에는 금융감독원이 증권신고서를 바탕으로 심사한다. 이렇게 3단계 심사과정을 통과한다는 것은 쉽지 않다. 심사과정을 모두 통과했다면 투자대상 기업으로서 적정성에 대한 기본적인 검증을 취득했다고 볼 수 있다.

일반적으로 상장 목적이 한 가지인 경우는 없다. 회사가 공식적으로 내세우는 이유가 있고 부수적인 효과를 노리는 추가적인 이유가 있을 수 있다. 회사가 투자설명회에서 제품 판매를 증대시키는 것이 주된 목적이라고 말할 수 있다. 이것이 공식적 상장 목적이지만 자세히 보면 최대주주가 보유한 지분 매각, 즉 구주매출을 통해 자금확보가 주목적일 수 있다. 회사가 공식적으로 밝힌 상장의 사유와 여기에서 언급하는 여러 사유를 주목해야 하는 이유다. 자세히 보면 보인다. 진짜 목적이 무엇인지 유추할 수 있어야 한다.

회사의 신뢰도를 제고하기 위해 상장을 준비하는 기업이 있을 수 있다. 이것이 무슨 말일까? 이런 기업은 실질적 상장 이유가 감춰졌을 가능성이 크다. 물론 이해한다. 주로 B2B나 B2C 서비스업 및 제조업에서 이런 이유를 거론할 만하다. 일례로 IT나 서비스업 회사는 중소기업 간 입찰경쟁을 펼치는 경우가 많다. 상장회사와 비상장회사는 차원이 다르다. 상장회사는 투명성이나 품질의 신뢰성 면에서 높은 점수를 받을 수 있다. 높아진 인지도를 통해 사업적으로 유리한 측면이 많다. 이것이 상장하려는 이유가 될 수 있다. 그렇지만 여기에 부수적으로 숨겨진 이유가 진짜일 가능성이 더 크다. 이 점에 주목해야 한다.

해외진출을 위해 오랫동안 노력했고 이를 위해 상장하려는 기업도 있다. 이런 경우라면 해외진출과 관련된 수많은 시도가 증거로 남는다. 증권신고서나 회사 투자설명 시 구체적인 해외진출 계획이 부족해 보이거나 사업구조상 해외매출과 전혀 시너지가 없는 경우도 있다. 이런 기업이 해외시장 진출을 위해서 상장한다는 명분은 선수끼리 통하지 않는다.

기업이 인재 확보를 상장 사유라고 밝힌다면 실제로 그 이유가 사실일 가능성이 크다. 물론 인재 확보가 유일한 목적인 경우는 드물다. 이렇게 주장하는 이면에는 상장으로 회사 내부 역학관계를 바꾸려는 실질적 이유가 따로 있을 수 있다. 상장을 통한 영업 확장으로 영업담당 임원의 권한을 강화한다거나, 재무를 책임지고 있는 임원의 권한 강화가 목적일 수 있다. 추정이지만 이런 기업들의 회사가치를 높게 평가할 수는 없다. 상장 시 투자 의견도 극히 부정적이다.

임직원들의 보상을 목적으로 상장을 추진할 수도 있다. 회사가 상장 단계에 이르기까지 회사발전에 공헌한 많은 임직원이 있다. 이런 목적은 상장에 대해 긍정적인 평가를 내릴 수 있다. 상장의 목적이 임직원을 보상하기 위함이라면 어떨까? 스톱옵션을 통해 낮은 임금과 급여를 만회하려고 직원들이 노력할 것이 분명하다. 이런 경우 기업 관련 좋은 재료를 상장시점보다는 스톡옵션 행사기간에 공시하고 싶어 한다. 인간 탐욕은 투자자의 판단을 흐리게 하는 요소로 작용한다.

'왜'라는 세 번의 질문

사모펀드나 기관투자자가 최대주주인 경우 투자자금 회수를 목적으로 상장을 추진하기도 한다. 상장을 하면 기업가치가 올라갈 뿐만 아니라 해당 기업의 재무상태는 투명해진다. 검증과정을 통과하면 인수주체 기업의 폭은 넓어진다. 중요한 것은 상장 후 최대주주다. 상장 이후 최대주주가 누구냐에 따라 기업가치는 완전히 달라진다. 상장기업을 인수한 주체가 그룹의 계열사라면 그룹으로 편입되기도 한다. 회사의 위상은 몰라보게 달라진다. 기존 사업과 시너지를 내면서 훌륭한 기업으로 변모된다.

BGF리테일 사례로 돌아가보자. 기업가치 평가를 통한 투자자금 회수

방안을 일본기업이 반대했을까? 상장을 하지 않을 때는 회계법인이 객관적으로 기업가치를 평가해야 한다. 이를 통해 확정된 지분가치의 해당 금액을 상대에게 지급해야 한다. 공정성 이슈가 발생할 수도 있다. 그러나 일본 기업과 BGF리테일이 상호 합의한 회계법인이 주당 가치평가를 시행하기로 합의하면 문제는 해결된다. 이를 통해 보유주식수를 곱하여 상호 정산하면 상장 필요성은 없어진다. 굳이 복잡하게 상장할 필요가 없다. 상장을 통한 공정한 평가와 보고서상의 내재가치는 공정성 이슈가 발생할 수 있지만 극복 가능한 사안이다.

다시 상장 관련 투자설명서로 돌아가자. 상장으로 모집된 자금은 전액 일본 회사의 보유주식을 상장시키는 구주매출 방식으로 진행됐다. 회사에 현금성 자산이 풍부해 굳이 신주모집을 할 필요성을 느끼지 못했다. 일본 회사의 지분만큼만 신규 투자자를 모집하면 충분했다. 공모대금은 고스란히 일본 패밀리마트 본사로 회수되는 돈이었다. 주주명부에 일본 회사 대신 주식 청약대금 납부자가 대체되는 구주매출이었다. 주식 투자설명서에 자세히 설명돼 있었지만 그래도 의문이 들었다.

"그럼 왜 상장을 굳이 도모했을까?"

국내 편의점 사업전망은 밝다. 편의점은 1~2인 가구 증가와 다양한 PB상품의 인기로 점유율을 확대하고 있다. 물론 부정적 상황도 있다. 최저임금 상승으로 프랜차이즈 업계가 전체적으로 힘들어졌다. 프랜차이즈사업 관련 본사와 가맹점 간의 공정성도 문제가 되고 있다.

일본 기업 입장에서 보면 주당 가격이 액면가격 5,000원이었다고 한다면 8배를 번 것이다. 8배를 지급하고 일본 기업의 주식을 매수할 개인 혹은 법인이 있었을까? 현실적으로 쉽지 않다. 현재 BGF리테일은 전기자동차 충전소 사업에서부터 CU 브랜드를 아시아 및 중동, 중국까지 확대하려는 계획을 가지고 있다. 단순한 국내 편의점 사업을 넘어 그 너머를 보고 있다. 전기자동차 사업이 구체화되면 많은 자금이 필요하다. 또한 중국시장 진출은 전략적 접근이 필요하다. 기업내부 자금을 통한 자사주 매입은 무리였을 것이다. 미래 성장을 위한 투자재원이 부족할 수 있다. BGF리테일의 상장 추진 이유는 명확하다.

BGF리테일 공모가격은 상당히 흥미로운 점이 많았다. 공모가격 밴드가 4만 1,000~4만 6,000원이었고, 수요예측 신청가격에 4만 5,000원 이상과 5만 원 이상에 참여건수가 가장 많았음에도 불구하고 공모가격은 오히려 밴드 하단인 4만 1,000원으로 결정됐다. 유사기업인 GS리테일, 이마트 주가와 비교했을 때 훨씬 저렴했다. 유사기업 대비 할인 폭을 왜 크게 적용했을까?

상장자금이 회사에 입금되지 않는다. 이게 첫 번째 이유가 될 수 있다. 상장 주식대금은 일본 기업으로 들어가는 자금이었다. 굳이 위험을 무릅써서 공모가격을 올릴 필요가 없었다. 차라리 공모가격 적정성을 통해 신규 투자자에 좋은 기업 이미지를 심어주는 게 더 중요하다. 상장 후 BGF리테일은 시초가 5만 7,000원에 형성됐고, 2015년 상반기에 주가는 10만 원을 돌파, 2017년 12월 현재 20만 원을 넘어서고 있다. 주가는 실적과 비전이 좋으면 오른다.

구주매출이 항상 부정적인 것은 아니다. 구주매출 사유를 자세히 보아야 하는 이유다. 상장회사 투자의 경우 '왜'라는 질문을 세 번 해야 한다. 왜 상장하는가? 왜 구주매출인가? 왜 청약해야 하나? 스스로 응답하라. 그러면 답이 보인다.

빅픽처　상장 청약 시 반드시 세 번 질문하라

왜 상장하는가? 상장 이유에 대한 분석
왜 구주매출 혹은 신주발행인가? 상장 형태에 대한 세밀한 분석
왜 청약을 해야 하나? 업종과 회사에 대한 정확한 판단

CHAPTER 20

돈에 대한 이중적 태도를 버려라

충격적인 얘기였다. 아침에 일어나 보니 벌레가 돼 있었다. 괴기한 소설 내용은 그 당시 인간사회에 엄청난 충격을 몰고 왔다. '벌레로의 변신'이 상징하는 의미가 무엇일까? 사람들은 사회변혁을 통찰하는 예리한 평가를 부정하고 싶었을 것이다. 본인들을 폄하하는 내부 고발에 부정의 심리가 앞섰다. 인간의 내부를 철저하게 들여다보자.

인간사회는 점점 추악한 모습으로 변모하고 있다. 현대사회의 우상이 무엇일까? 독일의 대문호인 카프카가 말하는 현대사회, 결국 인간은 벌레에 불과했다. 사회로부터 철저히 소외된 작은 벌레가 인간의 민낯이다.

사회학자는 분명히 지적한다. 현대사회가 우상으로 섬기는 몇 가지 대상이 있다. 첫 번째, 맹목적으로 돈을 추구한다. 인간은 돈이 시키는 일이라면 무슨 일이든 한다. 돈의 힘을 실제로 경험한 적이 있는가? 인간에게 돈은 가치척도의 기준 그 이상이다. 인간사회를 지배하고 있다. 돈을 갖고 싶은 인간의 탐욕은 끝이 없다.

두 번째, 권력이다. 외향적인 힘을 추구한다. 어떠한 힘과 권력을 갖고 있는지가 사람을 판단하는 기준이 된다. 인간은 사회를 위해 지위를 만들었다. 그러나 정작 지위가 인간을 부린다. 인간을 하녀로 삼고 막강한 힘을 행사한다. 권력과 돈은 연결돼 있다. 권력을 통해 부의 축적수단이 확대된다. 지위는 언제든지 잃을 수 있기 때문에 진정한 자기자신의 것이 아니다.

셋 번째, 외형을 추구한다. 내가 돈을 더 많이 갖고 있다는 외형을 추구한다. 내면적인 것보다는 외형이 중요하기 때문에, 어떤 때는 실제보다 과장해서 표현한다. 과시적 소비라는 말이 무엇인가? 현대사회는 필요해서 무엇을 사는 게 아니다. 자신이 대단한 사람으로 보이기 위해 물건을 산다. 명품을 사는 사람을 보자. 보여주기 위해서 물건을 산다. 왜 이렇게 사회가 변했을까?

사회학자는 현대 산업사회가 만들어내는 사회적 성격, 즉 소유에 집착하는 현상이 인간을 불행하게 한다고 얘기한다. 현대인이 추구하는 것은 허황된 것이라고 단정한다. 탐욕스럽게 추구하는 '돈, '권력', '외형'은 어느덧 사람에 의해 숭배되는 우상이 됐다. 현대인은 우상에 의해 지배당하는 노예다.

나는 대학 때 문학을 전공했다. 졸업 후 직장생활 초기에는 매우 혼돈스러웠다. 돈에 대한 생각이 견고하지 못했다. 문학은 순수와 무결점을 추구했다. 문학에서 돈은 아무것도 아니었다. 삶에 대한 근본적 질문이 우선이었다. "사는 게 뭐지?", "왜 사는 걸까?" 이런 질문 속에 내 자신을 고립시켰다. 돈에 대한 생각은 마음을 더럽히는 것 같았다. 돈은 나의 선택지에 아예 없었다. 철이 없었는지도 모른다.

그런데 언젠가부터 생각이 변했다. 연봉 계약을 할 때 분명 희열이 있었다. 온몸의 세포가 움직이는 기분이었다. 아무도 이런 것을 속 시원하게 가르쳐주지 않았다. 돈에 대한 확실한 태도가 사람을 변화시키는 힘이 있다는 것을 스스로 깨달았다.

MIT 공대교수 존 헤리 클리핑거(John Henry Clippinger)는 인간의 몸은 37조 개의 세포, 100조 개의 박테리아로 만들어져 있다고 했다. 인간의 몸은 하나의 생태계이자 복잡한 시스템이라고 말했다. 우리의 뇌 속에는 대략 1조 개의 세포가 있다. 그중 10%인 약 1,000억 개가 뇌신경계를 구성하는 '뉴런'이라는 이름으로 존재한다. 우리가 어떤 생각을 하면 뉴런의 인지와 제어를 통해 온 세포에 전달된다. 돈에 대한 생각이 부정적이면 내 몸도 그렇게 작동한다. 몸은 혼동을 일으킬 수 있고 이중적인 태도에 37조 개의 세포는 방향을 잃는다. 돈에 대한 분명한 태도와 가치관을 세우자. 이런 태도가 세포를 정확하게 제어할 수 있다.

돈의 원칙을 세워라

IMF 시기, 회사는 외자유치 중이었다. 말이 외자유치지, 회사를 매각하는 과정에 있었다. 매각은 대주주가 자기회사 지분을 다른 사람에게 넘기는 것이다. 대주주가 바뀌면 경영의 주체가 바뀐다. 중요한 사안인 만큼 직원들 입장에선 초미의 관심사였다. 지인은 재무관리부서에서 근무하고 있었다. 매각작업을 추진하던 중 대주주인 부회장이 특별지시를 했다. 금액을 보니 적은 금액이 아니었다. 지시를 받은 날부터 지인의 고민은 시작됐다.

재무제표를 사실과 다르게 표시하는 일, 상장회사에서 생각할 수도 없는 일이었다. 범죄 지시였다. 결정하기가 힘들었다. "아니오"라고 말해야 하는데 입밖으로 나오지 않았다. 유일한 방법은 사표를 내던지는 것이었다.

생각에 빠져들었다. 독일 철학자 칸트는 도덕적으로 선한 행위는 바른 동기를 가지고 바른 행위를 한 경우로 한정했다. 우선 두 가지 요건을 만족시켜야 한다. 행위와 동기가 올바른 것이어야 한다. 그렇다면 나쁜 행위는 뭘까? 나쁜 행위와 나쁜 의도를 동시에 갖춰야 되는지, 아니면 한 가지만 있어도 되는지 묻고 싶었다. 도덕적 나쁜 행위만 있어도 나쁜 행위의 범주다. 물론 예외적인 경우도 있다. 생명의 위협을 느낄 만큼의 위급한 상황은 예외다. 칸트가 싫어졌다. 인간의 행위를 평가하기 위해 관념상의 잣대로 들이대었다. "인간은 이래야 한다. 저래야 한다." 당위론적인 사고가 맘에 안 들었다. 칸트도 현실로 닥치면 당위론에 맞추어 행동할 수 있을까?

프랑스의 한 소설 주인공은 빵 한 조각을 훔친 죄로 19년간 감옥살이를 했다. 배고픔 욕구를 채우려고 빵 한 조각을 훔칠 수 있다. 또한 처해진 환경에서 불가피한 행동이었다면 어떻게 할 것인가? 아니면 더 나아가 불건전한 사회의 부조리에 항거해서 그러한 행위를 상징적으로 표현했다면 어떻게 할 것인가? 단순히 나쁜 행위다, 선한 행위다, 규정하는 것은 그리 간단한 일은 아니다. 쇼펜 하우어는 인간의 욕망을 보다 명확하게 표현한다. 인간에게는 세 가지 욕망이 있다. 자신의 이익을 도모하는 욕망, 다른 사람에게 해를 가하려는 욕망, 마지막으로 다른 사람들의 행복을 도모하는 욕망, 즉 동정심 혹은 자비심이다.

이틀 동안 고민을 거듭했다. 나름대로의 두 가지 원칙을 세웠다. 첫 번째, 왜곡된 회사의 결산으로 회사 매수자 혹은 매도자 그 어느 누구도 피해나 이득을 보아서는 안 된다는 점, 설사 보더라도 최소화해야 한다는 점. 두 번째는 결산업무를 담당한 직원이 법률적으로 혹은 감독원의 감사로 조금이라도 다치게 해서는 안 된다고 생각했다.

자본주의 사회는 돈을 중심으로 돌아간다. 여기서 가장 중요한 것이 돈에 대한 기본적인 생각이다. 돈을 아무것도 아니라고 생각하면 몸은 제대로 작동하지 않는다. 이상적인 사고는 중요하다. 목표를 높이고 도전하게 한다. 그러나 목표가 지나치게 높으면 좌절도 쉽게 한다. 그러니 현실과의 적절한 타협을 권하고 싶다. 과거, 나는 지나치게 돈에 대해서 무시했다. 나는 어릴 때부터 경제적으로 궁핍하게 살았다. 그럼에도 불구하고 돈 알기를 우습게 알았다. 자본주의 사회에서 돈에 대한 생각은 분명할수록 좋다. 현대사회에서 과연 돈의 자리는 어디일까? 많은 사람이 중요하다고 한다. 모든 것일까? 아니면 아무것도 아닌 것일까? 분명 돈은 그 중간의 적당한 위치에 반드시 있어야 한다.

부에 대한 인간의 욕망은 나쁘지 않다. 단지, 현대사회 부정적인 면을 명심할 필요는 있다. 욕망만 있고 돈을 버는 이유를 망각한다면 그 욕망은 흉기가 분명하다. 극한적 탐욕으로 흐를 수 있다. 어느 철학자가 얘기했듯이 돈은 바다 물과 같다. 먹으면 먹을수록 마시면 마실수록 더 목마르게 된다.

빅픽처 투자는 돈에 대한 기본적 사고에서 출발한다

돈이 놓여야 할 적당한 위치를 생각해보자. 돈은 모든 것일까? 아니면 아무것도 아닌 것일까?
자본주의 사회에서 돈의 위치는 중요하다. 반드시 적당한 위치에 놓여야 한다.

행복할 만큼 성숙하지 않다

지인은 사직서를 던지기로 마음먹었다. 퇴사한다고 해서 걱정이 사라지는 것이 아니었다. 새로운 걱정이 생겼다. 생계비와 교육비가 문제였다. 당장 대출이자도 걱정이었다. 결혼 초 월셋방에서 시작해서 어렵게 집을 취득하기까지 아내에게 얼마나 많은 고생만 시켰던가. 그걸 생각하면 아내와 회사 일을 상의할 수 있는 상황은 아니었다. 사직서 생각과

가족들 얼굴이 중첩됐다. 확실하게 결정하지 못하고 끌려갔다.

돈에 대한 정확한 실체파악이 중요하다. 자본주의 사회에서 돈은 꼭 필요하다. 얼마면 충분할까? 정신의 성숙에 비례해서 필요한 금액이 달라진다. 만족은 그냥 오지 않는다. 어영부영 살다 보면 거대한 탐욕으로 영혼이 피폐된다. 결국 돈의 노예로 전락한다. 사회를 알면 알수록 만족은 멀리 가버린다. 독일의 시인이자 소설가인 헤르만 헤세는 인간의 만족과 행복에 대해 분명하게 말하고 있다. 잔디밭에서 네잎클로버를 찾는 것만큼 어렵다고 했다. 무슨 말일까?

행복을 추구하는 한 너는
행복할 만큼 성숙해있지 않다.
가장 사랑스런 것들이 모두 너의 것일지라도

잃어버린 것을 애석해하고,
목표를 가지고 초조해하는 한
평화가 어떤 것인지 너는 모른다.

모든 소망을 단념하고
목표와 욕망도 잊어버리고
행복을 입밖에 내지 않을 때,

그때 비로소 세상일의 물결은

네 마음을 괴롭히지 않고

너의 영혼은 마침내 평화를 찾는다

인간의 욕망과 탐욕은 끝이 없다. 세상의 모든 것을 다 가져도 더 많은 것을 추구한다. 더 많은 것을 갖기 위해 목표를 세우고 초조해한다. 헤르만 헤세는 절대 만족할 줄 모르는 인간을 비판했다. 그는 마음을 다스리고 세상 일에 집착하지 말라고 말한다. 가능한 일일까?

너무 불행해지지 않는 가장 확실한 방법이 무엇인가? 너무 행복해지려고 하지 않는 것이다. 친구들은 나보고 4성 장군이라고 했다. 은행, 증권회사, 보험회사, 자산운용회사 핵심 금융경력을 나만큼 두루 거친 사람은 없었다. "업계를 넘나드는 스카우트로 좋았겠네." 비아냥거리는 말투도 들린다. 한 분야에서 30년 넘게 근무하다 보면 많은 것을 배우고 경험한다. 그중 가장 중요한 것은 돈에 대한 생각 정립이다. 직장생활 초기, 나는 돈에 대한 불분명한 태도 때문에 힘들었다. 돈에 대한 욕구는 결코 사악한 것이 아니다. 탐욕이 문제다. 욕구와 탐욕의 차이를 아는가? 욕구는 수용하는 것이지만 탐욕은 끝이 없다. 중요한 것은 탐욕을 절제하는 것이다.

지인에게 돈은 위력을 발휘했다. 사직을 해도 걱정이고, 버티자니 용기가 나지 않았다. 조직은 분식회계를 요구했다. 분명한 의사표시가 필요했다. 사직서를 내면 생계가 걱정이었다. 분식회계를 할 수 밖에 없었다. 추후 감독원의 조사를 받았고 참고인으로 검찰의 심문에 응해야 했다. 생계는 모든 것의 우선이었다.

빅픽처 탐욕을 절제하기 힘든 이유

돈은 바닷물과 같다. 마시면 마실수록 더 목마르다.
인간 DNA에 새겨진 우월욕구는 지속적인 추월을 요구한다.

투자를 완성하는 것은 무엇일까?
투자와 인생의 접근방식은 완전히 다르지 않다. 4차 산업혁명 시대, 부와 계층을 가르는 것은 무엇이고, 우리가 가야 할 올바른 길에 대해 알고 있어야 한다. 그래야 수익을 올바르게 지킬 수 있다.

PART V

성공투자를 완성하다

CHAPTER 21

투자를 결단하라

매각차익만 3조 5,000억 원이었다. 2014년 1월 20일, 기업들은 놀라움을 금치 못했다. 세계 최대 맥주회사 AB인베브가 OB맥주를 6조 2,000억 원에 인수했다는 보도에 금융업계는 수익률 계산에 바빴다. 불과 5년도 안 되는 짧은 기간에 투자금의 1.3배 수익을 달성한 비결에 시선이 쏠렸다.

거대한 매각차익이 어떻게 가능했을까? M&A를 통한 매각차익 확보 방법과 투자 메커니즘을 정확하게 알아야 한다. 역사는 반복되기 때문이다. 과거를 알면 알수록 성공투자 확률은 올라간다.

M&A시기가 주는 힌트

M&A시기가 주는 의미는 크다. 투자 전문가들은 M&A 성사 시기만

봐도 경제상황을 예측할 수 있다. M&A건 수가 증가한다는 얘기는 시장이 안정화되고 있다는 징조다. 업종 대표기업의 대규모 M&A 성공은 시장의 정상적 작동을 말해준다. 대규모 자금조달이 대형 M&A와 동반해 발생하기 때문이다. 수요회복에 따른 미래 성장을 전제하지 못하면 M&A는 발생할 수 없다.

신문에 극도로 위축됐던 국내 M&A 시장이 기지개를 켠다는 소식을 어떻게 해석해야 할까? 미래에 대한 불확실성이 어느 정도 해소됐다는 의미다. 예측 가능한 시장으로 변모하고 있다는 얘기다. 반대로 시장이 얼어붙고 있다는 소식은 기업들이 아직 몸을 사린다는 말이다.

시장예측이 부정적인 상황에서 M&A는 성사되기 어렵다. 가장 중요한 이유는 회사가치에 대한 매수자와 매도자의 큰 인식 차이 때문이다. 매도자가 매도를 주저한다. "예전엔 이만큼은 받았을 텐데"라고 생각하기 때문이다. 가격을 후려치고 싶은 매수자의 심리와는 정반대다. 신문은 말한다. "사는 쪽과 파는 쪽의 간극이 여전히 크다"고. 불안정한 시장이다. 미래가 불확실하기 때문에 매수자가 원하면 가격은 움직인다. 급하게 회사를 팔아야 하는 사람에게는 불리하고 이렇게 되면 가격을 내릴 수 밖에 없다.

국내 M&A 시장에 많은 기업들이 뛰어들기 시작한 2006년 무렵을 보자. 적정 기업가치에 최대 100%의 경영권 프리미엄을 얹어 사고파는 바람이 불었다. 100%의 경영권 프리미엄이면 회사가치가 실제의 두 배가 된다는 말이다. 정말일까? 자금이 풍부하면 매도자가 시장을 좌지우지한다. 기업인수에 대한 수요 증가는 가격을 상승시킨다.

M&A를 통해 큰돈을 벌고 싶은가? 방법은 단순하다. 거꾸로 하면 된다. 주식투자와 기본적으로 동일하다. 한가한 매수자 주도 시장에서 기업을 매수한다. 시장이 매도자 중심으로 전환될 때 매도하면 된다.

OB맥주 M&A사례로 다시 돌아가서 분석해보자. 2008년 금융위기로 시장이 흔들렸다. 2009년, 한국 종합주가지수가 900 포인트까지 주저앉았다. 미국과 일본이 양적 완화를 통해 엄청난 통화를 찍어냈지만 그럼에도 불구하고 유동성이 모자랐다. 투자시장은 급락했다.

OB맥주 인수가격은 어떠했을까? 매도자보다는 매수자 중심으로 움직였을 가능성이 크다. 시기가 그것을 말해준다. 시기적으로 회사가격이 낮았다. 인수가격이 낮으면 매도자는 팔기를 주저한다. 거래가 이루어진 이유가 아주 특별하다. 주의 깊게 살펴야 한다.

빅픽처 대형 M&A 성공이 알려주는 비밀신호

시장의 정상적 작동을 암시한다. 대규모 자금조달은 미래 성장에 대한 전제 없이 성사될 수 없다. 시장 전망이 부정적인 상황에서 대형 M&A가 성사되기 어려운 이유는 회사가치에 대한 매수자와 매도자의 큰 인식 차이 때문이다.

M&A 이유를 분석해보자

기업을 M&A한다고 공시할 때 시장 반응은 어떤가? 인수 대상회사에 따라서 시장 반응은 다르다. 경우에 따라 주식이 폭등하고 폭락한다. 물론 인수가격도 중요하다. 시장은 가격만 보는 것이 아니다. 복합적인 요소가 시장을 움직인다.

현대자동차그룹이 현대제철을 상장할 때 인기가 매우 좋았다. 그 이유에 대해 들여다볼 필요가 있다. 현대제철은 현대자동차그룹에서 사용되는 철만으로도 충분히 자생할 수 있다. 현대제철이 만든 철을 그룹 계열사가 구매해 철강제품과 차량 내부 부품재료로 활용할 수 있다고 시장은 보았다. 이는 별도의 판매활동이 필요 없다. 내부적으로 시너지가 나는 업종이다. 그렇다고 현대제철이 꼭 현대자동차그룹 입장에서 장점만 있느냐? 그건 또 아니다. 보는 시각에 따라서 단점도 분명한 존재하는 사업구조다. 그럼 단점은 뭘까? 큰 그림으로 그룹 내 시너지 효과를 봐야 한다.

기업이 M&A를 하는 목적이 무엇인가? 단순히 짧은 시간에 빠른 성장을 도모하기 위해서인가? 이 질문에 답하기 위해서는 주식시장뿐만 아니라 기업경영 형태와 M&A의 목적을 살펴야 한다. 먼저 어떤 회사를 1,000원 주고 매수한다고 생각해보자. 당연히 1,000원보다 더 높은 수익을 기대한다. 먼저 그 수익이 어디서 나오는지 밝혀져야 한다. 또한 인수자 입장에서 어떤 사회적 가치가 창출되는지 생각할 필요가 있다. A기업이 B기업을 인수하여 그 가치가 A+B보다 커진다면 그 이유는 무엇인지 알아야 한다.

김화진의 저서 《투자은행이론, 정책, 전략》은 M&A 목적과 동기 관련 방대한 내용을 보여준다. 일반적으로 M&A의 가장 중요한 동기는 시너지 창출이다. 그러나 다시 한번 보자. 시너지가 모든 M&A의 동기는 아니다. 예를 들어 무능한 경영진 교체를 통한 기업가치의 제고, 사모펀드처럼 구조조정을 통한 재무적 효율성의 제고도 중요한 요인이다. 그밖에 조세를 절감하려는 목적이나 기술 또는 핵심기술자의 확보도 중요하다. 요즘 글로벌 기업들은 기술을 가진 소형 회사에 관심이 많다. 4차 산업혁명 시대는 기술이 회사의 생사를 좌우한다. 작은 기술 하나가 전 직원을 먹여 살릴 수 있다. 스타트업을 매수하는 이유기도 하다.

M&A 이유는 정말 다양하다. 심지어 경영진이나 거물 투자자의 개인적인 성취감도 이유가 될 수 있다. 특히 적대적 M&A는 경제적으로 설명할 수 없는 다양한 인간적, 사회적 이유들이 있다. 경영자들 간의 사적 감정이 배후에 작용하는 경우는 의외로 많다. 물론, 그런 것은 잘 드러나지 않는다.

어떤 산업 분야에서는 M&A만이 신규사업으로 진출할 수 있는 유일한 수단이 된다. 금융업 같이 면허를 기초로 하는 사업이나 항공운송업이 그러하다. 이런 업종은 회사를 매수하지 않으면 업종 진입이 아예 불가능하다.

M&A 입장에서 그룹의 구조는 세 가지로 분류할 수 있다. 현대자동차그룹처럼 다른 업종 간의 시너지를 창출하는 수직적 결합이 있다. 그

외에 수평적 결합과 혼합적 결합도 있다.

먼저, 수평적 결합은 동일한 업종에 속하는 기업의 결합이다. 대량생산을 통해서 생산원가를 낮추는 역할을 한다. 구매행위에서도 단가가 낮아져 회사의 경쟁력이 전반적으로 확대된다. 영업이익률도 개선된다. 참고로 회사의 수익성을 평가하는 주요 지표인 영업이익률은 영업을 통해서 벌어들이는 이익을 매출액으로 나눈 값이다.

'규모의 경제' 효과가 실현돼 나타나기도 하고 '범위의 경제' 효과가 실현되기도 한다. '규모의 경제'는 1단위 투자로 2개 이상의 상품제조에서 발생하는 효율성이다. 생산을 많이 할수록 생산단가가 떨어져 경쟁력이 강화된다. 반면, '범위의 경제'는 1단위 투자로 2가지 이상의 상품제조에서 발생하는 효율이다. 자동차 엔진을 생산하는 그룹이 철도의 기관차 엔진을 생산하는 범위까지 확대되어 발생하는 효율이다.

수직적 결합은 서로 다른 업종 간 결합이지만 부품과 완성품 등과 같이 서로 수직적으로 연결돼 있는 경우를 말한다. 자동차회사가 부품 제조회사를 인수하는 경우가 좋은 예다. 자동차 부품거래는 장기 공급계약으로 이루어지는 경우가 많다. 시장에서의 거래비용이 과다하게 높아지면, 아예 하나의 기업으로 결합하는 것이 훨씬 저렴할 수 있다. 이처럼 수직적 결합은 거래비용의 내부화를 위해서 이루어지는 경우가 많다. 하지만, 거래비용의 내부화는 다른 사업기회의 상실로 이어져 시장 대응의 유연성이 낮아진다. 시장이 좋을 때는 효율이 높지만 항상 시장이 좋은 업종은 없다. 시장이 안 좋을 땐 어떻게 되겠는가? 현대자동차그룹은 훌륭한 수직적 결합 회사다. 현대자동차와 기아자동차가 그룹의 핵심이다. 완성 자동차 회사를 중심으로 계열사가 각자의 기능을 담당하고 있다. 세계의 자동차 시장이 어떤 이유로 침체기를 겪는다고 생각해보자. 부정적인 상황이 닥치면 상황은 달라진다. 생산성과 이익률이 극도로 악화될 수 있다.

혼합적 결합이란 전혀 상관없는 다른 시장의 기업을 인수하는 것을 말한다. 일반적으로 관련 없는 이종 간 결합이다. 흔히 '다각화 전략'이라 부른다. 보통 재벌이 취하는 전략으로 전문성이 약해지는 단점이 있다. 하지만 특정시장에서 발생하는 변동이나 위험으로부터 충격을 완화할 수 있어서 기업집단 전체의 위험은 감소된다. 투자자 입장에서는 주식에 분산투자함으로써 수익의 안정을 추구할 수 있다. 주식의 분산투자와 사업의 다각화 추진은 투자자 입장에서 동일한 효과로 나타난다.

AB인베브의 OB맥주 M&A 전략은 무엇이었을까? AB인베브는 세계 최대의 맥주회사다. 세계 맥주시장에서 높은 점유율을 가진 회사로서 규모의 경제를 넘어 시장지배력에 방점이 찍혀 있다. AB인베브는 뉴욕증권거래소에 상장돼 있지만 그렇다고 미국 국적 회사는 아니다. 본사는 벨기에에 있다. 2016년 AB인베브는 또 다른 맥주회사를 인수했다. 세계 맥주업계는 2016년 9월 28일 세계 최대의 '맥주공룡' 탄생을 알렸다. AB인베브는 세계 맥주 점유율 2위 업체인 사브밀러와 합병을 승인했다. 1,040억 달러(114조 2,000억 원)에 사브밀러를 인수했다. 이 인수금액은 역대 세 번째로 큰 대형 M&A 사례다. 세계 맥주 시장 점유율 30%에 육박한다. 시장지배력 강화를 통한 맥주시장 주도권 확보가 목적이다. 시장을 주도하면 수익은 확대된다.

빅픽처 합리적인 M&A는 매수회사의 이익을 확대한다

시장지배력 측면 : 시장의 주도권 증진으로 이익률을 확대한다.
생산원가 측면 : '규모의 경제'와 '범위의 경제' 효과로 원가는 하락하고 이익은 올라간다.

매도자와 매수자의 청구권 분석

OB맥주 매각차익 3조 5,000억 원을 움켜진 주인공은 세계적인 사모펀드였다. 글로벌 사모펀드 KKR과 홍콩 사모펀드 Affinity Equity Partners가 회사 매도의 공동 주체였다. 일반적으로 회사를 인수할 때 매수자를 위한 권리와 매도자를 위한 권리가 계약서에 명기된다. 매수자는 매도청구권 혹은 풋백옵션(Put Back Option)을 갖는다. 매도청구권과 풋백옵션이 무엇인가? 인수한 기업을 매도자에 되팔 수 있는 권리다. 이는 매수자가 매도자에게 행사하는 청구권이다. 법률적 청구권은 형성권이므로 매수자가 되팔기로 결정해서 통지하면 매도자는 무조건 다시 사야 한다. 거래가격을 어떻게 하느냐에 따라 매도청구권과 풋백옵션으로 구별된다. 매도청구권은 거래가격을 정해 놓지 않는다. 매도청구권이 행사될 때 기업가치를 평가한다. 풋백옵션은 다시 매도할 때의 거래가격을 이미 정해 놓는다. 청구권 행사를 위해 매도자 혹은 매수자의 신용등급 유지가 중요하다. 이를 담보하기 위해 매수자는 매도청구권 혹은 풋백옵션 행사를 위한 담보권을 설정하기도 한다. 매도자가 다시 사야 하는 의무가 발생한 경우 매도자의 재무적 상황이 중요하기 때문이다.

풋백옵션은 가격이 이미 정해져 있다고 앞서 설명했다. 일반적으로 매수자가 구입한 가격에 일정 수익률을 더해 매도자는 다시 사야 한다. 일반적으로 n년 전 매수금액이 M이고, 복리를 기준으로 수익률 R을 부가하여 다시 파는 경우 지급금액은 $M(1+R)^n$이다. 4년 전 기준으로 행사금액은 $M(1+R)^4$이다. 금액은 n년 후 다시 매도할 때 기업가치의 오름과 내림에 상관없이 동일한 것이 특징이다.

OB맥주의 매각차익 3조 5,000억 원은 어디에서 발생했을까? 매도자가 갖는 권리의 행사를 통해 매각차익이 발생했다. 구체적으로 어느 권리에서 발생했을까? 매도자는 매수자에 대해서 매수청구권이 있다. 매수청구권은 회사를 매도했지만 일정 기간 내에 다시 매수할 수 있는 권리다. 일반적으로 매도자가 회사의 보유주식을 일부 남겨놓은 경우 혹은 특별한 사정이 있는 경우 매수청구권 내용을 계약서에 넣는다. 매도 후 3년 혹은 5년 이내에 매도자가 매수청구권을 행사하면 매도자는 다시 매수할 수 있다. 예전의 매수자는 매도자에 인수주식을 다시 매도해야 한다. 인수가격은 청구권 행사 당시의 기업가치로 매수된다. 이것이 일반적인 방식이다.

2014년 1월 20일, AB인베브는 OB맥주를 인수할 때 예전 매도자로

서 매수청구권을 행사했다. 매수청구권 행사를 통해서 4년 전 매도한 회사를 다시 매수했다. 2009년 OB맥주 매각 때 계약서에 명기한 매도자의 매수청구권 조항에 근거해 OB맥주의 공동 대주주인 KKR과 Affinity Equity Partners에 AB인베브는 매수청구권을 행사했다. 매수청구권 행사의 대가는 톡톡히 치러야 했다. AB인베브는 양도차익 3조 5,000억 원을 포함해 총 6조 2,000억 원을 주식매수 대금으로 지불해야 했다.

AB인베브는 왜 매수청구권을 행사했을까? OB맥주 인수에 필요한 6조 2,000억 원보다 더 가치 있다고 판단한 것이다. 2009년 OB맥주를 매각할 때는 글로벌 금융위기 영향으로 AB인베브는 유동성이 문제였다. OB맥주의 매각이 불가피했다. 그러나, 2014년 상황이 달라졌다. 팔았던 회사를 다시 매수하고 싶었다. 매수청구권을 행사했다. 목적은 간단하다. 시장지배력 강화가 목적이었다.

양도차익의 배후를 파헤치다

사모펀드가 올린 거대한 양도차익 배후에 무엇이 있을까? 분석해야 한다. 우선 매수시기를 주시해야 한다. 매수시기는 주식가치가 제일 하락했을 때였다. 2009년 한국 주식시장은 종합주가지수 900포인트까지 폭락했다. 세계금융 위기로 모든 것이 불확실했다. 시장이 최악일 때 2조 7,000억 원에 OB맥주를 인수했다. 회사가치가 이렇게 차이가 난 이유가 무엇일까? 주요 재무적 상황을 보면 바로 이해할 수 있다. 회사의 매출액 증가율과 영업이익률을 보면 그 이유를 안다.

OB맥주 연도별 영업이익률 현황

구 분	2009년	2010년	2011년	2012년	2013년	2014년
매출(억 원)	8,161	9,141	10,735	12,597	14,848	15,300
전년대비 매출액 증가율(%)	8.7	12.0	17.4	17.3	17.9	3.04
영업이익(억 원)	1,963	1,782	2,701	3,680	4,727	3,284
영업이익률(%)	24.1	19.5	25.2	29.2	31.8	21.5

자료 : 회사 감사자료

2009부터 2014년까지 6년 동안 OB맥주 매출액 성장률을 보자. 연도별 평균 매출액 증가율이 14%에 달한다. 고공 성장을 했다. 성장률이 두 자릿수를 밑돈 해는 2009년 8.7%, 2014년 3.04%였다. 2011년부터 2013년까지 3년 동안은 성장률이 17%에 달했다. 거대한 양도차익의 배후에는 회사가치를 극대화하려는 글로벌 사모펀드의 치열한 경영 노력이 있었다.

요약해보자. M&A가 성사되는 시기만 봐도 경제상황을 예측할 수 있다. 경기가 좋아지는 시기는 매도자 중심의 시장이 형성된다. 반대로 경기가 위축되면 매수자 중심의 시장으로 전환된다. M&A를 통해 돈을 벌고 싶으면 주식투자와 동일하다. 한가할 때 회사를 매수해서 매도자 중심의 시장에서 매도하면 된다. M&A를 통한 기업의 대형화는 생산단가를 낮추고 이익률을 좋게 한다. 거대한 양도차익은 회사가치의 극대화에서 발생한다. M&A 계약을 체결할 때 일반적으로 매수자와 매도자는 각각 부수적 권리를 갖는다. 매수자는 매도청구권과 풋백옵션을 갖는다. 매도자는 매수청구권을 갖는다. 이런 권리는 계약의 당사자를 보호하기 위해서 부수적 권리로 계약서에 명기했다. 요즘은 달라졌다. 부수적 권리의 행사를 통해 회사의 대주주가 종종 뒤집힌다. 중요한 권리로 변화됐다.

빅픽처 M&A 거래가격을 결정하는 중요한 두 가지 요소

첫째, 회사 M&A 시기가 가장 중요하다. 시중의 유동성이 회사의 기업가치를 결정하기 때문이다.

둘째, 매수회사의 M&A 목적이 가장 중요하다. 100억 원으로 기업을 인수해서 매년 1,000억 원을 벌 수 있는 잠재적 매수기업의 경우 거래금액은 기대 이상으로 상승한다.

CHAPTER 22

프로젝트 금융을 분석하라

믿을 수 없는 일이었다. 심사위원장은 헛기침을 하면서 목소리를 키웠다. 예술은 차별적인 시각에서 나온다고 말했다. 창의적인 시각으로 사물을 보면 세상이 달라진다고 했다. 글의 시각이 장원을 만들었다. 초등학생, 중학생, 고등학생 공동 글쓰기 대회였다. 고등학생이 모든 면에서 유리하지 않겠는가? 그러나 놀라운 일이 벌어졌다. 시각차이가 글의 내용을 완전히 변화시켰다. "차별적 시각이 무엇일까?" 나는 몹시 궁금했다.

부동산 부자 지인은 사촌동생의 솔깃한 제안에 고마워했다. 토지를 그냥 매각하기보다 부가가치를 올려서 매각하는 방법이 훨씬 더 낫다고 했다. 덧붙여 고급아파트를 건축하여 분양하면 이익이 확대된다고 했다. 서울은 지금 아파트 분양에 문제없다고 장담했다. 상속받은 땅을 그대로 처분하는 것은 쉽지 않았다. 획기적인 아이디어가 필요했다. 가격이 어느 정도 맞으면 지급조건이 문제가 있었고, 지급조건이 좋으면 가격에 문제가 있었다. 한 매수자가 잔금의 40%는 중도금 50% 지급 후 3년 시간을 달라고 했다. 해당 기간의 이자를 지급하는 조건이었다. 토지의 덩어리가 워낙 크니 매수자가 쉽게 나서지 않았다. 필지마다 분할해서 파는 것도 대안이었다. 그러나 필지마다 분할 매각을 하면 나중 매각되는 필지 가격이 낮아졌다. 좋은 자리부터 매각하게 되면 나중이 문제였다. 상속을 할까? 8필지의 2,000평, 서울 강북 땅은 조상대대로 내려오던 토지였다. 처음에는 더 컸는데 상속세 때문에 땅 규모가 대를 거치면서 점점 줄어들고 있었다.

지인의 사촌동생은 큰 건설회사를 설립했다고 자랑했다. 지주 공동사업을 통해 지인 소유 토지에 주상복합아파트를 건설하자고 제안했다. 요즘은 분양시장이 좋다며 밝은 웃음을 지어 보였다. "다음 방문할 때는 사업계획서와 설계도를 가지고 오겠습니다." 지인은 고개를 끄덕였지만 속내는 복잡했다. 분양시장이 좋다고 하지만 아무도 확신할 수 없었다. 일이 잘못되면 큰일이었다. 서로 좋은 마음으로 시작한 일이 집안 문제로 확대될 수 있었다. 그렇다고 딱 잘라 거절하기도 어려웠다.

프로젝트 금융의 실체

프로젝트 금융(PF)은 전통적인 기업대출과는 접근방식이 완전히 다르다. 전통적 대출방식은 기업의 신용도에서 출발한다. 프로젝트 금융은 그렇지 않다. 프로젝트 기반으로 금융이 일어난다. 기존 방식은 대출을 해주기 위해 기업의 신용도를 평가한다. 대출금의 지불능력 평가를 위해 기업의 부채비율과 원금상환능력을 분석한다.

반면 프로젝트 금융은 어떠한가? 기존 방식이 기업의 신용도 평가를 근거로 대출을 시행한다면, 프로젝트 금융은 기업 내부에 직접 자금이 흘러가지 않도록 유도한다. 해당 프로젝트에 한정해서 자금이 흘러가도록 대출자 혹은 투자자가 자금을 관리한다. 특정 프로젝트를 위해 투자하거나 혹은 대출하기 때문이다. 해당 기업의 신용평가가 아무리 좋아도 프로젝트 사업성이 없으면 자금은 제공되지 않는다.

프로젝트 금융은 사업성 있는 프로젝트 대출 혹은 투자에 그 목적을 둔다. 특정한 용도로만 자금 사용이 가능하다. 이런 점에서 전통적인 기업금융보다 신용도가 조금 빈약해도 투자가 이루어진다. 자금을 다른 용도로 사용하지 못하도록 안전장치를 강구한다. 예를 들어, 토지 2,000평이 있다고 하자. 토지의 규모와 위치가 아파트 입지로서 최적지다. 토지구입비, 건축비와 기타 일체비용을 합산한 투입자금, 즉 자금계획을 뽑아낼 수 있다. 반면, 분양 혹은 판매를 통한 매출액을 계획할 수 있다. 매출액과 투입자금의 차이가 무엇인가? 바로 사업이익이다. 매출액 대비 사업이익이 크거나 좋을 때 사업성이 있다고 본다. 사업성이 있다면 이 사업에 자금이 투여되도록 자금관리를 해주면 사업은 추진된다. 돈이 원래 목적에 부합하게 사용되도록 자금관리 신탁상품을 이용한다. 위임을 받은 신탁회사는 자금이 원래 목적에 맞게 사용되도록 자금관리를 엄격하게 대행한다. 대행에 따른 수수료를 지급해야 한다. 자금관리 신탁 하에서 기업은 자의적으로 자금을 사용할 수 없다. 자금관리 대행권자의 판단이 우선이기 때문이다.

부동산 개발 사업은 보통 특수목적회사(Special Purpose Company)를 설립한다. 개발 주체의 출자가 특수목적회사에 행해진다. 특수목적회사는 부동산 개발을 추진하는 주체역할을 한다. 자본금을 100억 원으로 하고 프로젝트 금융으로 600억 원을 조달한다면 총 소요자금은 700억 원으로 추정한다. 개발행위를 위해 조달된 700억 원은 산출근거가 명확해야 한다. 보통 예비비도 포함해 산출한다. 여기서 600억 원은 타인자본으로 조달된 부채다. 당연히 대출이자를 지급해야 한다. 이자는 사업비 항목에 포함돼 있어야 한다. 100% 분양이 매출액 기준으로 900억 원이라고 하면, 100% 분양 시 사업이익으로 200억 원이 남는다. 매출액 대비 사업이익률이 22.2%인 프로젝트다. 사업성이 나쁘지 않다. 이 사업이익은 특수목적회사의 순이익으로 법인세 납부 후 각 주주에게 배당된다. 프로젝트 금융 제공자는 600억 원 대출에 대한 이자를 받는다. 여기서 프로젝트 금융 제공자가 개발행위 주체로 참여할 수 있다. 다시 말하면, 100억 원의 자본금 중 일부를 출자하고, 사업이익의 배당과 대출이자를 동시에 수령하는 구조도 가능하다. 특수목적회사의 주주와 협의를 통해 참여조건을 결정해야 한다.

그러나 개발사업이 항상 성공하는 것은 아니다. 만약 100% 분양 매출액 900억 원을 기준으로 할 때, 80% 분양인 경우는 매출액 기준 720억 원, 60% 분양인 경우 540억 원이다. 80% 분양인 경우 특수목적회사에 돌아가는 단순 현금흐름은 20억 원에 불과하다.

60% 분양인 경우는 어떠한가? 투입자금이 총 700억 원인데 분양 매출액은 여기에 미치지 못한다. 매출액이 540억 원에 불과하다. 프로젝트 금융 제공자에게 600억 원 원금을 반환해야 한다. 매출액 540억 원에서 특수목적회사 자본금 100억 원 중 60억 원을 보태어 자금제공자에게 반환해야 한다. 60% 분양인 경우, 매출액이 540억 원 계상되고 미분양분은 상품 재고로 남아 있다. 모든 개발 프로젝트는 생산된 상품을 매출로 전환시키는 분양행위 혹은 판매행위가 가장 중요하다. 건축된 아파트 분양비율이 낮으면 유동성비율도 낮아져 문제가 된다. 이런 점을 생각하면 특수목적회사의 자본금을 가능한 여유 있게 가져가는 것이 유리하다. 그렇다고 항상 그렇게 가져갈 수는 없다. 왜 그럴까?

프로젝트는 수익성 있는 다양한 사업거리가 모두 해당된다. 원전을 개발하여 판매하는 사업일 경우, 개발비용을 모두 감안해서 비용을 산출한다. 원유 매각대금이 매출액이므로 이를 기준으로 이익이 산출된다. 무역사업이라면 관련 모든 비용 대비 국내 판매에 해당하는 매출액을 기준으로 비용과 매출액이 산출된다. 해외에서 자원을 개발하는 사업도 동일한 원칙이 적용된다. 해당 비용 차감으로 이익금을 산출한다.

특수목적회사의 자본금 출연이 복수라면 어떻게 해야 할까? 주주가 복수일 경우, 특수목적회사의 주주를 2인 혹은 3인으로 분할하면 된다. 상기 자본금 100억 원을 A가 50억 원, B가 50억 원 나눠 출자할 수 있다. 혹은 3인으로 쪼갤 수 있다. 자본금 규모는 매출액 관련 사업의 민감도 수준, 특수목적회사의 유동성을 감안하여 출자금액을 정하는 것이 사업 성공의 핵심이다. 사업을 영위하다가 유동성에 문제가 생기면 추가 유상증자를 시행해야 한다. 이 과정에서 5:5 동업관계가 붕괴될 수 있다. 상호 오해가 생겨 특수목적회사를 제3자에 매각하는 상황도 벌어질 수 있다.

토지 2,000평을 소지한 지인은 걱정이 이만저만 아니었다. 일이 잘되면 문제없지만 미래는 아무도 모르는 일이었다. 전화벨이 울렸다. 사촌 동생이었다. 순간적으로 어떻게 할까 잠시 머뭇거렸다. 방문하겠다고 하는 것을 거절하는 것도 옳은 태도가 아니었다. 사촌 동생은 설계도를 보여주었다. 법적 용적률을 정확하게 적용해 세 동이 깔끔하게 올라가는 구조였다. 투시도를 꺼내어 책상에 올려 놓았다. 매출액 계산을 위해서 평당 분양금액 얘기로 화제를 바꿨다. 주변의 큰 아파트 단지는 모조리 조사돼 있었다. "이 정도 가격이면 분양에 전혀 문제 없을 겁니다." 사촌 동생은 확신했다.

다음 날 부동산중개사와 함께 토지를 직접 매수할 의향이 있는 사람이 방문했다. 평당 금액도 맞춰주겠다고 했다. 단, 한 가지 부탁이 있다고 했다. 잔금 30%는 거래 토지를 담보로 은행대출을 통해 지급하겠다고 했다. "거래가 끝나면 결국 내 앞으로 토지소유권이 넘어오잖아요. 문제 없을 테니 편의 좀 봐주세요!" 과연 합리적 요청으로 볼 수 있을까?

📢 빅픽처　**결국 금융은 두 가지 차별적 접근이다**

수익성 좋은 사업거리가 있는가?

프로젝트의 수익성이 성과를 결정한다.

자금조달 기업의 신용이 건실한가?

기업의 신용도가 성패를 결정한다.

수익을 높이는 부동산 펀드의 실체

실체의 이해는 성공확률을 높인다. 부동산 펀드의 운용방식을 정확하게 이해해야 한다. 프로젝트 금융방식으로 자금운용을 할 수 있다. 부동산 개발 주체에 대출형태로 자금을 운용하는 방식이다. 그러나 사업성이 떨어지는 프로젝트일 경우 원금회수에 문제가 있을 수 있다. 분양비율 수준에 따른 원금회수 비율의 민감도를 분석하여 안정된 구조로 운용하는 것이 핵심이다. 일단 사업성에 문제가 없는 그런 프로젝트를 골라내야 한다. 설사 문제가 있더라도 대출금 회수에 문제가 없도록 특수목적회사 자본금을 높이든지 혹은 대출시행 전 미분양물건을 담보로 담보대출 확약증서를 받아 부동산 유동화를 통한 대출금 회수전략을 마련하는 것이 좋다.

부동산 펀드는 자금운용 형태에 따라 다양하게 분류된다. 실물 자산을 취득하여 자금을 운용하는 방법도 있다. 부동산 임대를 통하여 들어오는 임대료가 주요 수입원이다. 공실위험이 있을 수 있다. 때문에 비어 있는 임대공간이 증가하면 그 원인을 정확하게 분석해야 한다.

공실은 경기변동에 의해 나타난다. 혹은 주변의 임대물건 공급 증가로 발생할 수 있다. 공실 증가로 임대수익률이 낮아지지 않도록 탄력적인 임차자 관리가 필요하다. 펀드 만료기간 내에 실물 부동산을 매각해야 한다. 매수금액보다 낮은 가액에 매각하면 손해다. 이런 경우는 주로 자금시장이 호의적이지 않거나 불안정할 때 발생한다. 해외부동산은 환율에 의한 손실이 발생할 수 있다. 실물 부동산 취득 금액에 대해서는 환차손이 발생하지 않도록 환헤지를 해야 한다. 환율의 미세한 차이가 큰 손해로 나타날 수 있다. 이는 실물자산 매입 투입금액이 워낙 크기 때문이다.

여기서 구체적으로 환차손은 어떤 때 발생할까? 상황을 정확하게 이해할 필요가 있다. 예를 들면, 해외소재 빌딩을 1,000만 불에 구입했다고 가정해보자. 구입 당시 원/달러 환율이 달러당 1,080원이었다. 그렇다면 원화기준 매수금액은 108억 원으로 계산된다. 몇 년이 지난 후 빌딩을 매도했다. 동일한 금액 1,000만 불에 매각했다. 매각 시 원/달러 환율은 달러약세 기조로 달러당 1,030원이었다. 어떤 현상이 발생할까? 달러기준 동일한 금액으로 매도했다고 하더라도 원화기준은 손해다. 원화기준 매각금액은 103억 원이기 때문이다. 이를 환차손이라고 한다. 환헤지는 환율변동에 손해를 입지 않도록 조치하는 행위다. 개념 정도만 이해하면 된다.

펀드자금으로 개발사업에 투자할 수 있다. 개발이익 참여가 유리한 경우, 위에서 설명한 특수목적회사 자본금 일부를 출자할 수 있다. 자본금 출자금은 사업이익 혹은 개발이익을 추구한다. 물론 사업성과가 부정적이면 손실이 발생한다. 성공적으로 프로젝트가 마무리되면 수익률이 클 수 있다. 위험완화(Risk Mitigation) 목적으로 개발형태와 대출형태를 혼합하여 운용할 수 있다. 대형 프로젝트는 자본금 규모가 거대하다. 특히 SOC 개발, 즉 고속도로 혹은 철도 사업에는 거대자금이 필요하다. 사회간접자본(SOC) 사업은 통행료 혹은 철도운임을 통해서 수익금을 회수해야 한다. 수요 예측을 통한 사업성 검토가 필수적이다. 부동산 펀드라고 하더라도 세부 형태는 각각 다르다. 그 구조를 통해 투자대상과 수익구조를 바로 알아채야 한다. 여기서 부동산 펀드를 자세히 설명하는 이유다.

경매와 공매에 참여하여 수익을 창출하는 부동산 펀드가 있다. 투자대상을 결정하지 않은 상태로 투자자를 모집하여, 경매나 공매로 나오는 부동산을 저가에 매수한다. 경매나 공매는 권리관계 분석이 핵심이다. 정확히 분석하여 입찰에 참여해야 한다. 낮은 가격에 매수하여 높은 가격에 파는 것이 양도차익을 추구하는 기본적 접근이다. 경매나 공매는 저가로 매수할 수 있는 수단을 제공하기 때문에 높은 수익을 취득할 수 있다.

거래 중에 있는 부동산을 활용하여 부채를 일으키는 것을 어떻게 생각하는가? M&A 사례로 말하면 '부채를 활용한 기업인수(Leveraged Buy-Out)'다. 어떤 기업을 인수하는 데 해당 기업이 소유하고 있는 자산이나 부동산을 활용하여 자금을 차입하는 방식이다. 거래대상 기업의 자산을 활용하여 차입금을 일으킨다. 합리적이라고 생각하는가? 이런 기업인수 방식은 안정성 측면에서 불안하다. 때문에 불법으로 규정된다. M&A 시 이런 방식은 사용할 수 없다.

부동산 매수 및 매도거래에서는 어떨까? 매수자의 명의로 어차피 소유권이 바뀔 물건인데 괜찮지 않을까? 거래의 안정성 측면에서 합리적이지 못하다. 매도자의 부담위험이 많아진다. 매도자 입장에서 이런 거래구조 수용은 약점이 많다. 법률행위에서 유연한 사고는 독이다. 중요한 법률거래일수록 보수적 접근이 핵심이다. 중요한 법률계약임에도 불구하고 전문가 활용을 망설이는 사람이 있다. 부동산 중개계약은 대단히 중요한 계약이다. 외부 전문가 활용 비용을 아끼지 말자. 초기에 일이 그르치면 대가로 치르는 비용은 그 몇 배다. 전문가를 활용하여 확실하게 해두는 것이 무엇보다 중요하다.

차별적 시각으로 보면 돈은 따라온다

심사위원장은 글쓰기 대회 심사결과에 대해서 설명했다. 글의 주제는 '해인사' 였다. 참가자들은 대웅전과 불상을 화려한 문장으로 표현했다. 대부분 '해인사'를 멋지게 묘사했다. '해인사'에 몰려드는 사람들의 입을 통해 해인사의 고귀함을 보여줬다. 그러나 초등학생의 시각은 달랐다. 나는 다음 내용이 궁금했는데 심사위원장의 말 속도가 너무 늦었다. 결론을 듣고 싶었는데 자꾸 사족을 달았다. 더 이상 인내하기 힘들었다.

자리에서 벌떡 일어섰다. 옆 사람이 힐끗 나를 쳐다보았다.

심사위원장은 느리지만 차분한 목소리로 심사의견을 이어갔다. 초등학생은 보는 시각이 달랐다고 말했다. 소년은 '부처님 불상'이 돼 해인사를 바라보았다. 부처님 불상의 눈으로 바라본 해인사의 전경은 너무나 완벽했다. 좌우의 산세가 부처님을 보위하고 있었다. 멀리 산등성 너머 하늘과 마을이 부처님의 시야에 잡혔다. 사람들의 많은 눈은 부처님을 우러러 보고 있었다. 많은 인파는 얼굴을 쳐들고 부처님의 얼굴을 이리저리 쳐다봤다. 부처님 눈으로 바로 본 해인사의 모습은 완전히 달랐다. 부처님 눈에 비치는 전경은 산과 구릉의 구비구비 그 너머를 보게 했다. 맑은 날이면 찬란한 태양이 해인사를 비췄다. 어떤 날은 자욱한 안개가 해인사를 뒤덮었다. 자욱한 안개가 걷히면 산세를 따라 저 멀리 보이는 마을이 희미하게 제 모습을 드러냈다. 부처님의 눈에 보이는 인간의 모습은 변화무쌍했다. 변덕스러운 인간 세상을 그대로 보여줬다.

"예술은 창의적인 시각이 만듭니다." 심사위원장은 평가 소감을 마무리했다. 함성과 함께 박수 소리가 터졌다. 종료에 따른 환호성인지, 놀라움의 표시인지, 주위를 휙 둘러보았다. 옆 사람은 "와 대단하네"라고 중얼거렸다.

차별적인 시각으로 여의도 금융시장에서 큰돈을 번 M금융회사가 있다. 이것은 초등학생이 장원을 한 것과 유사하다. 어떤 방법을 사용했을까? 부동산 개발은 항상 투자자금 회수가 문제였다. 분양 성과가 낮으면 유동성이 문제가 된다. 특수목적회사 자본금이 높아야 유동성을 해결할 수 있는데 그렇다고 특수목적회사 자본금을 항상 높게 가져갈 수는 없었다. 자기자본이 부족한 사람은 사업을 추진할 수 없기 때문이다. 이를 위해서 보험업 면허도 없으면서 보험업을 영위한 회사가 있다. 자본금이 거대한 초대형 회사도 아니다. 유동성이 부족해 투자자금 회수가 어려울 경우 투자자의 원금회수를 확약하는 상품을 만들었다. 미분양물건을 담보로 대출을 확약했다. 투자자가 투자자금을 회수하지 못하는 상황이 발생하면 담보대출을 시행한다는 약속이었다. 과연 어떻게 큰돈을 벌었을까? 방법은 간단하다.

공문으로 확약하면 그만이었다. 공문이 보험증서 역할을 했다. '분양율 저조로 투자금 회수에 문제가 생기면 당사는 200억 원 한도 내 담보대출 시행을 약속 드립니다.' 담보대출 확약서 발행 수수료는 대출 확약금의 2~3%였다. 확약서는 분양율이 낮아 투자금 회수를 걱정하는 금융회사의 우려를 완전 불식시켰다. 인기가 좋았다. 담보대출 확약서를 기반으로 투자회사는 부동산 투자 혹은 대출결정을 시행했다. 유동성이 부족할 경우 담보대출을 해주겠다는 증서는 일종의 보험이었다. 투자회사는 부동산 개발 회사보다 이 증서를 더 선호했다. 투자회사가 고객으로 전환된 것이다. 시각의 전환이 고객을 바꿨다. 투자회사들은 작지만 강한 이 증권회사의 확약증서에 만족했다. 투자회사 애로사항을 시각의 변경으로 해결했다. 시각의 전환이 확약서 발행회사를 일등회사로 만들었다. 투자도 예술과 동일하다. 창의적인 시각이 투자를 차별화시킨다. 누구는 투자하려고 프로젝트를 쫓아 다닌다. 누구는 앉아서 사람들이 찾아 오게 만든다.

사촌동생은 지인에게 분양에 문제없다며 특수목적회사 설립을 제안했다. 동일한 금액의 자본금 출자를 제안했다. 출자를 15억 원씩 각각 동일한 금액으로 하면 사업이익의 50%와 함께 토지금액도 챙길 수 있다고 했다. "사업이익을 계산할 때 토지금액을 얼마나 할건가? 지급은 언제하고?" 지인은 사촌동생에게 단도직입적으로 물었다. 사촌동생은 "얼마로 언제 하는 것이 좋을까요?" 되물었다. 토지 매각금액은 분양이 끝난 후 지급을 요구할 수 있다. 사업개시 무렵 지급 청구하면 지주와의 공동사업은 성립할 수 없다. 지인은 건축행위 발생 전에 토지대금을 수령하기를 원했다. 사촌동생의 생각은 달랐다. 분양행위가 종료되면 지급할 계획이었다. 아니, 그렇게 하려는 눈치였다. 토지매각 대금을 미리 지급 요청하면 공동사업은 성립할 수 없다.

지주 공동사업은 한쪽에서 토지를 대고 한쪽은 자금과 사업기술을 투여하는 방식이다. 공동의 사업으로 이익을 공동으로 추구한다. 장점도 있지만 토지소유자 입장은 분양 위험에 노출된다. 지인은 아직도 고민 중이다. 지주 공동사업의 토지대금은 분양행위가 종료된 후 원칙적으로 지급된다. 개발사업은 아무리 신중해도 지나치지 않는 법이다.

CHAPTER 23

상황을 예측하라

직장생활 중 경영의 핵심을 깨달은 적이 있다. 복도에서 마주친 사장은 재차 프로젝트 종료일을 상기시켰다. 사장의 말이 처음에는 협박으로 들렸다. 물리적으로 도저히 불가능한 시간이었기 때문이다. 그 사장은 외국인이었다. 한국인한테 협박하면 무조건 된다는 생각을 하고 있는 듯했다. 기분은 별로였지만 올라오는 분노를 삼켰다. 사장은 영업출신이라 업무를 잘 모른다고 무시했다. 책에서 읽은 역설적 얘기가 떠올랐다. 자신감에 관한 학술적 조사에 따르면 지식과 자신감은 반비례하는 것으로 나온다. 사람은 모를수록 자신감이 넘치고, 많이 알수록 소심해진다고 했다. 사장은 업무에 대한 지식이 모자라 모든 것을 쉽게 생각한다고 치부했다.

마감기한이 다가올수록 뒷골이 아팠다. 사장의 협박이 귀에 거슬려 감정적인 대응하는 건 아닌지 나를 돌아봤다. 사장으로서 대형 프로젝트를 일정한 날짜에 완수해야 하는 의견을 제시할 수 있었다. 그렇지만 그 날짜까지 완수하지 못하면 죽일 것처럼 협박을 하는 것은 무리수였다. 어쨌든 사장과의 담판이 필요했다.

영감을 기억하라

펀드매니저는 투자실적에 조급할 때가 있다. 그러나 긍정적인 사고와 편안한 마음으로 투자에 임해야 성과가 더 잘 나타나는 법이다. 이럴 때 필요한 것이 영감이다. 영감은 막다른 골목에서 힌트를 제공한다. 사업을 완성하는 결정적인 수단이 된다. 과학자를 떠올려보자. 과학적 연구의 마지막 단계는 상상력과 영감에 달려있다. 훌륭한 가설이 논문을 빛나게 한다.

루스 수컵(Ruth Soukup)의 《정리가 필요한 인생》에서 인간의 삶을 창의적으로 바꾸는 방법을 설명했다. "더 읽어라", "영감을 기억하라", "명상하라", "놀아라"다. 억압은 우리를 갉아먹고 있다. 인간의 뇌를 무중력 상태에 놓을 필요가 있다.

중견 건설회사 재무를 담당하는 지인은 가슴 속 고민을 나에게 털어놓았다. 요즘 두려움 때문에 잠을 설친다고 했다. 회사 결산을 하는 과정에서 대주주의 보이지 않는 압력으로 상당한 금액의 세금탈루 결산을 했다고 털어놓았다. 그는 결산하는 과정을 자세히 설명했다. 그렇게 할 수 밖에 없었던 불가피성을 강조했다. 세무조사가 나올지도 모른다는 공포에 떨고 있었다. 나의 질문은 세 가지였다.

세무조사 나올 가능성이 얼마나 되느냐? 추징당할 세금은 얼마나 되느냐? 세금 추징당하는 것이 정당한 것이냐? 이에 대한 답변은 세무조사 나올 가능성은 높지 않으며, 추징당할 금액은 상당한 금액이고, 궁극적으로 대주주가 부담해야 할 상황이라고 말했다. 정당성에 대해서는 이견이 있을 수 있다고 했다. 하지만, 당국에서는 세금탈루로 볼 가능성이 크다고 걱정했다. 나는 물었다. "걱정한다고 달라질 상황이 아니지 않아?" 친구는 그리 간단한 문제가 아니라고 했다.

인간은 발생가능성이 1%도 안 되는 사안을 미리 걱정한다. 이것이 인간의 감정 중 중요한 두려움의 실상이다. 지인은 발생가능성이 얼마 되지 않는 사안에 정신과 육체를 갈취당하고 있었다. 걱정과 두려움은 그 실제보다 확대된다. 인간의 본능과 감정은 객관적인 실상을 확대시킨다. 공포감을 갖게 한다. 공포감은 영감과 상상력을 없앤다.

행동심리학은 인간이 정보를 체계적이고 과학적으로 흡수하는 것처럼 보이지만 사실은 그렇지 않다고 증명했다. 앵커링 효과(Anchoring Tactic)는 인간의 비과학적 정보 흡수성을 적나라하게 보여준다. 최초에 제시된 정보에 배가 닻을 내리듯 집착하는 심리다. 한번 그런 생각에 빠지면 계속 뿌리를 내린다. 가정과 전제를 더 붙이고 얼개를 짠다. 가능성이 별로 없는 우려와 정보에 스스로 빠져 허덕거린다. 문제의 핵심과 전혀 관련 없는 정보를 심각하게 고려한다.

만약 당신이 현금인출기 앞에서 장시간 줄을 서서 기다리고 있다고 가정해보자. 당신은 기다려야 할까? 아니면 포기해야 할까? 이 질문과 유일하게 관련된 사항은 당신 앞에 서 있는 사람 수다. 그럼에도 불구하고 인간은 특이하다. 의사결정을 할 때 뒤쪽 사람 수도 보는 것으로 밝혀졌다. 자기 뒤에 서 있는 사람이 많을수록 줄에서 이탈할 확률이 낮아진다. 생각해보면 아주 바보 같은 일이다.

사장과의 단판을 짓기 전에 프로젝트 일정 관련 전체 회의가 필요했다. 회의를 토요일 오후에 하는 것이 어떠냐고 제안했다. 직원들 입장에서 보면 기분 좋은 제안은 아니었다. 회의실에서 전체 일정을 재조정하고 점검해야 했다. 양해를 구했다. 워낙 큰 프로젝트여서 해야 할 일들이 태산이었다.

대형 프로젝트 안을 들여다 보면 그 안에 중형 프로젝트가 있고, 중형 프로젝트 속에는 수많은 소형 프로젝트들이 복잡하게 연계돼 돌아간다. 대형 프로젝트를 근간으로 중형 프로젝트와 소형 프로젝트를 가능한 세분했다. 세부단위별 담당자를 별도 선정하고 최종 업무종료일을 협의하고 재조정했다. 회의를 끝내면서 직원들에게 중요한 두 가지를 상기시켰다. 두 가지 공포는 부서 경영을 송두리째 바꿨다.

먼저, 펀드매니저 심리는 운용성과와 직결된다. 두려움을 느끼거나 공포에 갇혀 있으면 투자시각을 합리적으로 유지할 수가 없다. 실적 부진의 늪을 극복할 수 방안은 멀리 있지 않다. 문화생활을 하면서 뇌를 가만히 쉬게 하는 게 답이다. 압박과 심리적 공포는 창의적인 생각을 가로막는다. 실적관리가 필요할 때 평상심으로 돌아오도록 하는 것이 최선의 방법이다. 회사는 기다려주면 된다. 창의적인 생각은 많이 걷고 사고의 폭을 넓히는 데 있다. 본인의 투자철학을 다시 점검해야 한다. 주식시세만 보는 일상은 사고를 감옥에 보내는 것과 동일하다.

또한 투자회사 방문기회를 늘리고 현장 속으로 들어가야 한다. 회사를 방문해보면 분위기가 다르다. 잘 나가는 회사의 직원 눈동자는 매섭다. 실적이 부진한 회사는 화장실만 가도 금방 알 수 있다. 펀드매니저의 운용실적은 시각의 유연성 관리와 철학에서 나온다. 어떠한 경우라도 펀드매니저는 공포를 느껴서는 안 된다. 회의가 끝나고 전화벨이 울렸다. 건설회사 재무 일을 하는 지인이었다. "언제 술 한잔해야지? 인생 별거 없잖아." 목소리가 완전히 달라졌다. 수정결산을 통해 세금문제를 원만히 해결했다고 했다. 목소리에 생기가 넘쳤다.

보통 사람들은 직관적인 판단에 모든 것을 의존한다. 한국의 석유화학 업종은 원유가격이 오르면 수익성이 악화될 거라고 오해한다. 원유가격이 오르면 원유에 대한 수요 증가로 파악해야 한다. 원유의 정제를 통해서 나오는 제품의 가격인상 조치는 너무나 당연하다. 정유회사가 상승된 원가를 모두 부담하는 것은 이치에 맞지 않다. 세계 경기주체들은 원유가격에 모두 민감하다. 원유가격이 오르면 원가 상승에 해당하는 합리적 분담은 당연하다. 경제주체는 원유가격 인상분에 지불할 준비가 돼 있다. 부당한 상승은 회사의 경쟁력 저하로 나타나지만 합리적 인상은 시장이 용인한다. 이점을 인식해야 한다. 미국에서는 셰일 가스가 원유를 대체하기에 이르렀다. 원유가 배럴당 120~150불일 때 이미 새로운 대체 기술의 탄생을 예고했다. 세상의 모든 일은 어느 일방적 방향으로 가지 않는다. 합리적 판단은 세상의 모든 사물을 바라보는 중요한 시각이다. 투자의 시각도 마찬가지다.

빅픽처　투자와 경영성과를 결정하는 궁극적인 요소

영감은 막다른 골목에서 기업경영의 힌트를 제공한다. 사업의 난관을 극복하는 결정적인 수단이다. 투자성과는 결국 영감과 상상력이 결정한다.

보편타당성은 생존본능이다

보편타당성은 투자를 포함한 모든 사안의 주요한 논리를 제공한다. 보편타당성의 기저에는 합리적 기준이 있다. 합리적인 기준은 무엇일까? 최근 투자를 유치할 때 그런 생각을 한 적이 있다. 투자부문에서 합리성은 무엇인가? 일반적인 평가는 이렇다. 투자조건이 투자자와 피투자회사 측면 어느 편에 편중되지 않고 공평할 때 합리적이라고 한다. 언론은 비판한다. 금융이 공평하지 않다고. 보편타당성이 결여됐다고도 말한다. 금융과 실물경제는 하나의 생태계로 맞물려 돌아간다. 공정한 위치에 있지 않고 실물경제의 이익을 착취하는 금융은 경제 생태계를 파괴한다. 일시적인 현상은 사회가 용납하지만 제도적 고착화는 인류 공동사회의 파멸을 초래한다.

부당한 행위는 인류 공동체를 파괴한다. 보편타당성 입장에서 옹호되지 않는다. 인류를 파멸시키는 행위는 생존본능이 거부한다. 인류의 보편타당성을 지켜온 중요한 정신적 자산은 평등이다. 평등이 무너지면 인간은 투쟁한다. 역사는 혁명을 통해서 인류공동체를 구원해 온 사실을 분명하게 보여준다.

이스라엘 역사학자 유발 하라리는 말한다. 4차 산업혁명 시대는 새로운 것이 인간의 계급을 만든다고 했다. 차원이 다른 요소가 계급을 결정한다. 그것이 무엇일까? 중세시대에는 신분이었다. 산업혁명 이후에는 부와 자산이 인간의 평등을 가로막았다. 4차 산업혁명 시대에는 무엇이 인간의 계급을 결정할 것인가? 그는 분명하게 말하고 있다.

인간의 보편타당성은 언어로 표현한다. 보편타당성의 논리는 언어를 통해서 구조를 갖추고 개념을 구체화시킨다. 문학, 사회학, 역사학, 철학, 과학의 역사를 보라. 언어능력을 통해서 인간은 스스로의 생존본능을 표현한다. 학자는 논문을 통해서 말하고 작가는 글로 표현한다. 맨 가운데 있는 핵심 메시지는 동일하다. 보편타당한 가치를 훼손하는 세력은 혹독한 평가를 받는다. 왜일까? 보편타당성의 입장에서 사물을 보기 때문이다. 우리가 이 책에서 다루는 영역은 투자다. 투자의 시각으로 세상을 본다. 돈을 보면 세계가 투영된다. 현재 자본주의는 논란의 대상이 되고 있다. 자산과 부가 인간의 평등을 저해하고 있다. 돈의 실체를 정확히 알 필요가 있다.

유발 하라리는 중요한 얘기를 했다. 4차 산업혁명 시대, 정보와 데이

터가 인류를 계층화시킬 것이라 말했다. DNA에 새겨진 인간의 역사는 4차 산업혁명 시대의 핵심적 가치로 작용할 수 있다. 인간과 컴퓨터의 호환성 파악은 컴퓨터를 인간과 거의 유사하게 작동하는 알고리즘으로 전환시킬 수 있다. 인간처럼 사고하는 컴퓨터가 만들어지면 인간은 어떻게 될까?

> **빅픽처 4차 산업혁명 시대, 부를 결정하는 요소**
>
> 정보와 데이터가 부와 계층을 가른다.
> 정보와 데이터를 춤추게 하는 시스템과 핵심기술에 집중하라.

주체성을 회복하라

나는 다소 긴장된 어조로 단호하게 말했다. 부서 경영에 관한 공표였다. 윗사람이 시켜서 일을 하는 것은 아무리 잘해도 50점을 넘지 못한다. 윗사람이 말하기 전에 스스로 일을 찾아서 하라고 했다. 이런 점을 인사고과에 정확하게 반영하겠다고 분명히 했다. 추가로, 자기가 맡은 세부단위 업무를 추진하는 과정에서 담당자가 사장에게 직접 결재를 받도록 지시했다. 전무와 사장의 의사결정이 필요한 사안이 생기면 프로젝트 총괄자가 결재받는 것이 일반적인 관례였다. 파격적인 변화였다.

인생은 재미와 꿈으로 이루어진다. 인간은 둘로 구성돼 있다. 의식 및 심리상으로 둘이라는 얘기다. 인간은 어떤 때는 재미를 추구한다. 어떤 때는 목표 지향적인 인간으로 변화된다. 재미를 추구하는 자아는 하고 싶은 것을 주로 한다. 반면, 목적 지향적인 자아는 해야만 하는 당위성을 중요시한다. 목적 지향적 자아는 꿈과 연관돼 있다. 이 둘은 가끔 의견이 완전히 다르기도 하지만 대부분 서로 적당히 타협하면서 살아간다. 의견이 완전히 다를 때는 정말 괴롭다. 재미를 추구하다 보면 목표와 어긋나고, 목표를 추구하다 보면 재미가 없다. 서로 의견이 동일하면 인간은 변한다. 막강한 힘을 가진 견고한 주체로 오뚝 선다.

외국인 사장은 무리한 요구를 했다. 스스로 종료일을 정했다. 프로젝트 매니저 의견은 아예 관심 없었다. 들을 생각도 없었다. 목표 때문이었다. 목표를 생각하면 조바심도 난다는 사장과 업무 종료일을 다시 조정했다. 원래 목표일보다 한 달 늦추었다. 직원들은 함성을 질렀다. 물론 프로젝트 종료일을 늦춘다고 성공적인 종료를 보장하는 것은 아니었다. 목표일에 종료를 못할 수 있었다. 그렇다면 누군가는 책임을 져야 했다.

애플 최고경영자 스티브 잡스는 자신의 삶을 회고하는 연설문에서 다음과 같이 이야기 했다.

"지금 이 순간 병석에 누워 나의 지난 삶을 회상해본다. 내가 그토록 자랑스럽게 여겼던, 주위의 갈채와 막대한 부는 임박한 죽음 앞에서 빛을 잃었고 의미도 모두 상실했다. 생명 보조장치에서 나오는 푸른 빛을 물끄러미 바라보며 낮게 웅웅거리는 기계 소리를 듣고 있노라면, 죽음의 사자가 점점 가까이 다가오는 것을 느낀다. 이제야 깨닫는 것은 평생 배

굶지 않을 정도의 부만 축적하면, 더 이상 돈 버는 일과 상관없는 다른 일에 관심을 가져야 한다는 사실이다. 그건 돈 버는 일보다는 더 중요한 뭔가가 되어야 한다. 그건 인간관계가 될 수 있고, 예술일 수도 있으며, 어린 시절부터 가졌던 꿈일 수 있다."

그는 진리를 죽음의 순간에 깨달았다. 매 순간 곧 죽을지도 모른다는 사실을 상기하는 것은 인간에게 커다란 도움이 된다. 남들의 기대나 자존심, 실패에 대한 두려움은 인간의 죽음 앞에서 다 떨어져 나간다. 오직 진실로 중요한 것만 남기 때문이다. 죽음을 기억한다는 것은 무엇을 잃을지도 모른다는 두려움에서 벗어나는 최고의 방법이다. 돈을 넘어서 그 이상의 가치를 예측해야 한다. 돈에 대한 욕망은 본능적 집착이다. 돈과 본능은 관리대상이다. 관리되지 않으면 역설적으로 인간은 공멸할 수 있다.

놀라운 변화가 사무실에서 일어났다. 인간의 주체성 부활이 모든 것을 바꾸었다. 놀라운 변화였다. 직원들의 눈빛이 달라졌다. 업무를 대하는 태도가 능동적으로 바뀌었다. 자기가 맡은 일에 누락이 없는지 주체적으로 일을 찾기 시작했다. 시키는 일만 하는 모습은 더 이상 없었다. 사무실에 생동감이 넘쳤다. 주체적 삶은 새로운 시각으로 사물을 보는 것이다. 주체성의 회복은 경영의 시작이다. 프로젝트를 성공리에 마무리했다. 무거운 십자가를 내려 놓은 듯 홀가분했다.

자본주의에서 숭배하는 대상이 있다. 최고 높은 위치를 차지하고 있는 것이 무엇인가? 많은 사람들이 인간이라고 말을 한다. 틀린 얘기다.

사회학자들은 인간은 더 이상 세상의 주체자라고 말하지 않는다. 돈이 세상을 움직이고 있다. 왜 이렇게 됐을까? '아차' 하는 사이 돈이 세상을 지배하고 있다. 인간은 주체성을 잃었다. 설 땅을 잃었다. 돈이 세상을 지배하면 어떻게 되겠는가? 인간은 돈의 노예다. 더 이상 인류공동체에 희망은 없다.

주체성 회복을 통해 희망을 찾아야 한다. 인간이 마땅히 있어야 할 자리를 굳건히 지켜야 한다. 현재와 미래를 인간 중심으로 새롭게 재편해야 한다.

CHAPTER 24

수익을 지켜라

투자 결정을 방해하는 기억과 감정

내일은 역사적인 날이었다. 얼마나 오랫동안 기다려온 순간이었던가. 막상 이 순간이 코앞에 닥치니 망설여졌다. 계약하고 나면 이제 끝이었다. 한 달 전도 유사했다. 회사매각 관련 주당가격을 놓고 매수자와 협상을 할 때도 비슷한 생각이 들었다. 친구들은 많은 조언을 해줬다. 계약을 미루자고 하면 모든 것이 틀어질 수 있었다. 매수자는 거래가격이 높다고 불만이었다. 회사매각 결렬로 핑계를 댈 수 있었다. 증권회사 말대로 '주식양수도 계약서(Stocks Purchase Agreement)'에 사인만 하면 그만이었다. 대기업 과장을 내던지고 30년간 일궈온 회사는 그의 삶 자체였다. 하나된 몸을 분리하는 것은 쉽지 않았다. 망설여지는 이유는 무엇을 말하는 것일까?

'돈만 있으면 일을 안 해도 된다.' 이렇게 생각하는 사람이 많다. 맞는 말일까? 그 많은 시간의 권태로움을 무엇으로 견딜 것인가? 해외여행도 한두 번이다. 돈은 일에 부수적으로 따라오는 것이다. 사업 혹은 직장생활에 치이다 보면 기본을 망각한다. 회사매각을 통해서 큰돈을 벌기도 한다. 큰돈을 벌었다가 까먹고 다시 재기에 성공한 사람도 있다. 쉽게 번 돈은 손가락에서 모래 빠지듯 빠져나간다. 이것이 돈의 원리다.

회사를 매각하는 대주주의 심리는 마지막 계약체결 단계에서 심하게 흔들린다. 회사매각이 현실감 있게 다가오기 때문이다. 마지막 관문을 넘지 못하고 M&A가 좌절되기도 한다. 당장 계약서에 사인하고 나면, 더 이상 본인 회사가 아니라는 생각에 흔들리고 망설인다. 매각자금의 사용처를 고민하기도 한다. 200억 원이라는 돈을 어떻게 자산 배분하느냐에 따라 그의 여생은 완전히 달라질 수 있다. 회사매각 대금으로 큰 회사를 다시 인수하여 망한 사람도 많다. 그렇다고 현금을 통장에 넣고 가만히 있는 것도 어리석다.

골목길에서 폭력배들한테 이유 없이 심하게 구타를 당했다. 그 사람의 심정은 어떨까? 분개할 것이다. 이제 그에게 어두운 골목길은 기피의 대상이 될지 모른다. 반드시 그 길을 가야 한다면 어떨까? 옛날 경험을 떠올리며 심한 공포 내지 심리적 억압을 느낀다. 이런 행동은 인간의 심리적 자기생존과 방어를 위한 방어기제에 기인한다. 방어기제는 인간이 두렵거나 불쾌한 정황에 직면했을 때, 스스로를 방어하기 위해 자동적으로 취하는 적응행위다. 어떤 경우 장애요소로 작용하여 삶을 방해한다. 사물을 객관적으로 보지 못하고 과거의 잘못된 경험에 얽매인다. 본인 감정의 기원에 대해서 생각해야 한다. 인간의 감정과 행위는 어떻게 보면 객관적 사실보다 스스로 만들어낸 허상이다.

우리는 때때로 기억상실증에 걸린 사람들을 본다. 최근 기억이 사라지는 사람이 있고, 어릴 적 기억을 상실하는 사람도 있다. 왜 이런 일이 발생할까? 정신적 충격이나 기억하고 싶지 않은 경험을 방어기제가 걸러주는 행위 아닐까? 그럴 수 있다. 본능적 방어기제는 인간을 보호한다. 인간은 심리적으로 기쁨을 쉽게 잊고, 슬픔을 오래 기억한다. 과거의 여행을 돌이켜볼 때, 즐거웠던 기억보다는 무서웠거나 고생했던 기억이 먼저 떠오른다. 자신을 보호하기 위해서다. 즐거운 기억은 생존과 관련이 없어 소홀히 여긴다. 인간의 기억과 감정은 객관적인 사실이 아니다. 이 사실을 인지해야 한다.

회사를 매각할 때 심리적 불편함은 어쩌면 당연하다. 과거 고생했던 경험을 되풀이하고 싶지 않은 인간의 본능적 방어기제다. 어렵게 일군 회사를 매각하는 행위에 대해 인간의 DNA는 속삭인다. 생계와 관련되는 중요한 계약에 대해 보수적 입장을 취한다. 인간심리는 기쁨보다는 슬픔을 생각한다. 중요한 계약이기 때문에 결정을 기피하는 형태로 나타난다. 증권회사 임원의 질문은 단도직입적이었다. “회사지분 100% 혹은 현금 중 선호하는 것을 선택하셔야 합니다.” 결정을 해야 한다. 의사결정 결과는 인생의 말로를 결정한다. 어떤 길이 옳은 길일까?

빅픽처 기억과 감정은 왜곡된다

본능적 방어기제가 사실을 왜곡한다. 왜곡된 사실이 인간의 뇌에 축적된다. 이런 상황에서 적절한 투자 의사결정 방식은?
본능적 방어기제의 반응을 정확하게 이해하고 통제해야 한다. 성공투자 보장은 인간심리의 이해를 전제로 한다. 큰돈은 심리의 활용에서 나온다.

어디에 투자해야 할까?

그는 '주식양수도 계약서'에 사인하고 계약금을 수령했다. 잔금을 한 달 후에 받으면 모든 것이 끝난다. 본인의 회사가 더 이상 아니었다. 회사 사무실 임대료를 아끼기 위해 집 지하실에서 일한 적도 있었다. 아내에게 생활비를 제대로 못 주어서, 면목 없이 지낸 적도 있었다. 기술 관련 특허는 취득했지만 수주를 하지 못해 사방팔방으로 날뛴 적도 있었다.

매각자금에 대한 계획이 필요했다. 앞으로의 여생이 매각대금 투자에 달려있었다. 현금을 그대로 은행에 넣고 있는 것은 어리석었다. 뾰족한 방안이 무엇일까?

요즘 가상화폐 때문에 사람들이 관심이 많다. 가상화폐 거래소 고객센터에는 투자하려는 50~60대 투자자들의 발길이 끊어지지 않는다. "20년 동안 주식을 해보았지만 가상화폐가 더 매력적이야." 그들은 소유 재산 전체를 투자할 기세다.

원자재에 투자해볼까? 경기회복 국면에는 원자재 투자가 적격이다. 철광석 가격은 경기와 동일한 패턴을 그린다. 경기가 좋아지면 철강 수요가 확대된다. 침체가 길어지면 수요는 뚝 끊어지고 가격도 떨어진다. 매수할 시기다. 《선대인의 빅픽처》에서는 원자재의 가격변동 요소를 설명하고 있다. 원자재 가격은 기본적으로 경기와 그 흐름이 일치한다. 경기가 호전되면 수요가 증가하면서 가격이 오른다.

중국은 세계 최대의 철강 생산국가다. 2014년 기준, 세계 30대 철강기업 중 중국기업이 거의 절반을 차지한다. 중국의 철광석 수요가 줄어들면 철광석 가격은 떨어진다. 중국의 철광석 수입 추이는 주요 지표다. 이 지표 흐름을 철광석 투자자는 반드시 눈여겨봐야 한다. 중국은 더 이상 예전의 중국이 아니다. 중국은 철강 생산능력을 엄청나게 증가시켰다. 철강 수요가 줄어들면 어떤 일이 벌어질까? 중국 철강 생산공장의 가동률이 떨어진다. 가동률이 떨어지면 생산 원료인 철광석 수입 감소는 불 보듯 뻔한다. 중국의 철광석 수입 감소는 세계의 철광석 가격 하락을 초래한다. 철광석 투자자가 중국의 철강기업의 경영현황, 공장 가동률을 주시해야 하는 이유가 여기에 있다. 중국이 철강 생산량을 늘리면 철광석 수요가 늘고, 반대로 줄이면 철광석 수요가 감소한다. 중국의 제철회사 경영현황을 보면 철광석 가격흐름이 보인다. 제철 분야의 후진국인 중국이 언제 이렇게 성장했을까? 만물은 변한다. 지금 이 순간에도 변하고 있다.

한국은 중국이 부상하기 이전까지 주요 철강 생산국가였다. 바로 포

포스코 영업이익 추이

*는 상반기 추정 (단위 : 억 원)

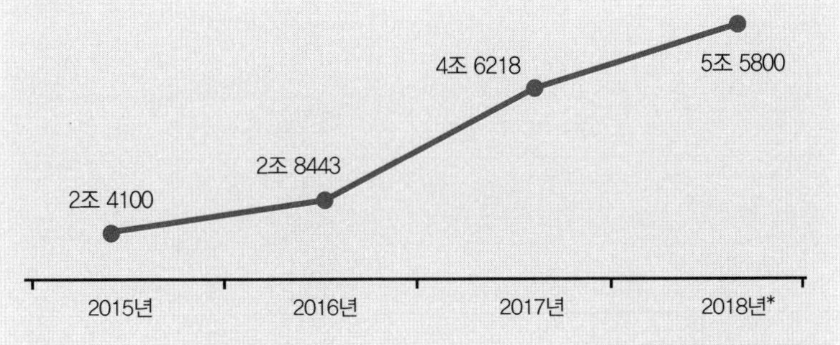

자료 : 금융감독원, 증권사 컨센서스

스코와 현대제철이 있었기 때문이다. 이제는 상황이 확 달라졌다. 중국의 생산능력이 대폭 증가하여 공급이 초과될 수 있다. 이것이 포스코 주가가 예전보다 못한 이유다. 포스코에서 만든 철강이 예전만큼 수출되지 않는다. 예전에는 생산만 하면 수출은 문제 없었다. 지금은 그렇지 않다. 포스코 철강부문의 영업이익률은 계속 감소하고 있다. 경쟁이 심한 시장일수록 영업이익률은 감소한다. 기술집약도가 떨어진 기업일수록 영업이익률이 낮다. 회사가 가져가는 영업이익에 대해서 시장은 눈에 불을 켜고 노려보고 있기 때문이다. 중국의 철강 생산능력 증가에 우리나라는 제품 차별화로 대응해야 한다. 앞선 기술로 질이 월등한 제품을 만들면 시장은 메이저 리그와 마이너 리그로 두 개로 구분된다.

글로벌 경기 침체는 철강 수요의 감소를 말한다. 침체기에는 어떠한가? 예를 들어 자동차와 건설회사들의 철강 수요는 감소한다. 전체적 수요 감소는 궁극적으로 가격 하락이다. 이제 철강 가격 하락은 두 가지로 해석된다. 중국의 생산능력 증가는 공급의 증가를 가져왔다. 공급의 증가로 철강가격이 하락할 수 있다. 세계경기의 침체는 철강수요의 하락을 초래한다. 경기가 좋아지면 포스코의 영업이익률이 V자로 반등할 수 있을까? 중국의 증가된 생산능력이 변수다. 공급과잉은 함정이 많다.

그럼 언제 포스코 실적과 주가가 반등할까? 2017년 실적을 보면 매출액과 영업이익이 증가했다. 기술력과 수익성에서 유리한 프리미엄 철강재가 시장 점유율을 확대했다. 혹독한 구조조정을 거치면서 재무적 사항이 개선된 것이다. 여전히 포스코는 중국 철강산업의 구조조정에 많은 것이 달려있다. 중국 철강산업의 공급과잉이 해소돼야 한다. 현재 중국 철강산업이 당면하고 있는 구조조정이 포스코에 미치는 영향은 크다. 생존게임에서 사력을 다하다 보면 자신도 모르게 경쟁력이 강화된다. 기업도 개인도 마찬가지다.

금의 가격도 경기와 밀접하다. 금의 최대 수요 국가는 인도다. 인도는 금융위기를 경험하고 나서 금 수입을 중단했다. 인도의 금융위기 회복과 더불어 금 수요는 서서히 증가할 수 있다. 인도에 버금가는 금 수입국가는 중국이다. 중국에서 금 수요는 점점 줄고 있다. 달러가 강세면 금값은 올라갈 이유가 없다. 미국 경기가 좋아지면 달러강세는 분명하다. 미국 정부에서 달러환율을 전략적으로 활용할 변수는 있다. 미국의 무역과 재정적자도 관건이다. 2017년 미국은 경기가 확연히 살아났다. 2018년을 보자. 미국시장은 더욱 좋아지고 있다. 미국은 서서히 기준금리를 올리고 있다. 금리인상은 달러 값 인상효과와 동일하다. 달러강세 측면과 수요 측면에서 금값은 올라갈 요인이 별로 없다. 은값은 어떠한가? 큰 흐름에서 금값과 연동되는 흐름을 보인다.

자금에 대한 용도를 정해야 했다. 대학친구는 그와 함께 사업을 하자고 제안했다. 사업계획서를 들여다보니 그럴 듯 했다. "사업을 작은 규모라도 시작해볼까?" 친구들은 그를 '화백'이라고 놀렸다. 맞다. 그는 '화려한 백수'다. 어떠한 일이 있어도 아내와의 노후생활을 위해서 10억 원은 남겨 놓을 생각이다. 무엇을 다시 시작하면 좋을까? 대학친구의 사업제안에 자꾸 마음이 끌렸다.

일반적으로 새로운 사업에 진출하기 위해서 사업계획서를 작성한다. 사업계획서를 통해 진출하는 사업의 시장성, 수익성, 안정성을 확인한다. 사업개요, 사업방법, 기술력 평가, 차별적 요소, 소요자금 내역, 추진 일정, 사업과 관련한 모든 사항이 구체화되어 있다. 이 사업계획서를 통해서 사업파트너를 구하고 타인자본을 유치한다. 신용등급이 좋은 회사라면 쉽게 대출을 받을 수 있다. 신용등급이 좋지 않은 경우 어떠한가? 추가 서류제출을 통해 증명해야 한다. 모든 업무에는 검증이 필요하다. 돈이 된다 싶으면 구름처럼 몰리는 것이 돈이다. 상황이 좋지 않으면 안개처럼 사라진다.

경기에 따른 투자자산의 가격 변동

돈은 수익률을 먹고 자란다. 수익률이 높은 곳부터 차곡차곡 빈 자리를 채운다. 돈이 망설이는 때도 있다. 신규사업의 위험이 높다고 판단되면 돈은 가던 길을 멈춘다. 어떤 경우는 획 세차게 방향을 바꿔 버린다. 돈은 돈을 좋아한다. 수익을 쫓아 흐르다가 수익이 없으면 매몰차게 저항한다. 반대로 돈에 스스로 속아 많은 것을 잃기도 한다. 경기와 사업개시 시기가 맞지 않아 실패하기도 한다. 지금은 사업개시 시점으로 나쁘지 않았다. 다시 시작해볼까? 나는 스스로 질문을 했다. "많은 것을 잃을 각오가 되어 있는가?"

헝가리 출신 투자의 제왕 앙드레 코스톨라니(Andre Kostolany)는 개와의 산책을 통해 경기와 투자자산의 가격 변동을 얘기했다.

"주인이 개를 데리고 산책을 한다. 주인은 끈을 느슨하게 풀어놓고 개와 함께 산책을 한다. 주인은 자신의 보폭에 맞게 다소 느릿하게 걷는다. 반면, 개는 이런 주인과 보조를 맞춰 가지 않는다. 어떨 때는 저 멀리 앞서 가 있고 어느 순간에는 또 저 뒤에서 무엇인가를 하고 있다. 총총 걸음으로 걷다가 갑자기 볼일을 보기도 한다. 주인이 어디를 가든 따라가야 하지만 앞서 가기도 뒤따라 가기도 한다. 심지어 주인이 멈춰 개를 기다리기도 한다. 자산시장의 이런 속성을 알지 못하면 끊임없이 변동하는 시장에서 자산을 제대로 지키기 쉽지 않다. 여기서 주인이 경제 혹은 경기이고, 개는 투자자산 시장이다."

경기와 실물경제의 틀 속에서 투자대상의 가격은 오르락내리락 춤춘다. 주인과 산책하는 개처럼 주인과 별도의 보폭으로 가격이 요동치기도 한다. 파도가 거세지면 공포가 엄습한다.

어떤 경우, 체감되는 경기지표가 객관적 지표보다 더 중요하다. 왜 그럴까? 투자자산의 가격은 심리에 의해 실물경제와 경기보다 먼저 움직인다. 객관적인 지표보다 심리지표를 유심히 봐야 하는 이유다. 심리적으로 수축돼 있으면 긍정적인 외부지표도 의구심의 대상이다.

경기는 심리가 중요하다. 기업가들이 심리적으로 느끼는 체감경기는 정기적으로 조사된다. 기업가의 경기심리를 정기적으로 조사해 기업경기 실사지수(Business Survey Index)를 발표한다. 주요 업종의 경기동향과 전망, 그리고 경영계획 및 경기대응책 수립에 필요한 기초자료로 활용된다. 투자자에게는 중요한 지표다. 실물경제의 경기상황을 먼저 파악할 수 있다. 기업가의 주관적이고 심리적인 조사는 중요하다. 심리를 이해할 수 있는 유용한 자료다.

경기의 체감이 긍정적이면 지수가 100을 초과하고, 100 이하면 기업가들이 느끼는 체감경기는 부정적이라는 의미로 해석된다. 전에 비해 경기가 좋아졌다고 판단하면 긍정, 전에 비해 나쁘면 부정으로 응답한다. 예를 들어, 경기가 좋아졌다고 긍정하는 비율이 40%고, 그렇지 않다고 판단한 비율이 60%라고 하면, 긍정적인 비율에서 부정적인 비율을 차감하면 –20%P이 나온다. 여기에 100을 가산하면 80이 산출되는 데 이 값이 기업경기 실사지수다. 경기에 대해서 부정적인 사람이 많다는 의미다. 반대로, 긍정적인 비율이 60%, 부정하는 비율이 40%이면 기업경기 실사지수는 120이 된다. 100을 초과하면 경기가 전에 비해 좋아졌다고 판단한다. 경기심리를 미리 아는 것은 중요하다.

어떤 상황을 기술하는 지표가 두 가지가 있다. 심리적 지표와 객관적 지표가 그것이다. 객관적 지표에서 '객관적'이라는 의미는 무엇인가? 심리적 지표보다 더 중요하다는 의미일까? 그렇지 않다. 인식주체인 인간의 입장에서 보면 심리적 지표가 어쩌면 가장 중요하다. 심리적 지표에서 객관적 지표를 바라보기 때문이다.

큰돈을 벌면 사람의 심리는 복잡해진다. 다시 더 큰 투자를 실행해서 더 큰돈을 벌려는 사람이 있다. 일부는 실행을 통해 거대한 부를 형성하지만 실패하는 경우가 많다. 돈이 생기면 욕심이 생기고 탐욕으로 발전한다. 탐욕은 사람의 시각과 판단력을 흐리게 한다. 사물을 객관적으로 보기보다 왜곡된 시각으로 바라보게 만들기 때문이다. 투자시장과 상황은 사람의 심리에 따라 달리 보인다. 목표가 탐욕적인 형태로 마음에 자리 잡으면 어떠한가? 본인이 인지하고 있는 심리적 상황을 기준으로 외부 지표를 판단한다. 어떤 기준은 그냥 제시되지 않는다. 기준을 잡아주는 내부의식이 존재한다. 내부의식을 통해 외부를 바라본다. 심리적 투영을 통해 외부를 보면, 보이는 대상은 심리적 투영의 연장이다. 탐욕이라는 심리적 시각으로 시장을 해석한다. 올바르게 바라볼 수 없다.

그는 변호사 사무실을 나섰다. 매각자금으로 장학재단을 만들었다. 태어나서 처음으로 올바른 일을 했다는 생각에 가슴이 벅찼다. 재단설립 결정 전 그는 깊은 내면여행을 떠났다. 내면여행은 어린 시절을 돌아보게 했다. 아버지는 먹고 사는 일이 최우선이었다. 다른 일은 안중에도 없었다. 초등학생일 때, 읽고 싶은 책이 있어 사달라고 아버지를 졸랐다.

아버지는 참고서 아니면 도서관에서 빌려 보라고 했다. 도서관엔 아직 책이 안 들어왔다고 말했더니 그럼 기다리라고 했다. 아버지는 그 놈의 가난과 일평생 사투를 벌였다.

통상적인 부자들은 죽을 때까지 돈을 추구한다. 돈의 노예로 살아간다. 이미 채워진 욕구는 더 이상 의미 없다. 끊임없이 더 채우려 하는 인간의 본성은 우월욕구다. 생존을 넘어 우월욕구를 무자비하게 채운다. 돈에 지배당하지 않기를 원하는가? 돈에 대한 가치관을 확고하게 세워라. 많은 사람이 돈의 노예가 된다. 돈의 힘은 강력하다.

"돈이 많아지면 돈으로부터 자유로워지겠지." 어떻게 생각하는가? 연구결과는 전혀 사실이 아니라는 것을 증명한다. 인간은 전혀 그렇지 않다. 인간에게 영향을 미치는 중요한 요소는 돈의 액수가 결코 아니다. 가치관, 철학, 사고방식이다. 돈을 무한정 추구하기 전에 가치관을 명확하게 세워야 한다.

그는 회사 매각금액의 절반으로 법인을 세우기로 결심했다. 장학재단을 설립했다. 10억 원은 아내에게 주었다. 가계 생활비와 노후자금으로 활용할 계획이다. 나머지 돈으로 조그만 빌딩을 샀다. 그는 지금 장학재단 이사장이다. 가난한 학생에게 장학금을 주면서 요즘은 철학 책을 탐독하고 있다고 한다. 훌리안 마리아스(Julian Marias)가 지은 《철학으로서의 철학사(History of Philosophy)》을 보고 있다. 삶의 본질적인 것에 관심이 간다고 했다. 핵심을 찌르는 말이 감동적이었다. 본질을 아는 사람은 많아도 실천하기는 쉽지 않은데 그는 달랐다. 나에게 다가와 귓속말로

한 번 더 속삭였다.

"보이는 것은 허상이며 본질은 감추어져 있다."

돈에 대한 가치관이 분명한 사람은 역시 달랐다.

빅픽처 탐욕으로 투자대상을 보면 안 되는 이유

목표와 탐욕이 주체적으로 시장을 해석하게 한다. 시장 해석기준이 객관성에서 주관성으로 전환된다.

내부의식과 외부현상이 충돌하면 내부의식은 외부현상을 압도한다. 더 이상 외부현상은 객관적 사실이 아니다. 외부현상은 내부의식이 결정하는 단순한 객체에 불과하다. 이것이 투자과정에서 인간이 저지르는 최대 의사결정 착오의 실체다. 심리의 이해는 성공투자를 보장한다.

에필로그

"하나는 너무 많았고, 다른 하나는 너무 빈약했다."

나의 결론은 간단했다. 무슨 말인가? 이 책을 기획했을 때로 되돌아가 본다. 시중의 투자 책들을 살펴보았다. 검토 후에 내린 결론은 딱 두 가지다. 정보는 많았고, 긴장감은 너무 적었다.

투자 정보가 흘러 넘쳤다. 훌륭한 저자들의 생생한 얘기였다. 전문적인 이론부터 단순한 경험을 전달하는 체험까지 광범위한 정보가 흘러 넘쳤다. 넘치는 정보 속에서 갈급함을 느꼈다. 복잡한 이론과 정보는 독자에게 또 하나의 도전이었다. 무자비한 정보는 투자를 더 어렵게 만든다. 정제된 정보만이 궁극적으로 독자를 구원할 수 있다. 나는 정제된 정보로 차별적 메시지를 주고 싶었다.

기존 책들은 재미와 흥미가 없었다. 정보 전달에만 급급하니 긴장감과 호기심이 있을 리가 없었다. 방대한 정보를 제공하는 차별적 접근이

감히 부족한 게 아닐까? 오해 없기 바란다. 개인적인 의견이다. 그럼, 이 책은 이런 진단을 극복했을까? 자신은 없지만 적어도 두 가지만은 부단히 노력했다.

먼저 투자의 본질을 거시적으로 이해하는 데 초점을 맞추었다. 잔기술보다는 큰 기술의 정확한 이해에 집중했다. 지금은 투자가 반드시 필요한 시대다. 월급으로는 부를 축적할 수 없다. 재산을 축적하려면 차별적인 방법과 지혜가 필요하다. 투자를 기준으로 인간은 두 부류로 나뉜다. 투자의 본질을 꿰뚫는 사람과 그렇지 않은 사람이다. 본질을 알고 나면 잔기술은 별것 아니다. 잔기술은 일시적으로 유용할 수는 있으나 불변의 법칙은 따로 있다. 이 책의 초점은 분명하다. 투자의 본질에 있다. 오로지 거기에 초점을 맞추었다. 잔기술이라고 판단되는 부문은 다 생략했다.

지금은 통합의 시대다. 부동산, 주식, 채권, 외환시장을 분리해서 말할 수 있는가? 분리할 수 없다. 투자의 원리는 영역 전체를 관통한다. 어떤 때는 주식시장을 말하면서 부동산시장을 겨냥하는 때도 있다. 어떤 때는 금융을 말하는데 토지시장을 설명하는 부문도 있다. 투자시장은 모두 연계되어 있다. 하나의 변동원인이 시장 전체를 움직인다. 이러한 원리가 통합적으로 다가와야 시장을 올바르게 이해한 것이다. 단 하나의 사건 발생이 모든 부문에 파급된다. 시장마다 내는 신호와 파장은 다 다르다. 제일 먼저 움직이는 것은 주식이다. 주식시장의 파급효과는 채권, 외환, 부동산시장에 모조리 전달된다. 누구는 큰돈을 벌 것이고 누구는 눈물을 삼킨다. 이게 투자다. 이런 생생한 얘기를 그대로 전달하려고 노력했다.

또한 진실된 마음으로 거시적 이론을 재미있게 쓰려고 했다. 어려운 이론을 떠나서 사례를 중심으로 투자를 말했다. 긴장감을 고취시키기 위해 다양한 방법을 시도했다. 투자사례에 포커스를 맞추어 글을 이끌기도 하고, 투자의 핵심적인 요소를 말하기 위해 본질은 말하지 않고, 엉뚱한듯한 얘기로 글의 분위기를 조성한 적도 있다. 어떤 구간에는 당혹스러운 점도 있었을 것이다. 모두 독자에게 흥미와 긴장감을 주기 위함이니 이해해주기 바란다.

이 책을 끝까지 읽으신 많은 독자 여러분께 심심한 감사를 드린다. 초기 기획의도는 컸으나 아쉬움도 남는다. 내면의 부끄러운 비밀을 조심스럽게 내놓는 기분이다. 분명한 점은 진실된 마음으로 원고를 썼다. 원고를 쓰는 동안 심리적인 압박감도 느꼈지만 쓰는 내내 행복했다. 몰입의 결과가 한 권의 책으로 나오게 되어 기쁘다. 투자의 본질과 관련된 많은 내용을 직접적으로 혹은 간접적으로 설명했다. 한 번 완독하는 것에 그치지 않고 옆에 두고 여러 번 읽기를 권한다. 투자에 대한 이해가 깊어질수록 많은 것을 느끼리라.

탈고를 끝내니 계절과 해가 바뀌었다. 남북관계도 방향을 틀었다. 남북 정상회담과 북미 정상회담이 분기점을 만들었다. 아직 통일은 이르다. 그렇지만 생각해보자. 통일이 부동산시장에 주는 핵심은 무엇인가? 신문과 언론은 떠들어댄다. 연천과 파주의 부동산시장이 올랐다고. 이게 핵심인가? 부동산시장에 주는 영향은 지대하다. 개발의 축이 바뀔 수 있는가? 강남으로, 남쪽으로, 판교를 지나, 분당을 지나, 용인을 지나, 서울은 경부선을 타고 흐르고 있다. 돈이 줄줄 경부선을 타고 흘러내린다.

어떻게 생각하는가? 왜 이렇게 남쪽으로 자꾸 내려가는가? 정확하게 알아야 한다. 향후 개발의 축은 변할 수 있다. 통일이 되면 북이 열린다. 이제까지 길은 외길이었다. 이젠 더 이상 아니다. 통일은 부동산 개발의 축을 완전 변화시킨다. 하지만 갑자기 변하지 않는다. 서서히 변할 것이다. 속도는 중요하다. 주시해야 한다. 여기서 연천과 파주의 땅값 변동은 지엽적인 얘기다. 본질은 수도권 개발의 축 변화가 핵심이다.

책 한 권을 쓰면서 감사할 사람이 너무 많이 생겼다. 훌륭한 책으로 이 책 기획에 영감을 준 많은 저자들에게 감사드린다. 책에 등장하는 투자 사례는 생생한 이야기다. 사례의 당사자들에게 심심한 감사의 말을 전한다. 독자는 사례를 통해 많은 것을 배운다. 사례가 법인인 경우 회사 담당자와 경영진에 넓은 양해와 이해를 구한다. 글의 생동감을 높이기 때문에 불가피한 경우 이름을 공개했다. 지면을 통한 양해의 구함이 예의에 어긋나지 않기를 바란다.

출판을 제안해준 많은 회사에 감사를 드린다. 특히 원고의 차별성을 알아보고 각별한 관심을 표명한 그 전화는 잊을 수 없다. 매경출판 대표이사에게 이 자리를 빌려 감사를 드린다. 예쁜 책으로 만들어주신 권병규 편집장, 임경은 편집자에게도 뜨거운 고마움을 전하고 싶다. 원고를 읽고 진실된 피드백으로 화답한 성인제 대표, 장원규 대표, 홍순만 대표의 우정에 뜨거운 고마움을 전한다.

마지막으로 가족들에게 사랑을 전하고 싶다. 최근 승진에 엄중한 책임감을 느끼는 사랑하는 아내 박미숙에게 이 책을 바친다. 직장생활 핑계로, 글을 쓴다는 핑계로, 친구를 만난다는 핑계로 집안일에 소원한 나를 이해하고 용서함에 할말이 무엇일까? 어려운 직장생활을 훌륭히 수행하고 있는 장남 장준혁과 의경으로 군복무 수행중인 둘째 아들 장준표에게 고마움과 미안함을 함께 전한다. 자랑스러운 아들! 잘 자라줘서 고맙고 사랑한다.

참고문헌

단행본

강병호 외 2인, 《금융기관론》, 박영사, 2016
강용수, 《부자는 돈이 일하게 한다》, 리더북스, 2017
강창주 외 6인, 《헤지펀드의 이해와 운용전략》, 한국금융연수원, 2015
고경호, 《경제지식이 부자를 만든다》, 프레너미, 2016
김동환 외 2인, 《인플레이션의 시대》, 다산북스, 2017
김성일, 《마법의 돈 굴리기》, 에이지21, 2017
김원철, 《부동산 투자의 정석》, 알키, 2017
김화진, 《투자은행 이론, 정책, 전략》, 머니투데이 더벨, 2013
루스 수컵, 《정리가 필요한 인생》, 수오서재, 2017
리처드 번스타인, 《소음과 투자》, 북돋움, 2016
박동흠, 《공모주 투자하기》, 트로이목마, 2015
박웅현, 《책은 도끼다》, 북하우스, 2011
배연국, 《거인의 어깨를 빌려라》, 지상사, 2016
새라 뉴컴, 《당신의 잠든 부를 깨워라》, 유노북스, 2017
선대인, 《선대인의 빅픽처》, 웅진지식하우스, 2015
스티그 브라더선 외 1인, 《현명한 투자자》, 북돋움, 2015
아파테이아, 《마흔 살, 행복한 부자 아빠》, 길벗, 2012
알프레드 아들러, 《아들러의 인간이해》, 을유문화사, 2016
에델 다이아몬드, 《지혜로운 삶을 위한 철학 콘서트》, 창작시대, 2003
엠제이 드마코, 《부의 추월차선》, 토트출판사, 2013
오승택 외 2인, 《IPO주식투자》, 부크온, 2017
워런 버핏, 《워런 버핏의 주주서한》, 서울문화사, 2015
이재범, 《부자가 되는 책읽기》, 다온북스, 2016
정웅지, 《7일 만에 끝내는 금융지식》, 원앤원북스, 2016
짐 코리건, 《스티브 잡스 이야기》, 명진출판사, 2009
짐 콜린스, 《위대한 기업으로》, 이무열, 김영사, 2002
최종학, 《숫자로 경영하라2, 3》, 원앤원북스, 2009
케이윳 첸 외1인, 《머니랩》, 타임비즈, 2010
크스토퍼 차브리스 외1인, 《보이지 않는 고릴라》, 김영사, 2011

하승주, 《대한민국 부동산 7가지 질문》, 스마트북스, 2017
헨리조지 외2인《진보와 빈곤》, 살림, 2008
혼다 켄, 《돈과 인생의 비밀》, 더난출판사, 2005
홍춘욱, 《돈 좀 굴려봅시다》, 스마트북스, 2012
훌리안 마리아스, 《철학으로서의 철학사》, 유유, 2016
A. Kane 외 2인, 《투자론》, 2015
M. 그랜트 외1인 《그리스 로마 신화사전》, 범우사, 1993

신문

〈매일경제〉, "의학·공학·자연공학 경계 무너져…인간능력", 2017.2.7
〈아시아경제〉, "기아자동차 신주인수권부사채", 2011.12.22
〈한국경제〉, "기아자동차 BW투자사례", 2011

어떤 상황에서도 무너지지 않는 투자법 24

큰손의 전략

초판 1쇄 2018년 8월 15일
2쇄 2018년 8월 27일

지은이 장진현
펴낸이 전호림
책임편집 임경은
마케팅 박종욱 김혜원
영업 황기철

펴낸곳 매경출판㈜
등록 2003년 4월 24일(No. 2-3759)
주소 (04557) 서울시 중구 충무로 2(필동1가) 매일경제 별관 2층 매경출판㈜
홈페이지 www.mkbook.co.kr
전화 02)2000-2633(기획편집) 02)2000-2636(마케팅) 02)2000-2606(구입 문의)
팩스 02)2000-2609 **이메일** publish@mk.co.kr
인쇄 · 제본 ㈜M-print 031)8071-0961
ISBN 979-11-5542-875-7(03320)

책값은 뒤표지에 있습니다.
파본은 구입하신 서점에서 교환해 드립니다.

이 도서의 국립중앙도서관 출판예정도서목록(CIP)은 서지정보유통지원시스템 홈페이지(http://seoji.nl.go.kr)와
국가자료공동목록시스템(http://www.nl.go.kr/kolisnet)에서 이용하실 수 있습니다.
(CIP제어번호: CIP2018022724)